Writing Education that Connects Universities and Society

© Takako MURAOKA, Michiko KAMADA, Kikuko NISHINA

First published 2018

All rights reserved. No part of this publication may be reproduced,
stored in a retrieval system, or transmitted in any form or by any means,
without the prior permission in writing of Kurosio Publishers.

Kurosio Publishers
4-3 Nibancho, Chiyoda-ku, Tokyo 102-0084, Japan

ISBN 978-4-87424-783-9
printed in Japan

大学と社会をつなぐ
ライティング教育

村岡貴子｜鎌田美千子｜仁科喜久子 編著

まえがき

　本書は、大学・大学院での教育から社会での実務に至るまで、そこで必要なライティングを包括的に捉え、その教育や研究についてさまざまな観点から取り上げて論じ、今後の課題を考察したものです。「ライティング」とは、第1章でも説明する通り、簡潔に言えば、レポートや論文、報告書等の一定量を伴う文章、またプレゼンテーションのための視覚資料等、大学教育と社会の実務で求められる文書の作成という意味です。

　執筆者は大学や大学院で実際にライティング教育に関与している、あるいは長年にわたり関与してきた教員であり研究者です。

　本書は、専門分野を問わず、大学や大学院でライティング教育に携わっている教員の方々、学部生や大学院生の方々、大学等の教育・研究機関でのライティング教育に関心を持っている方々、さらに、大学・大学院の卒業生・修了生を受け入れている企業等の組織に所属している方々に、ぜひ読んでいただきたいと願っています。

　本書は、第1部「大学におけるライティング教育研究の視点」と第2部「さまざまなライティング教育―実践・人材育成・啓発へ―」から構成され、以下の通り、各章で議論を展開しています。

　第1部は、本書で扱うライティング教育において、基本的で重要な機能を果たす視点や方法論として位置付けられるものです。具体的には、本書全体に関する先行研究の概観と本書の特徴（第1章）、言語表現の言い換えであるパラフレーズ（第2章）、学習者が涵養すべき論文や研究に関する概念知識の総体である論文スキーマ（第3章）、ライティング評価ツールとしてのルーブリックとアセスメントの概念（第4章）、および、教育と学習への支援が期待される大規模な文章データを資源としたコーパスの活用（第5章）を扱っています。

　第2部は、在学段階（学部初年次から大学院博士後期課程まで）、専門分野、社会で求められるさまざまなライティングによって、個別のテーマに絞り、学部初年次から、すでに社会人となっている現職者への支援まで、幅広

く多様な教育実践とその課題を取り上げています。具体的には、初年次教育におけるライティング教育（第6章）、専門分野の教員との連携による法学部生に対するライティング教育（第7章）、工学系学生が卒業後に社会で必要とされるライティングの調査（第8章）、ライティングを支援できる人材育成を目的とした大学院生向け日本語ライティング支援法教育科目の実践（第9章）、言語・文化等多様な背景を有する人材との社会での協働を目指すライティング学習（第10章）、現職看護師に対するライティング活動支援（第11章）について取り上げます。

　現代は、大学の内外でライティングとその教育の重要性が一層増している時代であると言えます。SNSなどのツールの利用によって簡単な意思疎通が楽にできるようになった状況において、大学では、初年次教育から卒業論文・博士論文の執筆までライティング教育の一層の強化の必要性が認識されるようになっています。また、大学でそのような教育を受けた学生が社会へ出て、専門家あるいは一般社会人として十分に活躍するためにも、ライティング力は必須であると言えます。このような現状のもとで、本書は、個々の教育実践や学習支援を扱いながら、全体として、それらが大学と社会をどうつなぐのかといった視点から専門的な議論を行った初めての書籍であると言えます。

　本書が学生、社会人一人ひとりが自身のライティング活動とそれによるコミュニケーションについて少しでもふりかえる機会を、また、大学と社会をつなぐ視点でライティング教育を語り合える場を、それぞれ提供できれば大変幸いに存じます。

2018年10月

村岡貴子・鎌田美千子・仁科喜久子

目　次

まえがき　　　　　　　　　　　　　　　　　　　　　　　　　　　ii

第1部　大学におけるライティング教育研究の視点

第1章　大学と社会をつなぐライティング教育の視点

村岡貴子　3

第2章　大学教育から見たパラフレーズの諸相

鎌田美千子　15

第3章　ライティング活動とその内省から獲得する論文スキーマ

村岡貴子　35

第4章　ルーブリックによるライティング評価とアセスメント

脇田里子　55

第5章　コーパスを活用した文章の言語学的分析

仁科喜久子／ボル・ホドシチェク／八木　豊／阿辺川武　75

第2部　さまざまなライティング教育
実践・人材育成・啓発へ

第6章　初年次教育におけるライティング教育
組織的な取り組みと実践の一例

中島祥子　97

目次 | v

第7章 専門教員との連携を生かしたアカデミック・ライティング能力
育成の試み
法学部新入生を対象にした導入ゼミナールを例に
石黒　圭 117

第8章 エンジニアを目指す工学系学生に必要なライティング教育とは
学生と社会人へのライティングに関する調査から
仁科浩美 137

第9章 ライティングを支援できる人材の育成
大学院生を対象とした教育実践
堀　一成 157

第10章 職場とつながるライティング教育
相互理解・問題解決・協働を可能にするケース学習
近藤　彩 177

第11章 現職看護師のライティング活動支援の試み
経験への信頼と新しい学習スキルを
因　京子 197

索引　216
執筆者一覧　222

第1部

大学における
ライティング教育研究の視点

第1章

大学と社会をつなぐ
ライティング教育の視点

村岡貴子

本書にかかわる先行研究を概観し、本書全体の特徴と意義をまとめる。特に、日本の大学教育における人材育成にとって、本書の重要なテーマである「大学と社会をつなぐ」という視点によるライティングの教育が有用であることを述べる。

キーワード 大学教育，人材育成，ライティング教育，在学段階，社会

1. はじめに

　一般に人間社会では、個々人がかかわる組織やコミュニティにおいて、多種多様な媒体を通じた言語コミュニケーションが行われている。その中で、本書は、文字を媒体としたコミュニケーションのうち、大学・大学院で必要なライティング能力の養成と、それに関するさまざまな課題を議論するものである。大学・大学院は、研究だけでなく、人材育成の場であるという重要な使命を持っている。そこで、本書は、学生が卒業・修了後の社会においても円滑にライティング活動を行うために必要な教育についても取り上げる。

　以下ではまず、「ライティング」という用語について、類似の表現との違いも含めて説明を行う。

　「ライティング」に類する用語として、「作文」や「文章表現」等もある。それらは、国語科教育の実践とその研究において使われている。「作文」については、日本語教育の実践の中で、特に初級や中級レベルの比較的短い文章の作成と、作成された文章という意味でも用いられる。例えば、特定のテーマに関する短い意見文が該当する。本書では、レポートや論文、報告書等の一定量を伴う文章、またプレゼンテーションのための視覚資料等、大学教育と社会の実務で求められる文書の作成という意味で、「ライティング」

という用語を使用することとする。

　次の 2. では、本書執筆者の多くが専門とする日本語教育学の分野を取り上げ、先行研究の概略を把握する。続く 3. では、大学と社会をつなぐライティング教育の視点について述べ、本書の第 2 章以降の議論につなげる。

2.　日本語教育学におけるライティング教育研究の概観

　日本語教育学におけるライティング教育に関する研究は、特に 2000 年以降、多様な観点から行われ、英語教育学の影響を受けつつも、新たな展開が見られるようになっている。それらは大きく分けて次の 5 点に分類できる。

1)　学習者が必要とする分野別の論文文章の言語学的分析
2)　学習者の作成した文章に対する分析
3)　「アカデミック・ジャパニーズ」の定義付けと教育方法の開発
4)　協働学習の影響を受けた学習活動や授業実践の方法に関する検討
5)　ルーブリックの導入等による文章評価基準の構築

　本節では、紙面の都合上、主として、上記テーマに関連する専門書と学会誌に掲載された論文の一部を抽出して、以下説明する。なお、上記の研究内容に関連する学習書、市販教材等についても、一部取り上げる。

　上記の 5 分類のうち 1) は、村岡・米田・因・仁科・深尾・大谷 (2005)、大島 (2009b)、大島・佐藤・因・山本・二通 (2010)、佐藤・大島・二通・山本・因・山路 (2013) 等のように、さまざまな分野の論文における表現や構成・論理展開の特徴を分析し、論文の読解と執筆に有用な情報を提供している。調査対象とされた論文は、人文・社会・自然科学系のいずれにもわたっており、その成果は、特に学会誌『日本語教育』と『専門日本語教育研究』に多く掲載されている。それらの知見は、ライティング教育を担当する教員に対しても、自身の専門と異なる分野の文章について知る機会を提供している。例えば、教員が日本語教育学を専門とする場合、他分野の論文の構成や表現、さらには分野の事情を知り、当該分野の学習者が必要とする論文にかかわる有益な情報が得られるようになった。他分野と日本語教育学との連携（→第 7 章・第 8 章参照）は、教員間の連携も模索する学際的な方向に発展

している。教材『留学生と日本人学生のためのレポート・論文表現ハンドブック』（二通・大島・佐藤・因・山本 2009）には、上記のような多様な分野の論文の分析結果に基づいて、適切な表現や文型が豊富に示されている。

　次に、2) は、学習者の文章に見られる問題点とその原因を探り、指導方法の検討につなげる研究である。ただし、これは、1990 年代以前に行われていた局所的な誤用の分析とは異なり、文や段落、文章の目的から見た全体の構成等に着目している（村岡 2011, 2014 等）。特定の母語話者による文章の論理展開に関する推敲を分析した研究（劉 2009 等）も見られる。これらの成果は、文法や表現の正誤判断ではなく、文章としての適切性をも問うものである。特に大学・大学院で必要とされるライティングでは、論理展開や全体の適切な構成は、習得が必須となる学習項目である。こうした学習項目の内容は、客観性や説得性、および文章ジャンルによる論理展開に適した書式とも関係し、社会での実務に必要なライティングにおいても重視されるものである。本来的に文章とは、文脈を持つ一つの統合体であり、個々の文の寄せ集めではない[1]。換言すれば、個々の文や表現は文章全体を構成する部分であるが、文章は部分の単純な集合体ではない。したがって、部分の統合に必須となるテーマ、論理、およびそれらを言語化する構成が重要である。

　次に 3) では、背景として、2002 年より開始された日本留学試験[2]の導入がある。この変化に伴い、「アカデミック・ジャパニーズ」という表現が広く用いられるようになった。日本留学試験の導入が、国内外の教育機関を問わず、留学生の日本語教育に及ぼした影響は大きい。『アカデミック・ジャパニーズの挑戦』（門倉・筒井・三宅（編）2006）において、門倉は、アカデミック・ジャパニーズ教育とは「教養教育」であり、日本語の知識の集積ではなく、それらの知識を「学習」や「コミュニケーション」のためにいかに運用するかが肝要であるとの見解を示した。そこでは、大学で求められる「論理的思考力と表現力」（山本 2006: 79）や「アカデミック・ライティング

---

[1]　時枝（1950, 1960）は、文章論研究を日本で最初に提唱し、文の単位を超えた存在である文章の研究の推進に多大な貢献を行った。

[2]　日本学生支援機構によると、従来の「日本語能力試験」と「私費外国人留学生統一試験」の二つに代わる試験として、国内外で実施されている。最近は国の内外でさまざまな特別入試が行われているが、日本留学試験は、一般的に、大学の学部への入学を希望する留学生に対して受験が義務付けられている。

につながるリーディングの学習」（二通 2006: 99）等の研究成果が次々と発信された。例えば、初年次教育（→第 6 章参照）としての「日本語表現科目」（大島 2006: 115）のように、入学後の具体的な「コース設計」にも議論を促した。また、国内外で実施される大規模な試験としての日本留学試験に関しては、そこで課される記述試験の課題と可能性の議論（大島 2011）も行われている。『改訂版　留学生のための論理的な文章の書き方』（二通・佐藤 2003）や『留学生のためのここが大切　文章表現のルール』（石黒・筒井 2009）、『アカデミック・ライティングのためのパラフレーズ演習』（鎌田・仁科 2014）等の留学生向け教材も開発された。アカデミック・ジャパニーズの議論が始まって以降、伝統的な作文教育とは異なる「論理的な文章」やライティングに必須の「批判的な読み」がキーワードとなった背景には、大学の学習・研究活動におけるそれらの必要性に対する認識がある。なお、2000 年以前に開発された『大学生と留学生のための論文ワークブック』（浜田・平尾・由井 1997）は、留学生と一般学生へのライティング教育の必要性の高まりに、早い時期から対応した市販教材であると言える。

　続いて 4）では、学習者同士の協働学習（ピア・ラーニング）を取り入れた実践やビリーフ、およびフィードバック（田中 2005；原田 2006, 2015）の分析、また、ピア・レスポンス（→第 7 章参照）による作文推敲過程に着目した研究（広瀬 2015）等が行われている。ピア・レスポンスによる協働活動はアカデミックなジャンルの「語選択を支援し、語彙習得を促進する場」（大島 2009a: 24）であるとの示唆も提示されている。このように、学習者同士が他者の視点から文章にコメントし合う活動は、教師のみが正解を持つと考える伝統的な指導法に慣れた学習者のビリーフや、教室運営に対する配慮が必要である。ピア・レスポンスは、そのような配慮が十分に行われた上であれば、基本的に多くの可能性を秘めた活動であると考えられる。その背景の一つとして、他者との批判的なコメントの授受は、研究活動に必須となる議論に近く、そのような過程を経て文章の質を向上させることは、論文の推敲作業と同様の効果を生むものと考えられる。以上のような知見を活かした市販教材として、『ピアで学ぶ大学生の日本語表現［第 2 版］』（大島・池田・大場・加納・高橋・岩田 2014、本書の第 7 章でも言及）等も開発されている。

　さらに、5）では、日本語の小論文の評価に着目し、good writing のための

評価基準を追求した研究（田中・坪根 2011；坪根・田中 2015）が挙げられる。文章の評価基準に関しては、教材『Good Writing へのパスポート』（田中・阿部 2014）にも研究成果が結実している。また、評価の関連概念として、ライティングのフィードバックについても、英語による第二言語ライティング研究と第二言語習得研究のアプローチを紹介し、教師のフィードバックに関する議論を行った研究（田中 2015）も見られる。さらに、非母語話者への評価そのものの多様性を指摘し、評価を捉え直した研究（宇佐美 2014；宇佐美（編）2016）の発信も特筆すべきである。一般にライティングの評価は、主観性の排除が難しい側面もあるが、より客観性を目指したルーブリックの導入やアセスメントについての考え方（→第 4 章参照）といった、新たな研究の流れがすでに見られる。在籍学生に対する評価は、研究者への評価と同様に、大学教育にとって非常に重要なものである。

　以上のように、日本語教育学におけるライティング教育研究はその範囲が拡大し、細分化が進んでいることがわかる。以下には、さらに二つの観点から、最近の研究に関して言及しておきたい。

　まず、本書の第 5 章に示す通り、言語資源としてのコーパスの活用により、言語教育学関係者と工学系研究者との協働による学際的アプローチが活発に行われつつある。奥村（2012）は、自然言語処理で用いられる各種の構文解析ツール等を解説し、言語教育・言語学習支援に対するコーパスの貢献について述べた上で、言語教育のニーズと上記の工学系研究者の技術を組み合わせることによって有用なシステムが実現できるとしている。例えば、日本語作文支援システム「なつめ」の開発の背景から設計、作文の分析まで解説した論考の例が挙げられる（阿辺川 2012）。今後、上記のような IT 技術の発展により、パソコンやスマートフォン上での学習ツールの開発と活用の機会が格段に広がることが予測される。そうした状況のもとで、学習・教育・研究上の効果の検証が慎重に行われることを期待したい。

　次に、最近では、論文に必須の引用の構造（山本・二通 2015）やその指導方法（向井・中村・近藤 2017）、パラフレーズ（鎌田 2012）、研究倫理（東北大学高度教養教育・学生支援機構（編）2017[3]）といった、ライティングの本

---

[3]　この書籍には、多様な専門分野に関する研究倫理、その推進にかかる制度上の課題、また、言語教育から見た盗用の問題についても有意義な議論が掲載されている。

質にかかわるとも言える重要な局面に焦点を当てた議論が、論文や専門書での発信を通じて盛んになっている。

上記2点のテーマや問題意識は、日本語教育学の枠を越えつつあり、大学の初年次から大学院までの教育におけるライティングにとって重要なものである。このような教育と研究の進展を契機とし、今後は、教員・研究者自身が、他分野の研究者との「協働」の可能性を再考し、ライティング教育の発展につながる議論を続けていくことが肝要である。

以上の概観に加え、今後は、学習・教育の現場において、学習者の視点とその多様な背景をもとに、新たな方法論の開発・充実とその検証を行うことが求められる。特に、学習者の学び方自体を、その多様な背景をふまえて観察し、記述することによって研究を進めることが重要である。具体的な記述の例としては、学習者が、自身の学習の目的と方法を振り返り、必要に応じて学習ツールを活用しながら学び、かつ、適宜他者からの支援を受ける、といった学習のあり方である。このように、学習とその方法をできるだけ包括的に捉える研究が必要であると考えられる。

なお、学習経験者が現在の学習者を支援するという発想も奨励されるものである。佐渡島・太田（編）（2013）には、ライティング・センターにおけるチュータリングについての先行事例が紹介されている（→第9章参照）。このように、自ら必要な支援を受け、また、それらによって学習を管理できる自律性を涵養することも、今後一層重要性を増すテーマになっていくものと考えられる。

3. 大学と社会をつなぐライティング教育という視点

上記2. においては、本書の第2章から第11章までのさまざまな議論に対する基本的な背景としての先行研究を概観した。3. では、本書のオリジナルなテーマである「大学と社会をつなぐライティング教育」という視点の有用性について説明する。そのために、以下では、大学教育と社会での実務でそれぞれ必要とされる文章とそのライティング活動について述べる。

3.1 大学教育における文章とライティング活動

大学教育の中で見られるライティングの重要な文章としては、一般に、卒

業論文、修士論文、博士論文といった研究の集大成となる論文がある。ただし、卒業・修了に必要な上記の論文のみが、研究の評価対象となるわけではない。論文提出に至る過程で、各自の専門分野に応じて、多様な文章の作成が求められる。例えば、授業のレポート、実験レポート、ゼミでのレジュメ、機器を用いたプレゼンテーション用の視覚資料、試験の記述問題、見学や実習に関する報告書、研究助成を受けた研究の報告書といった、多様なジャンルの文章である。それぞれの文章の目的や構成、書式等は、互いに大きく異なる。これらの文章と先述の学位論文の作成、すなわち、アカデミック・ライティングは、大学の学習・研究生活において、単位取得とも関連し、ほぼ常に評価の対象となるものである。

上記のような文章のライティング活動について、重要な留意事項を、以下の3点にまとめておく。

まず、学生は、多くの先行研究を、先達に敬意を払いつつ批判的に読み、異なる見解や視点を持つ他者と十分に議論を行った上で、論理的に内容をまとめる必要がある。つまり、目指すべき文章は、論理的でなくてはならない。また、読み手を十分に理解させ、説得できる文章に仕上げるためには、事前に十分な議論を行っておくことが必要である。

次に、文章執筆の過程においては、推敲の作業が欠かせない。推敲は、必ずしも正誤判断が容易にできるものではない。表現や構成、論理展開について、くり返し、複数の観点による思考を経て改訂する作業である。そのため、十分な時間を確保しておく必要がある。

さらに、執筆要領のようなルールや提出期限等の厳しい制限があることへの認識を持つことも重要である。例えば、学生が作成したレポートやプレゼンテーション用の視覚資料は、課題を提示した教員によって評価され、単位が認定される。その際に、提出の遅延があったり、執筆要領が守られていなかったりすれば、それも一般的には評価の対象に含まれることになる。また、インターネット上に公開される博士論文や研究報告書であれば、不特定多数の人々の閲覧に堪える文章とする必要があり、形式も重要である。上記のいずれの場合においても、内容面だけでなく、手続きの遵守等の形式面にも完成度の高さが求められる。つまり、読み手は、「発信内容以外のことも読み取っている」(村岡・因・仁科 2013: 27)可能性があるというわけである。

3.2 社会での実務における文書とライティング活動

　一方、社会のさまざまな職場において実務上求められる文書については、次に示すような多様な種類のものが見られる。

　企画書、報告書、議事録等に加え、プレゼンテーションのための視覚資料や、連絡や交渉のための電子メール文等、それぞれが、職務遂行のさまざまな局面で重要な役割を果たしている。このような文書を活用しながら、企業や自治体等の組織は、情報公開を行い、さらには、業務に必要な広報活動や誘致活動も積極的に行っている。つまり、上記のような文書は、職場と、必要な人材、あるいは組織やコミュニティを結ぶための重要な媒体の一つである。写真や映像等を効果的に組み合わせた場合も含めて、文書は、必要な内容を、読み手に的確に理解させ、説得させるものである。

　こうした実務の世界のライティング活動においても、認識しておくべき留意事項が存在する。

　基本的に、文書により多くの事案の決定や完了が認められる。文書は、事案が完了した後にも、記録としての確認や検証の対象にもなり得ることから、次の担当者や次世代の関係者にも十分に理解されるよう、論理性や客観性が求められる。そこに重大なミスがあれば、文書を作成し保存していた組織は信用を著しく損なう結果となり、社会的なダメージは免れない。また、例えば、機械や機器の操作方法に関する記述にミスがあれば、場合によっては人命にかかわる事態にもなる。さらに、社会においても、文書の形式に関する制約が厳しく、かつ期限遵守が求められる場合が多い。

　上記のようなライティング活動の重要な留意事項に関しては、大学における論文や報告書と、基本的に必要とされる考え方や技能は同様である。

3.3 大学から社会に開かれたライティング教育を目指して

　以上、3.1 と 3.2 で記述してきた内容から、大学と社会をつなぐライティング教育の視点とは、簡潔に言えば、次のようにまとめられる。すなわち、大学内での学習・研究活動に有用なライティングと社会で必要なライティングを、学生の在学段階の進行に沿って俯瞰的に捉え、大学と社会の双方における共通した教育目標と、養成が必要な能力を認識する視点である。実際に、大学内の学習・研究活動と、社会人としての実務は、ライティング活動

においてさまざまな側面で接点がある。そのため、大学におけるライティング教育を充実させるための視点やヒントは少なくない。例えば、文書作成にかかわる重要事項を認識し、必要な手順を計画する習慣を徹底させることである。これは大学教育の中で行うことが可能かつ必要であり、大学教育における人材育成の観点からも重要であると言える。

　本書で議論する大学と社会をつなぐライティング教育は、特に人材育成の枠組みの中で、初年次生から社会人に至るまで、共通の目的・目標を持ち、それらが有効にカリキュラムやシラバスに盛り込まれていくことを、地道に目指すものである。各章には、議論の最後に、「大学と社会をつなぐライティング教育」と題した最終節を一律に設けている。この節を配置することによって、本書の各章の結論が全体として収斂することをねらっている。

　大学におけるライティング教育は、学生が、社会で有用な人材として能動的に活躍できることを支援するものと位置付けられる。そのようなより広い視野に対する関係者の共通理解が深まれば、将来の教育実践や研究、ひいては人材育成に対して、十分な示唆を与えることになるものと期待される。

付記

　本書は、JSPS 科学研究費（課題番号 26284072）の助成を受けて行った成果の一部である。執筆者は、同共同研究の代表者、分担者、連携研究者、および研究協力者である。

参考文献

阿辺川武（2012）「日本語作文支援システム「なつめ」」仁科喜久子（監），鎌田美千子・曹紅荃・歌代崇史・村岡貴子（編）『日本語学習支援の構築——言語教育・コーパス・システム開発——』199–203. 凡人社.

石黒圭・筒井千絵（2009）『留学生のためのここが大切　文章表現のルール』スリーエーネットワーク.

宇佐美洋（2014）『「非母語話者の日本語」は、どのように評価されているか——評価プロセスの多様性をとらえることの意義——』ココ出版.

宇佐美洋（編）（2016）『「評価」を持って街に出よう——「教えたこと・学んだことの評価」という発想を超えて——』くろしお出版.

大島弥生（2006）「大学初年次日本語表現科目でのライティングのコース設計」門倉正美・筒井洋一・三宅和子（編）『アカデミック・ジャパニーズの挑戦』115–127. ひつじ書房.

大島弥生（2009a）「語の選択支援の場としてのピア・レスポンスの可能性を考える」『日本語教育』140: 15–25.

大島弥生（2009b）「社会科学系の事例・史料にもとづく研究論文における論証の談話分析」『専門日本語教育研究』11: 15–22.

大島弥生（2011）「大規模テストにおける「書く」能力の測定の可能性」『日本語教育』148: 42–56.

大島弥生・池田玲子・大場理恵子・加納なおみ・高橋淑郎・岩田夏穂（2014）『ピアで学ぶ大学生の日本語表現［第2版］──プロセス重視のレポート作成──』ひつじ書房．

大島弥生・佐藤勢紀子・因京子・山本富美子・二通信子（2010）「学術論文の導入部分における展開の型の分野横断的比較研究」『専門日本語教育研究』12: 27–34.

奥村学（2012）「第3部　日本語学習支援システム開発──言語処理と言語教育──」仁科喜久子（監），鎌田美千子・曹紅荃・歌代崇史・村岡貴子（編）『日本語学習支援の構築──言語教育・コーパス・システム開発──』187–197. 凡人社．

門倉正美（2006）「＜学びとコミュニケーション＞の日本語力──アカデミック・ジャパニーズからの発信──」門倉正美・筒井洋一・三宅和子（編）『アカデミック・ジャパニーズの挑戦』1–20. ひつじ書房．

門倉正美・筒井洋一・三宅和子（編）（2006）『アカデミック・ジャパニーズの挑戦』ひつじ書房．

鎌田美千子（2012）「第二言語としての日本語によるパラフレーズの問題とその教育方法──アカデミック・ライティング教育の観点から──」仁科喜久子（監），鎌田美千子・曹紅荃・歌代崇史・村岡貴子（編）『日本語学習支援の構築──言語教育・コーパス・システム開発──』63–76. 凡人社．

鎌田美千子・仁科浩美（2014）『アカデミック・ライティングのためのパラフレーズ演習』スリーエーネットワーク．

佐藤勢紀子・大島弥生・二通信子・山本富美子・因京子・山路奈保子（2013）「学術論文の構造型とその分布──人文科学・社会科学・工学270論文を対象に──」『日本語教育』154: 85–99.

佐渡島紗織・太田裕子（編）（2013）『文章チュータリングの理念と実践──早稲田大学ライティング・センターでの取り組み──』ひつじ書房．

田中信之（2005）「中国人学習者を対象としたピア・レスポンス──ビリーフ調査をもとに──」『日本語教育』126: 144–153.

田中真理（2015）「第4章　ライティング研究とフィードバック」大関浩美（編著）『フィードバック研究への招待──第二言語習得とフィードバック──』107–138. くろしお出版．

田中真理・阿部新（2014）『Good Writing へのパスポート──読み手と構成を意識した日本語ライティング──』くろしお出版．

田中真理・坪根由香里（2011）「第二言語としての日本語小論文における good writing 評価──そのプロセスと決定要因──」『社会言語科学』14（1）: 210–222.

坪根由香里・田中真理（2015）「第二言語としての日本語小論文評価における「いい内容」「いい構成」を探る──評価観の共通点・相違点から──」『社会言語科学』18（1）: 111–127.

東北大学高度教養教育・学生支援機構（編）（2017）『責任ある研究のための発表倫理を考える』東北大学出版会．

時枝誠記（1950）『日本文法　口語編』岩波書店.

時枝誠記（1960）『文章研究序説』山田書院.

二通信子（2006）「アカデミック・ライティングにつながるリーディングの学習」門倉正美・筒井洋一・三宅和子（編）『アカデミック・ジャパニーズの挑戦』99–113. ひつじ書房.

二通信子・大島弥生・佐藤勢紀子・因京子・山本富美子（2009）『留学生と日本人学生のためのレポート・論文表現ハンドブック』東京大学出版会.

二通信子・佐藤不二子（2003）『改訂版　留学生のための論理的な文章の書き方』スリーエーネットワーク.

浜田麻里・平尾得子・由井紀久子（1997）『大学生と留学生のための論文ワークブック』くろしお出版.

原田三千代（2006）「中級学習者の作文推敲過程に与えるピア・レスポンスの影響――教師添削との比較――」『日本語教育』131: 3–12.

原田三千代（2015）「第 5 章　協働的フィードバックとしてのピア・レスポンス」大関浩美（編著）『フィードバック研究への招待――第二言語習得とフィードバック――』139–171. くろしお出版.

広瀬和佳子（2015）『相互行為としての読み書きを支える授業デザイン――日本語学習者の推敲過程にみる省察的対話の意義――』ココ出版.

向井留実子・中村かおり・近藤裕子（2017）「引用で求められる「解釈」をどのように指導するか――学習者の作文事例から見た引用・解釈文作成の困難点と指導のあり方――」『専門日本語教育研究』19: 69–74.

村岡貴子（2011）「「論文スキーマ」の観点から見た日本語学習者の文章に見られる構成と論理展開に関する問題分析――専門日本語ライティング教育の観点から――」『銘傳日本語教育』（台湾：銘傳大学）14: 1–22.

村岡貴子（2014）『専門日本語ライティング教育――論文スキーマ形成に着目して――』大阪大学出版会.

村岡貴子・因京子・仁科喜久子（2013）『論文作成のための日本語文章力向上プログラム――アカデミック・ライティングの核心をつかむ――』大阪大学出版会.

村岡貴子・米田由喜代・因京子・仁科喜久子・深尾百合子・大谷晋也（2005）「農学系・工学系日本語論文の「緒言」の論理展開分析――形式段落と構成要素の観点から――」『専門日本語教育研究』7: 21–28.

山本富美子（2006）「タスク・シラバスによる論理的思考力と表現力の養成」門倉正美・筒井洋一・三宅和子（編）『アカデミック・ジャパニーズの挑戦』79–98. ひつじ書房.

山本富美子・二通信子（2015）「論文の引用・解釈構造――人文・社会科学系論文指導のための基礎的研究――」『日本語教育』160: 94–109.

劉偉（2009）「中国人日本語学習者の説明的文章の論理展開に関する自己推敲の調査・分析」『専門日本語教育研究』11: 31–38.

参考 URL

日本学生支援機構「日本留学試験（EJU）」<https://www.jasso.go.jp/ryugaku/study_j/eju/index.html>（2018 年 8 月 28 日閲覧）.

第2章

大学教育から見たパラフレーズの諸相

鎌田美千子

大学でのライティングは、「書く」のみならず、「聞く（聴く）」「読む」「話す」ことと結びつきが強い。本章では、その中で生じるパラフレーズについて概説し、教育実践につなげていくための視座を提示する。

キーワード　パラフレーズ，言い換え，四技能，引用，専門知識，文献講読，語用論

1.　はじめに

　大学での学術的な場面では、講義を聴く、文献を読む、発表する、レポートを書くといったことが広く行われている。こうした活動の言語面に注目すると、それぞれ「聞く（聴く）」「読む」「話す」「書く」ことが中心になる一方で、「聞いた（聴いた）ことを書く」「読んだことを書く」「話すことを書く」ことが少なくない。例えば、ゼミ等の発表に際しては話す内容について発表スライドを作成するであろうし、また講義やインタビュー調査で聞いた（聴いた）内容をレポート・論文に記述することもある[1]。本章では、主としてこのように「聞いた（聴いた）ことを書く」「読んだことを書く」「話すことを書く」ときに生じるパラフレーズ（言い換え）について述べる。

　パラフレーズとは、伝える手段、目的、相手等に応じて表現を言い換えることである（鎌田 2015a）。普段はあまり意識しないが、授業やゼミで発表する際のレジュメやスライドの箇条書きでは、文章語や名詞化が用いられ、実際に話すときとは異なる表現を用いることになる。また、講義で聴いたことをレポートに書く際にも、聴いた表現をそのまま使うのではなく、要点をま

---

[1]　発表スライドもレポート・論文も、厳密に言えば必ずしも筆記具で「書く」というわけではないが、文字で伝えるという点で「書く」対象に位置づけて扱うこととする。

とめながら書くことになる。話す内容、もしくは話された内容を文章化する際にも、話しことばの冗長性（畠 1987）を軽減し簡潔にまとめていく上でパラフレーズが必要となる。

　他方、「書く」こと自体に目を向けると、日本人学生・留学生を問わず、学術的な文章を書くことの難しさを感じている者も少なくない。因（2012:100）は、困難となる背景として、1）書く目的や受け手についての認識が希薄、2）情報を分類し一般化・抽象化することに未習熟、3）文章語の知識が不十分、といった点を指摘している。後述するように、パラフレーズは、これらの各々に関係していることからも、よりよいライティングを目指す上で欠かせない言語スキルであると言えるが、実際に問題なく遂行できているかと言うと、必ずしもそうではない。とりわけレポート・論文での引用に関して言えば、授業で学ぶことと実際にできるようになることとには大きな隔たりがあるように思われる。

　本章では、こうした状況をふまえて、具体的な教育実践につなげていくための視座を提示することを目的に、大学でのライティングを単に「文章を書く」という枠組みだけで捉えずに、より広く考えて論じていく。以下、2.では、言語場面でどのようなパラフレーズが必要になるのかを概説する。2.1 では、「話すことを書く」際のパラフレーズとして発表スライドの作成を例に述べる。2.2 では、「聞いた（聴いた）ことを書く」際のパラフレーズとしてインタビュー内容の記述を例に述べる。2.3 では、「読んだことを書く」際のパラフレーズとして文献の引用を例に述べる。2.4 では、上位概念を表すパラフレーズに焦点を当てて述べる。2.5 では、2. 全体のまとめを述べる。続く 3. では、大学での専門的な思考への橋渡しといった視点から、認知心理学の知見をもとに筆者が行った教育実践の試みについて述べながら、パラフレーズとの関わりを探る。

　さらに、大学でのライティング指導にあたるならば、パラフレーズには母語なら概ねできるものと、母語でもなかなかできないものとがあることから、日本人学生・留学生双方に共通の問題と留学生に固有の問題とがあることに留意しておかなければならない。例えば日本人学生の大半は箇条書きができるが、後述するように留学生の場合には名詞化による誤用が生じやすい。他方、「直接引用では、引用符を用いて原文通りに書く」「間接引用で

は、自分なりの表現で書く」ということを授業で学んでも、できるようになる学生とそうならない学生とに分かれるのは、日本人学生・留学生双方に共通して見られる。そのため、2.1～2.2、2.4では主に留学生を対象とした日本語教育の視点から、2.3及び3.では主に日本人学生・留学生双方を対象とした視点から述べる。なお、2.1～2.2では、留学生を対象とした日本語学習書である鎌田・仁科（2014）等から例を挙げて説明していく。

2. 大学でのライティングとパラフレーズ
2.1 話すことを書く —発表スライドの作成を例に—

　大学でのライティングにおいて「話すことを書く」ものには、授業での課題発表やゼミでの研究発表の際のレジュメ、発表スライド等があるが、本節では、発表スライドに焦点を絞って説明する。発表スライドは、箇条書き、見出し、図表[2]、写真、動画等によって表現される。このうちパラフレーズが関係するのは、文字が主たる表現形式となる箇条書き、見出し、図表である。この三者に共通するのは、聞き手がスライドを「読む」ことに注意が奪われて発表者の話に集中できなくなることを避けるために、簡潔な表現に言い換えて提示しなければならないという点である。以下では、箇条書きを例に説明していく。

　箇条書きは、文章に比べて短いという特性から、日本人学生にも留学生にも比較的負担なく取り組めると考えられがちであるが、その一方で、日本語が流暢に話せる留学生の場合でも、形式上、文法上、表現上の問題が散見される（鎌田 2005）。発表で話す際の表現と一致させて書こうとすると、発表スライド一枚に示す文字数が多くなりすぎるので、短い文や名詞化、体言止め等によって要点を示す必要がある。中でも和語動詞の名詞化の誤用は、留学生に広く見られる問題の一つである。和語動詞を名詞に言い換えるには、同じ意味を持つ漢語の名詞を用いる方法（例：使う→使用）と、和語動詞の連用形を名詞として用いる方法（例：考える→考え）とがある（鎌田 2012）。以下に例を示す（該当箇所に下線を付す。以下、同様）。

---

[2]　図表には、数値によるものと文字によるものとがある。ここでは、文字によるものに限定する。

(1a)　留学生への防災教育の今後の取り組みとしては、例えば多言語版の防災ガイドブックを①作ったり、避難所マップを②配ったり、また避難訓練を③行ったりすることが考えられます。

(鎌田・仁科 2014: 18)

(1b)

留学生を対象にした防災教育における今後の取り組み

・多言語版防災ガイドブックの作成
・避難所マップの配布
・避難訓練の実施

(鎌田・仁科 2014: 18)

　上に挙げた (1b) は、(1a) の文を箇条書きにしたものである。(1b) では、(1a) の下線部①「作ったり」が「作成」に、下線部②「配ったり」が「配布」に、下線部③「行ったり」が「実施」にそれぞれ言い換えられている。

　このような名詞化では、例えば「作成」ではなく「作り」、「配布」ではなく「配り」、「実施」ではなく「行い」のように和語動詞の連用形を用いた誤用が上級レベルの留学生に散見される（鎌田・仁科 2008）。「和語動詞の連用形が名詞の働きをする」といった知識を持っていても、全ての和語動詞の連用形が名詞として使われるわけではない。また、例えば動詞「違う」のように、漢語（例：「相違」）と和語（例：「違い」）の両方に言い換えられるものもある。(1b) では「行い」が誤用になるが、例えば「日頃の行いをふり返る」のような文においては正用となる。このように、和語動詞の名詞化は留学生にとって複雑な難しさが伴う項目の一つである。発表スライドにおける誤用は視覚的に目立つことからも、留意しておきたい点である。

2.2　聞いた（聴いた）ことを書く ―インタビュー内容の記述を例に―

　大学でのライティングとして「聞いた（聴いた）ことを書く」ものには、レポート・論文において、講義内容やインタビュー調査で得られた発言に言及する文章が挙げられる。ここでは、インタビュー内容の記述を例に、語レベル及び句レベルのパラフレーズと、文レベルのパラフレーズのそれぞれに

第 2 章　大学教育から見たパラフレーズの諸相 ｜ 19

ついて順に説明する。

2.2.1　語レベル及び句レベルのパラフレーズ

　まず、語レベル及び句レベルのパラフレーズについて述べる。以下に示す
(2b) は、(2a) のインタビューの要点をまとめたものである。

(2a)　　—— 現在のお仕事は何ですか。

　　　木村氏：製薬会社の研究員です。会社に入って 8 年目です。

　　　　—— 今まで働いてきて、どんなところにやりがいを感じていま
　　　　　　　すか。

　　　木村氏：いろいろあって一つ挙げることは難しいんですけど、①自
　　　　　　　分一人の力では②難しい仕事でも③会社の中のチームで
　　　　　　　取り組むことで、目標を達成できるところにやりがいを
　　　　　　　感じています。もちろん、④新しい薬を⑤作ることで
　　　　　　　⑥病気の人を救うことができる点は、当初から一番です
　　　　　　　けどね。最近、社会のために役に立っているのを実感で
　　　　　　　きるようになってきました。

　　　　—— チームでのお仕事が多いんですか。

　　　木村氏：はい。チームでやると、⑦周りのみんなとの考え方のず
　　　　　　　れなんかも当然あります。でも、逆に、そのことから
　　　　　　　⑧今までなかった視点や発想に気づいて、⑨私自身の仕
　　　　　　　事への姿勢が変わるきっかけにもなります。こういうと
　　　　　　　ころにもやりがいを感じますね。仕事は他にもいろいろ
　　　　　　　ありますが、どれも自分を成長させてくれるものですね。

　　　　　　　　　　　　　　　　（略）

　　　　—— なるほど。大変貴重なお話、ありがとうございました。

　　　　　　　　　　　　　　　　　　　　　　（鎌田・仁科 2014: 70）

(2b)　A・K 氏（入社 8 年）

　　　　製薬会社の研究員である A・K 氏は、仕事のやりがいとして、
　　　以下の三つを挙げている。第一に、新薬の開発によって病人を救
　　　うことができる点である。第二に、独力では困難な仕事でも社内

のチームでの取り組みによって目標を達成できる点である。第三に、周囲との考え方のずれから新しい視点や発想に気づき、自分自身の仕事への姿勢が変わるきっかけになる点である。こうしたA・K氏の発言からは、仕事を通して成長しようとする様子がうかがえる。(鎌田・仁科 2014: 74(本冊)及び 15(別冊 解答例))

　上に挙げた (2a) の下線部から (2b) の下線部へのパラフレーズは、もとの表現と言い換えた表現とが語レベルもしくは句レベルで対応している。下線部②「難しい」は「困難な」に、下線部⑤「作ること」は「開発」に、下線部⑨「私」は「自分」に言い換えられており、それぞれ語と語が一対一に対応している。これに対して、下線部①「自分一人の力」は「独力」に、下線部③「会社の中」は「社内」に、下線部④「新しい薬」は「新薬」に、下線部⑥「病気の人」は「病人」に、下線部⑦「周りのみんな」は「周囲」に、下線部⑧「今までなかった」は「新しい」に言い換えられており、それぞれ句レベルの表現が一語に集約されている。いずれも日常語が文章語に言い換えられており、文章語が使えなければ、このようなパラフレーズまでには至らない。留学生の場合には、もとの表現をそのまま使う傾向が見られることから(鎌田・仁科 2009)、意識的な学習が必要である。
　さらに、パラフレーズとあわせて必要となる表現にも注目したい。(2b) では、内容をまとめるにあたっては、語や句を言い換えるだけでなく、「以下の三つを挙げている」「第一に／第二に／第三に」といった表現が使われている。これらは、メタ言語表現と呼ばれるもので、伝達や引用の際にパラフレーズと密接に関係する。メタ言語とは、簡単に言えば、「言語に言及する言語」(西條 1999: 115) を指す。言語表現は、実質的な内容が伴う表現とそのことについて言及する表現に分類され、この後者がメタ言語表現にあたる[3]。本章 1. でライティングが困難になる背景として挙げた第二の点である「情報を分類し一般化・抽象化する」際に必要となる表現でもある。他にも、

---

[3]　板垣 (2017) は、母語、第二言語、外国語のそれぞれの言語能力を包括的に捉えた上で、Bialystok (1991) 等に基づき、言語能力の熟達化が日常会話から読み書きへ、さらにメタ言語スキルの習得へと進むことを指摘している。このような観点から捉えると、メタ言語表現の習得は、より高次の段階に位置づけられる。

例えば「と述べている」「と指摘している」等の表現が使われる。こうした表現が使えなければ、誰かが述べたことを自身のことばとして述べてしまうといった弊害につながることからも、パラフレーズとあわせて重視すべき言語表現である。

2.2.2 文レベルのパラフレーズ

次に、文レベルのパラフレーズについて述べる。文レベルのパラフレーズには、上に挙げた例のような比較的狭い範囲のパラフレーズの他に、一文もしくは複数の文から統語的に言い換えられるもの、また一文もしくは複数の文によって表された意味内容が文脈をふまえて言い換えられるものがある。インタビュー内容を記述する際には、文中の指示詞を言い換えて二文を一文にすることもあるが、ここでは、文脈上の意味を読み取って別の表現で表すパラフレーズに焦点を当てて説明する。次に示す (3b)～(3d) は、(3a) をレポート・論文の文として記述した例である。

(3a) 就職活動で志望先を絞れないからと言って何十社も受ける人がいますが、それってどうなんでしょうね。うまくいくんでしょうかね。

(3b) 会社役員 X 氏は、就職活動で志望先を絞らずに何十社も受けてもうまくいかないだろうと述べた。

(3c) 会社役員 X 氏は、就職活動で志望先を絞らずに何十社も受けても内定は得られないだろうと述べた。

(3d) 会社役員 X 氏は、就職活動で志望先を絞らずに何十社も受けることに否定的な考えを示した。 　　　　　（鎌田 2017c: 17, 一部変更）

上に挙げた (3b)～(3d) は、いずれも (3a) の二文を一文に言い換えている点で共通するが、(3b) は、(3a) の「うまくいくんでしょうかね」を「うまくいかないだろう」と文体的に言い換えているにすぎない。それに対して、(3c) では、内容を具体化して「内定は得られないだろう」と言い換えている。また、(3d) では、「否定的な考えを示した」と書き手の解釈を示す形で言い換えている。このように、話し手によって示された「うまくいくんでしょうかね」をレポート・論文に相応しい文体として示すには、対応する類

義語を知ってさえいればできるというものではない。(3c) のように、もとの表現が示す具体的な意味内容を読み取って明示できるか否か、また (3d) のように解釈を示せるか否かが関わってくると言える。(3c) 及び (3d) のように話し手の含意を読み取ること自体は、対人コミュニケーションでもよくあることであるが、ライティングでは、その意味を理解するにとどまらず、それを文字で表すとともに、レポート・論文に相応しい表現にすることが必要となる。このような場合に、第二言語としての日本語を学ぶ留学生にとっては、理解と表現の両面で二重の難しさが伴うこととなる。

本節で述べたパラフレーズは、インタビュー内容の記述以外にも例えばアンケートの自由記述をレポート・論文にまとめる際にも使われる。また、次節で述べる「読んだことを書く」際にも共通するものである。あわせて留意しておきたい。

2.3 読んだことを書く ―文献の引用を例に―

大学でのライティングにおいて「読んだことを書く」ものの代表的なものに引用がある。引用をめぐって問題となるのは、自身の見解と他者の見解が区別できていないもの、出典を明示せずに他者の文を引用符なしで引き写しているものである。引用する際には、引用符を用いて直接引用として示すか、書き手自身の表現で間接引用として示すか、いずれかの方法を取ることとなる。このルールを知っていても適切に引用できない学生がおり、教育の必要性が指摘されている（二通 2006；佐渡島 2014；村岡 2014；鎌田 2017a）。

引用に関しては、大学での初年次教育において基本事項として扱われている一方で、特に間接引用に見られるパラフレーズの問題には、自身の見解と他者の見解の区別ができていないもの、単語を置き換えただけのもの、統語的につなげただけのもの、自身の文章展開にあわせて取り込めていないもの等が挙げられる。レポート・論文での引用では、基本的には、2.1 及び 2.2 で説明したような日常語から文章語へのパラフレーズを必要としない。では、どのような点に注意しなければならないだろうか。

まず、要約文であれば問題にならなくても間接引用とした場合には許容されないものとして、もとの単語のみを言い換えたものや、二つ以上の文を単

純につなげたものが挙げられる（鎌田 2017a）。特に引用にまだ不慣れな場合には、出典の明示が曖昧で、結果として「表現の盗用」（吉村 2017）にもなりかねないため、留意したい。間接引用は、もとの文の一部を言い換えればよいわけではなく、書き手の視点からの表現を加えていくことになる点で、単なる要約とは異なることを学生たちに意識させる必要がある。

　さらに、レポート・論文での引用では、当該領域の専門知識が必要となる。文献に述べられている事柄に言及する際に専門用語を用いたり、逆に専門用語で述べられている事象を身近な事象に当てはめて言及したりする際に言い換えることになる。他方、専門書や論文を「読む」ということに視点を転じれば、まだ基本的な専門知識を形成する段階である大学学部レベルでは、研究者が読むような学術論文の十分な理解を期待するには少々無理がある。文献の理解が困難であれば、引用自体も難しくなる。加えて、レポート・論文を書くにあたって検索して見つけた論文が当該分野で一体どのような位置づけにあるのかを把握した上で引用できるようになるのは、ある程度専門知識が蓄積されてからだと思われる。したがって、引用を取り上げる際には、「読み」の面と専門知識の面の双方を視野に入れておくことが肝要である。

2.4　上位概念を表すパラフレーズ

　情報を分類し一般化・抽象化する働きをもつものとして、2.2ではメタ言語表現に注目したが、以下では、個別の情報を上位概念に置き換えるパラフレーズを例に説明する。上位概念を表すパラフレーズには、次に示す（4a）から（4b）の文のように単語の組み合わせから言い換えるものと、（5a）から（5b）の文のように単語の組み合わせの他に文脈上の意味を読み取って言い換えるものとがある。

　（4a）　各市町村の公民館、図書館、市民体育館、公園などを充実させる。
　（4b）　各市町村の公共施設を充実させる。

（鎌田・仁科 2014: 45, 一部変更）

　（5a）　地震が発生し、被害が出た。住民には水や食べ物、薬などが届けられた。

(5b)　地震が発生し、被害が出た。住民には<u>救援物資</u>が届けられた。

(鎌田 2015b: 138)

　上に挙げた (4b) は、(4a) の「公民館、図書館、市民体育館、公園など」をその上位概念である「公共施設」という語に言い換えたものである。(5b) は、(5a) の「水や食べ物、薬など」を「救援物資」に言い換えたものである。(4a) と (4b) は、意味上の下位概念・上位概念と対応し、前後の文脈がなくても四つの単語のみから一語に言い換えることができる。これに対して、(5a) は、災害といった文脈上の意味を読み取って表すこととなる。(4a) から (4b) へのパラフレーズと (5a) から (5b) へのパラフレーズとの違いは、この点にある。例えば次に示す (6a) では、(5a) と同じ語のまとまりである「水や食べ物、薬など」が使われているが、(6b) では (5b) と同じ「救援物資」ではなく「日用品」と言い換えられており、文脈によって言い換えられる語が異なることがわかる。この点に注目すると、類義語に関する知識だけでは言い換えられないことがわかる。

(6a)　情報通信が発達した現在、<u>水や食べ物、薬など</u>をインターネットで購入する人が増えている。

(6b)　情報通信が発達した現在、<u>日用品</u>をインターネットで購入する人が増えている。

　留学生を対象とした日本語教育においてパラフレーズを語と語の対応のみで捉えていては不十分であることは 2.2.2 でも述べた通りであるが、上記 (5a) ～ (6b) の例からも、全体から意味を読み取って言い換えるということが一層重要であると言える。また、ここに挙げた上位概念を示すパラフレーズは、2.1 ～ 2.3 に前述した発表スライドの作成、インタビュー内容の記述、文献の引用のいずれにおいても共通するものであり、とりわけ見出しや要点の提示に使われることからも、基本の一つと位置づけられる。

2.5　本節のまとめ

　以上、2.1 では発表スライドの箇条書きにおけるパラフレーズについて、

2.2 では日常語から文章語へのパラフレーズについて、2.3 では文献の引用とパラフレーズについて、2.4 では上位概念を表すパラフレーズについて述べた。このように概観すると、パラフレーズは、目的や伝達手段、相手等に応じて言い換えて示すといった点で語用論的な側面を担うと言える。外国語及び第二言語の教育では、この語用論的能力の育成が重視されているが（Bialystok & Sharwood-Smith 1985；清水 2009）、その議論が現段階では会話教育に偏る傾向がある [4]。今後、ライティング教育においても、いわゆる「作文」にとどまらず、種々の言語形式と結びつけた学習が重視されるとともに、その基盤となるパラフレーズが一層重要になると言えよう。

　ここまでに述べたことは、大学におけるライティングでの基本に関わるものである。こうした基本をもとに種々の言語活動が展開される一方で、上述したように、「話すことを書く」「聞いた（聴いた）ことを書く」「読んだことを書く」といった際には、単にもとの表現を別の表現に変換すれば済むというわけではなく、述べる内容を書き手自身がいかに考えるかということとも深く結びついている。この「考える」ことこそがライティングに必要不可欠なことである。熟達した書き手は、「書きながら考える」「考えながら書く」という認知過程を経るとされている（Bereiter & Scardamalia 1987）。とりわけ大学での学びの根幹である専門知識に基づく思考力をどのように育成していくかは、大学学部レベルにおける教育的課題の一つでもある。こうした観点から次の 3. では、筆者が行った教育実践の試み（鎌田 2017b）について述べる。

3.　専門的な思考への橋渡し
3.1　方法論的検討
　大学での学びが高校までの学びと最も大きく異なるのは、専門的な思考との結びつきが強いという点である。専門的な思考の形成を支えるものの一つに専門書や論文（以下、「文献」と略す）が挙げられる。少人数の演習科目では、専門性が高い文献を大学生が自力で読むには少なからず困難が伴うことに配慮して、文献講読（輪読）が行われることがある。文献講読は、大学教

---

[4]　Ellis（1994）は、第二言語使用における語用論的側面が話しことばを対象としたものに偏ることを指摘している。

育で従来より広く行われてきた授業方法の一つである。一冊の専門書のそれぞれの章やページを分担して各回の担当者が報告する方法と、教員から指示された文献もしくは各回の担当者が選んできた文献を報告する方法とがある。自分一人で読むのとは異なり、読み誤った場合には、教員から訂正を受けることができる。また、疑問が生じてわからなくなった場合でも、授業内外で教員や他の学生に助言を求めることができる。当該分野における主要な研究を把握しながら知識を身に付けていく文献講読は、専門的な思考を支える上で有効な学習方法の一つとして考えられる。

「読む」ということは、記述されている内容の理解にとどまらず、他の場面に活用できる知識を獲得することでもある。その過程では自己の既有知識と統合された専門知識が構築されていく。「読む」という認知過程に注目した Kintsch (1994) によると、文章の読みは「テクストの学習 (learning of text)」と「テクストからの学習 (learning from text)」に分けられる。「テクストの学習」とは、文章を読み取ることを指す。これに対し、「テクストからの学習」とは、文章を読んで理解し、その内容を応用できるような知識を獲得することを指す。「テクストからの学習」がより高次になされるのは、読解過程において単語や文を言い換えるよりも自己説明であることが読解ストラテジー研究によって示されている (Cote, Goldman, & Saul 1998)。自己説明とは、「テキストに書かれていることを超えて新しい知識を推論すること」(大河内 2001: 70) を意味する。この場合の推論とは、記述内容と無関係な連想に基づくものではなく (Chan, Burtis, & Bereiter 1997；秋田 2007)、文献を読むということに当てはめて考えれば、主に専門的な思考が基底となろう。では、どのような展開が考えられるであろうか。

本実践では、文献に書かれている内容を単に知るだけでなく、実際の状況に適用して思考することを重視し、文献から得た知識を外化[5]しながら再構築するような場を複数設けて授業を展開することにした[6]。その理由は、次の

---

[5]　Sawyer (2009) によると、「人は、自分の考えを外に出すこと (外化) によって、静かに学んでいるときよりもすばやく、そして深く学ぶことができる」(p. 9) という。

[6]　波多野 (2001) によると、「問題解決に内在して生ずる意味生成の試み (なぜ手続きがうまく働くのか、なぜ各ステップがそれぞれ必要とされるのかについて自問すること) が適応的熟達化のために不可欠」(p. 46) であるという。適応的熟達化とは、「条件変化に応じて手

通りである。一般的に「理解する」というのは、「知らない」「わからない」といった状況から「わかる」といった状況へと進んでいくと捉えられがちであるが、三宅 (1985) 及び稲垣・波多野 (1989) によると、本人が「わかっている」と思っている段階であっても他者の異なる視点からの質問や指摘によって一度わからなくなり、そしてそれをもとにさらに考えたり試行錯誤したりして解決していくような一連の流れの中で理解が深まるという。発表後の質疑応答は、他者の異なる視点に気づくきっかけになると同時に、その問いやコメントにこたえようとすれば、さらに考えを深め、その思考の一部がレポートの文章に活かされることが見込まれる。

このような観点から、専門的な思考への橋渡しを試みた。認知心理学の観点から大学でのライティング教育について論考した井下 (2008) は、学習を深い学びに転移させていくには「知識の再構造化」が重要であると指摘している。「知識の再構造化」とは、「学生自らが主体的に書くこと考えることによって、学びをメタ的に俯瞰し、自分にとって意味ある知識として再構築すること」(p. 4) を意味する。井下は「読む」ことに関して特に触れていないが、本実践では「読む」ことを起点に、学生自らが主体的に考えながら論じることを中心に位置づけて授業設計を行った。本実践は、パラフレーズへの習熟に主眼を置いたものではないが、結果としてレポートの質が向上した。以下では、この教育実践の概要と成果について述べながら、大学学部レベルでの学習としてどのような点に着目すべきかを考察する。

3.2 専門科目での教育実践 —文献講読からレポート課題まで—

実践を行った科目は、某大学の 3 年次の日本語教育に関する専門科目 (受講学生：8 名、授業形態：演習) である[7]。授業では、専門知識を身に付けるとともに、客観的かつ分析的に自ら考えられるようになることを目指した。学生たちは、本科目を履修する前に、概論的な講義科目を複数受講している。本科目の後、「卒業研究準備演習」「卒業研究」へと進んでいく。

本科目では、次頁の図 1-1 に示すように、以前は文献講読と討議のみを扱

続きを柔軟に修正しうるような」(稲垣・波多野 1989: 126) 熟達を意味する。

7　本実践に関しては、受講学生から了解を得て掲載している。

い、最後にまとめとしてレポート課題を出していた。提出されたレポートでは、読んだ文献を要約した後に感想を加えるような書き方が目立っていた。そこで、図1-2に示すように文献講読の後に、文献から学んだことをふまえて日本語教材を作成するといった実践課題とそれに関する発表を組み入れて、レポート課題につなげた。具体的には、1) 文献講読（輪読）と討議、2) 実践課題（教材作成）、3) 教材作成に関する発表とフィードバック、4) レポート課題と総括の四つの段階を設けて展開した。文献講読からレポート課題までの一連の中には「読む」「話す」「聞く（聴く）」「書く」といった言語活動が組み込まれ、また各言語活動の基底には「考える」ということが包含されている。文献講読を通して獲得した知識を適用して思考する場として2)〜4) を組み入れ、4) では、教材作成上、工夫した点とその根拠について文献を引用しながら説明することを求めた。

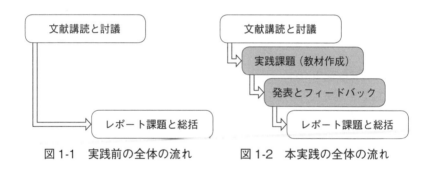

図1-1　実践前の全体の流れ　　図1-2　本実践の全体の流れ

　上記1) では、日本語教育に関する専門書[8]を輪読した後、全体で討議した。各回の発表者は、レジュメをもとに解説し、発表者以外の学生は、質問やコメントを行った。教員は、全体の進行にあたり、説明が不足している場合に適宜補足した。
　2) では、1) での学習内容をふまえて日本語学習の聴解教材（1課分）を各自作成する課題に取り組んだ。学生たちは、2年次の専門科目でグループでの教材作成を経験しており、その次段階の課題として、個人での教材作成と

---

[8]　岡崎眸・岡崎敏雄 (2008)『日本語教育における学習の分析とデザイン——言語習得過程の視点から見た日本語教育——』(凡人社) を取り上げた。

第 2 章　大学教育から見たパラフレーズの諸相 | 29

した。1) からの流れで、文献から得た専門知識をもとに作成することを促した[9]。

　3) では、各自が作成した教材について一人 15 分程度発表し、それに対する質疑応答を通してフィードバックを行った。この発表とフィードバックは、他者への説明、他者からの質問・助言・批判を通して考える場として設定した[10]。各発表者は、作成した教材を配付し、その特長、使い方、今後解決すべき点等について説明することとした。発表者以外の学生と教員は、質問とコメントを行った。

　4) では、各自が 3) でのフィードバックをふまえて改善した教材を作成した後、工夫した点を説明する上での論拠として文献を引用しながらレポートを書くことを課題とした[11]。レポート提出後、ふり返りの場を設け、総括した。

　以上の流れで、一学期間の授業を展開した。その結果、文献の要約に感想を加えるようなレポートが改善され、また、授業への取り組み、各回及び学期末のふり返りシート、作成した教材に関するレポート、実施後のアンケートから、次のような成果が確認できた。第一に、文献講読のみとせずに実践課題（教材作成）と発表・フィードバックを組み入れたことにより、次頁の図 2 に示すように、文献を自ら読み直すことが繰り返しなされ、理解が確実になった。第二に、文献中の概念的・抽象的な記述を具体的な事例に当てはめながら考えたり、理解のために関連する他の文献を探したりする様子が見られ、専門知識が主体的に形成されるようになった。第三に、一連の流れに発表と質疑応答を組み込んだことにより、他者の異なる視点に気づいて自

9　課題については、学期の中盤となる第 8 回の授業時に口頭と文書（〔課題 1〕これまでの授業内容をふまえて、先行タスク、スクリプト、指示文、問題文、解答形式等のそれぞれに関して工夫しながら、聴解の教材（1 課分）を作成しなさい）で伝えるとともに、5 週間後に提出するように指示した。

10　稲垣・波多野（1989）によると、仲間同士のやりとりにおいて自分では正しいと思って説明してもなかなか相手の理解が得られなかったり反論を受けたりすると、異なる視点に気づき、より深く考えるよう動機づけられるという。

11　レポートの書式として、A4 用紙 2 段組み 2 枚の長さで、問題の背景と目的、教材の概要（対象、全体の構成、各部の説明等）、成果と課題、参考文献の構成で書くことを口頭と文書で伝えた。また、説明にあたって文献を引用することを口頭と文書（〔課題 2〕課題 1 で作成した教材の先行タスク、スクリプト、指示文、問題文、解答形式等のそれぞれに関して工夫した点とその根拠について文献を引用しながら説明しなさい）で伝えた。

身の考えを問い直し、説明の仕方を意識的に改めるようになった。第四に、実践課題（教材作成）では、単なる経験に基づく着想ではなく、文献を通して得た専門知識から工夫が試みられ、そのことが結果的に発表及びレポートでの論理的な説明につながった。

　このような成果が得られたのは、実践課題（教材作成）とそれに関する発表、質疑応答、レポート課題の各段階を通して文献から得た知識を外化しながら思考することができたからだと考える。例えば聞き手や質問者の観点から考えて言い直したり例を挙げたりする際には、抽象的な内容を具体的に述べたり、逆に具体的な事象を抽象化したりしながら自身の解釈が言語化されていた。こうした段階がレポートを書く際の支えとなり、文章の質が向上したと考えられる。発表場面やライティング場面に適した言語表現を用いようとすれば、確かに話しことばと書きことばの文体差にあわせたパラフレーズが生じ、このパラフレーズは、最も基本である。もう一方で、他者との対話、すなわち自身の考えを伝え、他者の異なる視点に気づいて自問し、考えを発展させるプロセスの中で生じるパラフレーズは、単に別の表現に置き換えるといった表層的なものではなく、より包括的なものとして表出する。そしてさらに、途中でわからなくなったり、新たに何かを見出したりする中で、文献中の記述を再解釈するような学びへと深められていく。大学教育においては、この点をふまえた展開が望まれる。

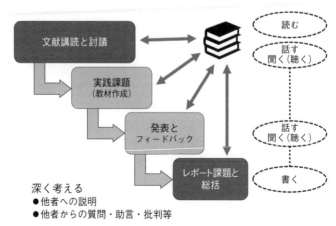

図2　本実践の各段階

4. おわりに ―大学と社会をつなぐライティング教育―

　以上、大学教育における言語活動の中でパラフレーズがライティングとどのように関係しているのかを論じた。本章では、ライティングを軸に論考したため、口頭でのパラフレーズの特徴については詳しく触れなかった。詳細は、別の機会に述べたい。

　最後に、本書のタイトル「大学と社会をつなぐライティング教育」の「社会」という意味を筆者なりに解釈すると、大きく次の三つを包含していると考える。第一に、いわゆる「ジェネリックスキル」と呼ばれているような大学生として身に付けるべき汎用的な能力に言及する際に想定される「社会」である。第二に、看護師、エンジニア、教員等の職業教育の一環として捉えたときに個々の学生の進路としての「社会」である。第三に、例えば「多文化共生社会」「国際社会」「情報化社会」のように、その時代の特性を表す「社会」であり、大学生に限らず人々が日常的に直面している「社会」である。本章で述べた内容は、このうち第一の点との関連が強く、第二及び第三の点にも間接的に関係する。文体や表現形式に見合った書き方は、社会のあらゆる場で必要とされる基本である。また、専門知識をもとにした思考は、職業上の種々のシステムに応用可能なものであり、社会的課題の解決にも寄与する。今後、大学でのこうした学びをいかに実社会に活かしていくのかといったことも含めた検討を重ねていくことが課題である。

付記

　本研究の一部は、JSPS 科学研究費（課題番号 16K02796）の助成を受けて行った。

参考文献

秋田喜代美 (2007)「テキストからの学習」秋田喜代美 (編)『改訂版　授業研究と談話分析』109–121. 放送大学教育振興会.

板垣信哉 (2017)「小中高等学校の英語教育の接続――定型表現依存型運用能力から文法規則依存型運用能力へ――」『宮城教育大学外国語研究論集』9: 21–31.

稲垣佳世子・波多野誼余夫 (1989)『人はいかに学ぶか』中央公論新社.

井下千以子 (2008)『大学における書く力考える力――認知心理学の知見をもとに――』東信堂.

大河内祐子 (2001)「文章理解における方略とメタ認知」大村彰道 (監), 秋田喜代美・久野雅樹 (編)『文章理解の心理学――認知、発達、教育の広がりの中で――』66–79. 北大

路書房 .

鎌田美千子（2005）「学部留学生の発表活動に必要な日本語文章表現指導——レジュメ・提
　　示資料に見られる問題点とその指導——」『外国文学』54: 53–66.

鎌田美千子（2012）「第二言語としての日本語によるパラフレーズの問題とその教育方法
　　——アカデミック・ライティング教育の観点から——」仁科喜久子（監），鎌田美千
　　子・曹紅荃・歌代崇史・村岡貴子（編）『日本語学習支援の構築——言語教育・コーパ
　　ス・システム開発——』63–76. 凡人社 .

鎌田美千子（2015a）『第二言語によるパラフレーズと日本語教育』ココ出版 .

鎌田美千子（2015b）「第二言語としての日本語によるパラフレーズの諸相——ライティング
　　における引用を中心に——」『第二言語としての日本語の習得研究』18: 135–149.

鎌田美千子（2017a）「言語教育から引用の問題を考える——パラフレーズを中心に——」東
　　北大学高度教養教育・学生支援機構（編）『責任ある研究のための発表倫理を考える』
　　107–127. 東北大学出版会 .

鎌田美千子（2017b）「主体的に考える力を重視した専門教育の試み——大学の日本語教育科
　　目における文献講読からレポート課題まで——」『日本語教育方法研究会誌』23 (2):
　　56–57.

鎌田美千子（2017c）「口頭でのパラフレーズに関する教材開発の試み——複数の言語技能の
　　組み合わせを中心に——」『2017 年度日本語教育学会支部集会予稿集〔東北支部〕』
　　15–20.

鎌田美千子・仁科喜久子（2008）「第二言語としての日本語運用に見られるパラフレーズの
　　分析——和語動詞からのパラフレーズを中心に——」『日本文化研究』28: 113–130.

鎌田美千子・仁科喜久子（2009）「文章の難易度とパラフレーズとの関係——中国人・韓国
　　人日本語学習者と日本語母語話者の比較——」『日本語教育論集』25: 19–33.

鎌田美千子・仁科浩美（2014）『アカデミック・ライティングのためのパラフレーズ演習』
　　スリーエーネットワーク .

西條美紀（1999）『談話におけるメタ言語の役割』風間書房 .

佐渡島沙織（2014）「アカデミック・ライティング教育と情報リテラシー——《情報を再定
　　義》し意見を構築できる学生を育てる——」『情報の科学と技術』64 (1): 22–28.

清水崇文（2009）『中間言語語用論概論——第二言語学習者の語用論的能力の使用・習得・
　　教育——』スリーエーネットワーク .

Sawyer, R. K.（2009）「イントロダクション——新しい学習科学——」R. K. ソーヤー（編），
　　森敏昭・秋田喜代美（監訳）『学習科学ハンドブック』1–13. 培風館 .

因京子（2012）「現職者への専門的実務文作成支援——留学生教育の知見に基づく看護師支
　　援の試み——」仁科喜久子（監），鎌田美千子・曹紅荃・歌代崇史・村岡貴子（編）『日
　　本語学習支援の構築——言語教育・コーパス・システム開発——』91–104. 凡人社 .

二通信子（2006）「アカデミック・ライティングにつながるリーディングの学習」門倉正美・
　　筒井洋一・三宅和子（編）『アカデミック・ジャパニーズの挑戦』99–113. ひつじ書房 .

畠弘巳（1987）「話しことばの特徴——冗長性をめぐって——」『国文学解釈と鑑賞』52 (7):

22–34.

波多野誼余夫 (2001)「適応的熟達化の理論をめざして」『教育心理学年報』40: 45–47.

三宅なほみ (1985)「理解におけるインターラクションとは何か」佐伯胖 (編)『理解とは何か』69–98. 東京大学出版会 .

村岡貴子 (2014)『専門日本語ライティング教育——論文スキーマ形成に着目して——』大阪大学出版会 .

吉村富美子 (2017)「表現の盗用——倫理問題と呼ばれる語学問題——」東北大学高度教養教育・学生支援機構 (編)『責任ある研究のための発表倫理を考える』129–146. 東北大学出版会 .

Bereiter, C. & Scardamalia, M. (1987) *The psychology of written composition.* Hillsdale, NJ: Lawrence Erlbaum Associates.

Bialystok, E. (1991) Metalinguistic dimensions of bilingual language proficiency. In E. Bialystok (Ed.) *Language processing in bilingual children*, 113–140. Cambridge: Cambridge University Press.

Bialystok, E. & Sharwood-Smith, M. (1985) Interlanguage is not a state of mind: An evaluation of the construct for second-language acquisition. *Applied Linguistics*, 6 (2): 101–117.

Chan, C., Burtis, J., & Bereiter, C. (1997) Knowledge building as a mediator of conflict in conceptual change. *Cognition and Instruction*, 15 (1): 1–40.

Cote, N., Goldman, S. R., & Saul, E. U. (1998) Students making sense of informational text: Relations between processing and representation. *Discourse Processes*, 25 (1): 1–53.

Ellis, R. (1994) *The study of second language acquisition.* Oxford: Oxford University Press. (金子朝子 (訳) (1996)『第二言語習得序説——学習者言語の研究——』研究社 .)

Kintsch, W. (1994) Text comprehension, memory, and learning. *American Psychologist*, 49 (4): 294–303.

第3章

ライティング活動と
その内省から獲得する論文スキーマ

村岡貴子

日本語学習者によるライティング学習過程を、種々の局面の内省や作成文章を
観察することにより、研究に必要な論文スキーマの観点から考察する。教育デザ
インには学習者の視点と学習過程への着眼が重要であることを述べる。

キーワード 研究活動，論文スキーマ，学習過程，タスク，内省

1. はじめに

　研究活動には、文献講読、調査・実験等による資料やデータの収集に続
き、仮説の検証、新たな現象や結果についての記述や分析、さらには、それ
らをもとにした考察や理論構築を行う等、さまざまな学術的な手続きが必要
である。そのような手続きを経て得られた成果は、大学内だけでなく、学会
等における口頭発表や学術雑誌への論文投稿といった学術的な方法により公
開される。成果が公開されなければ、研究活動を行ったとは認められない。
こうした成果の公開には論文や報告文等の発信手段が必要なことから、研究
活動を行うためには、成果発表に必要なライティング能力の獲得がきわめて
重要であると言える。

　日本語母語話者であれば、学校教育時代の経験から、読書感想文や意見文
等の「作文」と呼ばれるジャンルの文章を作成した経験は少なからずあるだ
ろう。また、作文に限らず、昨今では、SNS という手段を用いて特に親し
い者との意思疎通が頻繁に行われており、非常に多くの人々が、その長短に
かかわらず、文章作成の経験を持つと思われる。しかし、本章で扱うレポー
トや論文は、上記の作文や SNS とは全く別ジャンルの文章であると考える

べきで[1]、かつ、一定以上の教育や学習支援を受けなければ、自然習得はほぼ不可能なものである。つまり、本章でのライティングはそのルールも含めて意識的に学ぶものと位置づけられる。

本章では、まず研究活動において主要な概念である「論文スキーマ」を説明した上で、それを援用しつつ、研究活動に必要な日本語ライティング能力の獲得を目指す学習者の学習過程の一端を記述する。ここでの学習過程は、あるライティング授業を受講した学習者が、複数回の文章作成課題に取り組んだ過程を示す。そこに見られた学習の諸相や学習者の意識変化について各種データを記述して考察し、ライティング教育のデザインに有用な学習者の視点とその学習過程への着目の重要性を明らかにすることを目的とする。本章での学習者は、日本語を母語としない留学生である。

次の 2. では、研究に必要とされる論文スキーマについて、3. では、学習過程にかかわる在学段階の視点の導入について、それぞれ説明する。4. では、授業実践等の学習過程の関連情報、5. では、それらをもとに学習過程について分析し、6. では、それらを総合的に考察する。7. では、本章の結論を述べる。

2. 研究に必要とされる論文スキーマ

村岡（2014a）では、「「研究とは何か」「論文とは何か」に関する概念知識の総体」を「論文スキーマ[2]」と呼び、「研究や論文に関する知識的なものも、論文執筆を含む研究活動における手続き的なものも広く含む」(p. 95) としている。例えば、論文作成には、論文と他の文章とのジャンルの違いや、引

---

[1] 石井（2015）は、「友達との交流で比重の大きい SNS は、単文に絵文字やスタンプという非言語媒体でニュアンスや気持ちを付し、相互の共感性の確認を主目的としたやりとりである」(p. 25) と説明している。また、「自分の書いた文を読み返すこともなく送信ボタンを押すという行為は、文章・談話としての一貫性や論理性、読み手・聞き手の理解を意識した全体構成やことばの選択といった、高度な認知活動としての言語使用の経験とはなり得ない」(pp. 25–26) とも指摘している。

[2] スキーマ（schema）という用語は、現在、心理学、心理言語学、テキスト言語学、人工知能、異文化間コミュニケーション論等、多様な専門分野において用いられている。これは、元来、1932 年に心理学者の F. C. Bartlett により提唱された概念で「過去の反応や過去の体験が組織化されたもの」(Bartlett 1932: 201〈訳は西田 2000: 216〉) と考えられている（村岡 2014a: 95）。

用と剽窃の違いを理解し、かつ、必要な文献収集や、論文のアウトラインの作成、推敲といった具体的な作業の意義を認識して行動に移すことが重要である。論文スキーマのある学習者は、これらを、必要な知識として有するだけではなく、これらに基づく行動を繰り返し経験することで、一層スキーマ形成を確実にすることが可能であると考えられる（村岡 2014a）。

　換言すれば、論文スキーマが形成されていなければ、学習者は論文で用いられる学術的な表現や文型、構成をいくら覚えても、意見文や感想文とは全く異なるジャンルの論文という文章が執筆できるようにはならない。先述の通り、ライティングは自然習得がほぼ不可能なため、論文スキーマは一定程度の教育やトレーニングを経て獲得されるものである。したがって、獲得された知識を活用した執筆経験が少ない場合は、論文スキーマが未形成の段階にあり、明らかに学習あるいは学習の継続が必要であると言える。

　こうした論文スキーマが形成されていれば、Swales（1990, 2004）が提唱した、学術的な専門分野のディスコース・コミュニティにおいて、所属メンバーの社会的に共通した目的を達成するために発信する論文等のジャンルにパターン化が見られることも、論文スキーマがない場合と比べて、容易に理解しやすくなる（村岡 2014a: 96）。例えば、ある学会が刊行する学会誌へは、社会の発展や生活水準の向上を目指すという共通の目的を持つ研究者達が、当該分野の研究を深化・発展させ、社会への還元を目指して研究成果を発信する。こうした成果発信の背景には、研究者によるディスコース・コミュニティ内で長年培われてきた論文作成方法、執筆要領、そこに含まれる章立てや図表の示し方、表現・文型が共通の特徴を持つものに構築されていく過程が存在する。学習者がこうしたコミュニティに円滑に参入し、成果発信手段について学ぶために、大学・大学院におけるライティング教育の担当者の役割は重要なものである。

　以上のことから、論文スキーマ獲得を目指す学習者の学習過程における経験や内省を記述することは、学習者の視点から学習やその課題を捉えることを可能とし、その結果、当該教育や学習支援の改善に有用な示唆を与えるものと考えられる。

3. 学習者を捉える一つの視点としての在学段階

　本書に関係する教育・研究には、第1章でも言及したように、学習者の在学段階により異なる背景や学習環境に着目する視点が重要である。従来はそのような視点が必ずしも重視されていなかった。在学段階や学習環境を重視する視点を教育・研究に導入すれば、「日本語非母語話者の留学生」と一括りにした場合には明らかにならない問題や課題を把握することが期待できる。同時に、在学段階別の学習目的をより厳密に定め、学習者の背景や学習環境に鑑みて、学習の意識化向上に有効な策を探ることが可能となるであろう。

　例えば、学習者が大学院生であれば、学力や知的レベル、および本格的な研究活動を行う環境や本人のライティング経験（例：卒業論文やレポート作成等）の多寡が、学部生の場合とはかなり異なる（村岡・堀・坂尻 2018）。特に大学院生の場合には、母国やその他の国・地域で学部を卒業して日本の大学院に入学する事例も多々あり、学部時代に受けた教育によって、卒業論文やレポート等のライティングにかかわる経験は多様であると言える。母語やその他の言語による執筆経験も、論文スキーマへの影響があると推測される。

　こうした在学段階のそれぞれの過程においては、専門分野によっても、必要とされる学術的な日本語の文章の種類や質に対する要求の度合いが異なる。例えば、一般に理系の実験系では、学部の早い段階から実験レポートを作成し、高学年および大学院に在籍する段階では、研究室単位で研究報告を定期的に行う。さらに、企業や他大学の研究者との共同研究に参画することもあり得る。単独研究が比較的多い文系との差も指摘できる。

　本章では、上記のような在学段階別の多様な背景の存在を認めた上で、卒業論文、修士論文、博士論文を作成するために、日々の授業やゼミでの発表・レポート課題が存在し、そこでの学習が卒業・修了と学位授与までの道筋に結実していくという前提に立つこととする。その前提のもとで、大学院在学中の学習者の事例をもとに、論文スキーマの観点から学習過程を巨視的に捉え、以下、記述を進める。

　次の4.では、学習過程を議論するために必要な情報として、学習者が受講するライティング授業の概要、学習者の情報、および文章作成課題等の活動に関して説明する。

4. ライティング学習過程にかかわる情報：授業の概要と学習者
4.1 授業の概要：目的、教材、および方法

　本章に関する授業は 2017 年のある学期に、某大学大学院において、週 1 回 90 分として 15 週間行われたものである。この授業は、あらかじめウェブ上で履修登録を済ませた受講者（以下、「学習者」とする）が出席し、大学院の科目として単位取得が可能なものである。授業の目的は以下の通りである。

　　論文やレポート、各種報告書、E メールでの通信文等、研究活動およびそれを支える学術的な文章の特性を理解し、アカデミック・ライティング能力を向上させることを目的とする。授業では、多くの文章例を、クラスメートと協働でクリティカル（批判的）に分析し、かつ、各自レポートを作成・改訂しながら、文章の構成や論理展開の方法、および的確な表現について学習し、推敲能力をも向上させることを目指す。

　教材は『論文作成のための文章力向上プログラム——アカデミック・ライティングの核心をつかむ——』（村岡・因・仁科 2013)[3] である。授業では教材の協働的なタスクを行いつつ、履修継続の意思が確認された 3 回目からほぼ毎回、次の表 1 の通り、文章作成と修正版提出が必須の課題とされた。

表 1　授業における文章作成課題

課題番号	文章作成課題の内容
1	授業初日：60 分間の説明文（学期最終日に各自で添削予定）
2	専門分野についての説明文（文献の引用も入れる）
3	教員への相談を目的とした E メール文
4	授業や研究活動についての報告文
5	特定の先行研究や研究者についての評価を加えた説明文
6	レポートのアウトライン、レポート、およびその要旨
7	授業最終日：レポートに対する自己評価としての内省シート 授業初日に作成した説明文の自己添削

---

[3]　このテキストは全 10 章で、第 1 章～第 3 章はライティング学習の方法をふり返る「内省」タスク、第 4 章以降は、文章の比較・分析・評価のタスクを豊富に盛り込み、さらに「リバイズ」や「執筆」のタスクも配置している（村岡 2014b: 100）。

表1のうち、課題番号1は授業初日、7は授業最終日に各々行うもので、2から5までの4回は2回ずつ合計8回を費やして課題が課されるという計画である。つまり、各課題としては、1回目の課題提出、および2回目には修正版提出に加え修正時の内省タスク（後述）への回答が求められる。さらに、6については、アウトラインの作成から少しずつ執筆の量を増やし、授業でのフィードバックをもとに推敲を繰り返し、レポート完成版に至るまで5回を費やした。その間、同様の内省タスクも2回課した。この内省タスクは、授業でのフィードバックや自身の文章を推敲した際の気づきを自由記述で記録に残すもので、具体的には5.で説明する。

　この5回の授業では、授業開始時に担当教員と博士後期課程在籍のTA（ティーチング・アシスタント）によるクラス全体・個別のフィードバックの時間を設けた。全体でのフィードバックでは、文章の構成や論理展開、表現・文体等の観点から評価を行う自作タスク教材（以下、「タスク」と略す）として次の2種類を使用した。1）過去の学習者のものも含め複数の文章例の一部を、執筆者が特定されないように編集して分析対象とした教材、2）各学習者の修正版作成に対する意識向上を目的とした文章作成時の注意点をチェック項目形式にした教材であり、各々、教員が作成したものである。1）については、現在あるいは過去の学習者が作成した文章例を用いることにより、学習者は自身の文章との比較を行うことも可能である。2）については、内容や構成に加え、ページ数や書式の遵守への意識が高くない学習者は、短期間での習得が困難であるため、繰り返し推敲の際に参照できるものとして準備された。書式は形式的なものではあるが、定められた範囲内で学習者が自身の主張や論拠をいかに充実させるかを検討するために重要なものであると、教員が判断して扱った。

　また、個別のフィードバックでは、事前に学習者の文章に対して教員がコメントや下線を付した箇所について、教員とTAが、個々に質問を受け付ける形で行った。なお、その間に、学習者の多くに共通する質問があれば、クラス全体でフィードバックをする方法が採られた。

4.2　学習者

　学習者は表2の通り、大学院生9名である。いずれも、日本語は日本語能

力試験の N2 あるいは N1 合格以上の上級レベルに達している。専門分野は、9 名中、自然科学系（工学系）が 4 名、社会科学系（法学系 2 名、社会学系 1 名）が 3 名、人文科学系（哲学系、言語学系）が 2 名である。また、9 名中 1 名は博士後期課程、8 名は博士前期課程に在籍し、その母語背景は、漢字系が 4 名、非漢字系が 5 名であった。このように、博士前期課程在籍が多く、学習者の出身地域も、アジア、ヨーロッパ、中南米と多様であった。

表2　学習者の概要

学習者	博士在学段階	専門分野	母語背景
A	後期 1 年	自然科学	漢字系
B	前期 2 年	社会科学	漢字系
C	前期 1 年	自然科学	漢字系
D	前期 1 年	自然科学	非漢字系
E	前期 1 年	自然科学	非漢字系
F	前期 1 年	社会科学	非漢字系
G	前期 1 年	社会科学	漢字系
H	前期 1 年	人文科学	非漢字系
I	前期 1 年	人文科学	非漢字系

4.3　内省タスクと学期末のアンケート

本章で用いる内省タスクと学期末のアンケートについて説明する。

まず、内省タスク[4] は次頁の表 3 の通りであり、学習者には、個々の表現や文法だけでなく、マクロな視点でのライティングを意識させるよう、学習項目を①〜⑤（授業で特に留意したもの）に分けて内省記述を求めた[5]。

次に、次頁の表 4 の学期末のアンケートでは、質問項目 1 で自己評価、2 で主要教材に言及し、3 は学習者自身の経験をもとに、次学期の学習者へのアドバイスを提供する機会を作り、最後の 4 では、授業でのライティング学習をふまえた今後の研究活動に必要な学習計画等の記述を求めた。4 は、ライティング以外の日本語運用能力との関連も含め、自身の研究生活にライティングをどのように有意義に位置づけるかを言語化させるものである。

---

[4]　学習者全員から、データは教育研究上での使用に限る旨、書面での許可を得ている。

[5]　表 3 における③「文章中の引用」については、4.1 で示した課題番号 3 の E メール文のみ、文章の目的が異なるため扱っていない。

表3　各回の内省タスクの質問項目

番号	質問項目の内容
1	フィードバックで印象を受けた点や気になった点
2	次回の文章作成の際に注意したい点 　①　文章のテーマや目的 　②　文章の構成や論理展開 　③　文章中の引用 　④　文章中の表現・文法 　⑤　書式やレイアウト
3	その他（気づいたことがあれば書く）

表4　学期末アンケートの質問項目

番号	質問項目の内容
1	現在、学期当初に作成した文章をチェックしてみて、どのような点で日本語能力が向上した、あるいは変化が見られたと自己評価できますか。以下、具体的に評価してください。 　(1) 話し言葉と書き言葉の違いおよび文章の目的によるジャンルの違いへの意識 　(2) 文章全体の構成、および文章の段落内の構成について 　(3) 他者の意見やデータを取り込む「引用」について 　(4) 文章を推敲する能力について 　(5) レポートや論文でよく用いられる表現や文型について
2	授業で使った方法の中で、教科書にあった「文章例を比較するタスク」についてどう思いますか。できるだけ具体的に書いてください。
3	来学期以降の後輩に対して、アカデミック・ライティングに関してアドバイスをするとすれば、どのような具体的なアドバイスが考えられますか。
4	これからの研究生活で、どのような方法で日本語を勉強しようと思いますか。また、日本語を使ったライティングの勉強について、これからどうしますか。計画や、やりたいことをできるだけ具体的に書いてください。

　学期開始時の授業において、教材に掲載されている内省タスクを用いてライティングの目的の意識化を図っているが、学期末にも学習者自身の捉え方を、自身の学習経験をもとに尋ねることで、内省やライティングの位置づけの確認を行った。次の5.では、学習者の文章作成とそれに関する内省を取り上げ、特徴的な内省を分類し、それにしたがって学習過程の記述を試みる。

5. 学習者の内省から見たライティング学習過程

本節では、ライティング学習過程を、学習者の内省から分析する。まず、自身の文章を分析する3つの視点、すなわち、5.1「文体的特徴」、5.2「情報の提出順序から見た論理展開」、5.3「引用の概念」から、次に、より広い視野から自身の学習過程を捉えた5.4「学期末の内省」から、各々の特徴的な記述を示す。それら学習者の内省や種々の意識変化から、ライティング学習過程を考察する。

これらの4項目を取り上げる理由は、4.3で示した内省タスクの内容（表3）をもとに視点を3つに分類し、かつ、学期末に学習者自身の内省をマクロな観点から記述することにより、15回の授業を通した学習過程を、学習者の視点から取り上げて分析することが可能であると考えたことによる。なお、2.で述べた論文スキーマのスキーマという用語からは、過去の体験からの組織化された概念知識や手続き的知識が想起されやすいと思われる。論文スキーマはそれらを重要事項として含むが、本章では、学習者の内省をもとに、ライティング活動中に意識化が進んだ事例を、上記の4つの項目から分析する[6]。

以下、課されたタスクでは、Eメール文以外の説明文や報告文、レポート、およびその要旨等のいわゆるアカデミックな文章の作成に関する内省を扱う。

5.1 文体的特徴

課題作成が開始されてから、学期前半を中心に毎回のように半数前後の学習者が、特に話し言葉と書き言葉の差異に着目し、文体的特徴と、その使い分けの困難さについて言及していた。

以下に示す複数の事例では、学習者を先の表2の通りアルファベットで示し、記述の最後に、4.1の表1の通りタスクの種類がわかるように、「（説明

---

[6]　論文スキーマを形成するものには、ここでの4項目以外にも、研究の手順や考察の方法の適否に対する判断、他者からのフィードバックである査読の有用性への理解、さらには、論文や研究の社会的意義の言語化が、各々可能であること等、種々存在すると言える。それらについては、さらなる研究が必要であるが、論文スキーマとしては、1) 論文作成に直接関係するもの、2) それを取り巻く研究活動そのものに関係する概念やシステム、の両者が存在すると考えられ、本章ではそれらに該当する学習者の事例を扱う。

文)」等と情報を加えてある。また、各内省の記述例の中で、特に言及する
箇所にそれぞれ下線を引く。これ以降、学習者の記述を掲載する際には、文
法面の誤用（例：助詞の「で」と「に」の使い分け）は筆者が修正し、文字
表記や読点の有無は学習者が書いたものとして記述の統一は図っていない。

(1)　　学習者 D
　　　　今回の説明文の課題について、印象を受けた点はいくつかある。
　　　　一つ目は、説明文の中で全部書き言葉で書いたと思ったが、実際
　　　　には話し言葉も含めて書いてしまった。恐らく書くときに、内容
　　　　について集中して書いているので、気づかず話し言葉で書いてし
　　　　まった。自分は<u>記事や論文といったフォーマルな文章をあまり読
　　　　んでいなかった</u>ので、書き言葉に慣れていないことによってこの
　　　　ミスを繰り返すのだと思う。その対策として、<u>フォーマルな記事
　　　　の読書を増やしたい</u>と思う。そして、ミスを防ぐために、<u>自分が
　　　　書いた説明文を毎回読み直す</u>。　　　　　　　　　　（説明文）

　理系の学習者 D は、全体としてアカデミックな文体で説明文を作成でき
ていたが、授業でのフィードバックの後に、次の a. の文を b. のように書き
換えていた。修正箇所は下線部分である。

　a.　　この実験が<u>できたら</u> X を実用化するのが目標である。
　b.　　この実験が<u>成功すれば</u> X を実用化するのが目標である。

　これは、a. から b. への適切なパラフレーズ（鎌田 2015）が行われた例であ
る。学習者 D による (1) の内省は、話し言葉に気づかずに書き進めた過程
を謙虚にふり返り、その原因を自身の研究生活の側面から分析した（「記事
や論文といったフォーマルな文章をあまり読んでいなかった」）。その上で、
今後の対策、すなわち、「フォーマルな記事の読書を増やしたい」「自分が書
いた説明文を毎回読み直す」という明確に具体化された 2 点が示された。
これらの記述から、学期開始から 3 回目と 4 回目の授業後において、学習
者 D は、すでに自身のライティング活動を客観視し、その産出された文章

第3章　ライティング活動とその内省から獲得する論文スキーマ ｜ 45

を内省し、不足部分について対策を講じる姿勢が確認されたものと言える。

　同様に、次の学習者 E は、書き言葉への変換の困難さと今後の対策について、(2) のように記述している。

(2)　学習者 E
　　　文章を作成する時には、考えていることを書きたいですが、<u>頭の中では常に話し言葉で考えるので少し難しい</u>と思いました。書き言葉で考えるのも難しいので、<u>慣れるまでは下書きを書いてから訂正した方がいい</u>と思います。印象としては、書き言葉を使うと文章は<u>もっと丁寧でプロフェッショナルになる</u>と感じました。
　　　　　　　　　　　　　　　　　　　　　　　　　　　　（説明文）

　学習者 E も、「頭の中では話し言葉で考える」状況を認識し、慣れるまでは「下書きを書いてから訂正」する方法に言及している。同時に、書き言葉への変換により、文章がより「丁寧でプロフェッショナルになる」との認識を披露し、話し言葉の場合と比較した文体の質的変化への気づきを示した。

　さらに、次の学習者 B は、ある学術的な表現を使用することによる文章の流れの維持について、次のように説明している。

(3)　学習者 B
　　　<u>より学術的な語彙を使いながらも自然な日本語の流れを維持することはとても難しい</u>と感じました。例えば、「先行研究を見てきた」から「先行研究を概観（或いは分析・検討）してきた」に変える時、概観や検討という単語がくれるような<u>より学術的なニュアンスを的確に使える能力を、自分はまだ持っていない気がしました</u>。
　　　　　　　　　　　　　　　　　　　　　　　　　　　　（報告文）

　学習者 B の記述は、「概観」や「分析」「検討」といった、より学術的な表現の持つ文体的特徴に加えて、単語レベルではなく、それらの集合体として文章の展開を適切に維持するものであることへの言及が見られる。学習者 B は、博士前期課程の 2 年次に在籍しているため、1 年次の他の学習者に比

べ、授業や研究で少なからぬ論文や報告文を読んできていると思われる。(3) では、そうした経験の積み重ねの結果、自身の文章産出における学術的な表現のバリエーションについて内省を行ったものと考えられる。

　この学習者 B の表現に関する内省を、さらに 2 点挙げる。

　まず、最初の説明文に自身が用いた表現「過去十数年」について「説明文ではあいまいになる」という内省を示し、表現によっては、学術的か否かの文体的特徴に加えて、その使用が文章中でのあいまいさにもつながることを言語化した。次の c. には、学習者 B が当初作成していた文章の一部を取り上げる。修正版はあいまいさを避けるため、当該の二重下線の表現は西暦で示された。

　　　c.　　筆者は、ジェンダー学的な関心を自分の専門分野である X 学に
　　　　　　適用し、修士論文を書くことを目指している。たとえば、日本と
　　　　　　A 国では<u>過去十数年間</u>、女性国会議員の比率が全議員の 20% 以
　　　　　　下（日本の場合 13% 程度）で停滞しているが（後略）。

　また、学習者 B は、先行研究の引用時に複数の文で「明らかになった」を連続使用することが日本語で許されるかとの質問を内省に書いていた。これは、「英語では同じ動詞を重複させない」ルールを習った経験を想起したものである。こうした問いは、言語の差異を超え、ライティングでの表現の選択が他の文や文章全体に文体的に及ぼす影響をすでに意識している証左であろう。

　以上のように、表現の文体的特徴としての書き言葉か話し言葉かといった単純な二者択一ではなく、表現の持つ学術的なニュアンスやあいまいさ、さらには、表現の連続使用の可否等、言語の違いを超えたものへの言及があり、ライティング意識の深化が見られる内省として評価できる。

5.2　情報の提出順序から見た論理展開

　一定量を伴うレポートや論文、報告文は、基本的に複数のセクションの集合体である。首尾一貫した文章としての集合体を完成させるためには、それらを構成する情報の配置順序や論理展開が重要である。それらに関する内省

第3章　ライティング活動とその内省から獲得する論文スキーマ ｜ 47

として、次の (4) (5) に学習者 E、F の小見出しに言及した例を示す。

(4)　　学習者 E
　　　小見出しを付けて書く方がより分かりやすく、<u>複雑な話が明確に</u>
　　　<u>なる</u>。　　　　　　　　　　　　　　　　　　　　　　　　（説明文）
(5)　　学習者 F
　　　<u>報告文は作文と違って</u>小見出しをつけてセクション分けする必要
　　　がある。小見出しによって文章を分かりやすく理解できる。
　　　　　　　　　　　　　　　　　　　　　　　　　　　　　　（報告文）

　まず、学習者 E は、「複雑な話」を「明確に」するための小見出しの重要
性に言及している。小見出しは、そのセクションの内容を簡潔に、かつ正確
に要約して示すべきもので、学術的な文章の論理展開には必須の学習項目で
ある。これは、読み手だけでなく書き手である学習者に対しても、文章作成
過程をより容易にするもので、(4) にはそれへの気づきの存在が示唆される。
　同様に、学習者 F は上記の (5) において小見出しに言及し、短い作文と
は異なるセクション分けの必要性について言語化している。学習者 F は、
最初の報告文ではセクション分けをせずに、A4 用紙の半ページ以上にわ
たって、研究活動や授業受講等の複数のトピックについて比較的長い記述を
行っていた。具体的には、研究の予定の説明（「〜の調査を行う」）の直後の
段落において「現在、7 科目の授業を取っている」として、唐突に授業受講
の話題を示す文を続けた結果、前段落との関係が不明瞭となった。一方、修
正版では、1) 研究課題、2) 研究の予定、3) 受講している授業の 3 つに分類
して文章が構成されており、各小見出しに沿って内容が収斂されていた。
　上記 2 名の学習者は、日本語の初級・中級段階での短い作文とは異なる
学術的文章の重要な特徴に言及し、理解の深化を示したものと言える。
　次に、この授業ではレポート作成の前に、まずアウトラインの作成を行う
時期がある。アウトラインを複数回検討した後で書き始めるレポートの作成
過程において、学習者 B、E、G は、それぞれ構成と論理展開に関する実践
や注意点等について、次頁の (6) 〜 (8) の通り、内省を記述していた。

(6)　学習者 B

文章が長くなるほど、文章の構成や論理展開にもっと気をつけなければならないと思います。　　　　　　　　　　　　　　（レポート）

(7)　学習者 E

読む人にわかりやすく書くために、文章の構成や論理展開をしっかり考えてから書く。アイデアの流れをはっきり書かなければ書いた内容は伝わらない。　　　　　　　　　　　　　　（説明文）

(8)　学習者 G

アウトラインを書くことと実際に本文を書くことは大分違います。レポートを書いているうちに計画のアウトラインを少しずつ変えました。　　　　　　　　　　　　　　　　　　（レポート）

　取り上げる情報の量が多ければ、文章量も多くなり、複数の情報間の論理展開や全体構成にも、一層注意して検討する必要が生じる。その検討が十分でなければ読み手に対して文章の内容を正確に伝えることが困難となる。上記 (6)～(8) の各下線部のような検討過程について、まず、学習者 B は、分量と論理展開に関する注意事項に言及している。学習者 E は、「アイデアの流れ」という表現を用いて、構成の重要性が読み手の文章理解に強く影響することを指摘した。さらに、学習者 G は、アウトライン作成時にまとめた構成をふり返り、実際のレポート執筆過程で、「計画のアウトラインを少しずつ変えた」として、計画の調整に伴う難しさを示唆している。

　学習者 G は、当初アウトラインを次の図 1 のようにまとめていたが、レポートの文章を書き進める過程で図 2 のように変化させた。図 2 では、このレポートの本論の重要な箇所である 3 章の項目が増え、図 1 の 3.1 と 3.2 で見られた「再考」の連続使用も避けられた。さらに、図 1 では「男女別に見た～」と書かれていた 3.3 を、図 2 では学習者が最も関心のあったジェンダー意識というキーワードを用い、4 章に新たに章を立てて議論を展開し、5 章には結論も加筆した構成を完成した。

第3章　ライティング活動とその内省から獲得する論文スキーマ ｜ 49

```
1.  はじめに
2.  これまで分析されてきた少子化の
    要因
    2.1  労働市場と結婚市場
    2.2  子育て負担
3.  少子化の要因への再考
    3.1  労働環境と結婚市場要因への
         再考
    3.2  子育て負担の要因への再考
    3.3  男女別に見た少子化の要因
```

図1　学習者Gの第1回目
のアウトライン

```
1.  はじめに
2.  これまで分析されてきた少子化の
    要因
    2.1  労働市場と結婚市場
    2.2  子育て負担
    2.3  同居率
3.  少子化の要因への再考
    3.1  子育てと仕事の両立
    3.2  結婚市場のミスマッチ
    3.3  パラサイトシングル
    3.4  同居率
4.  少子化とジェンダー意識
5.  結論と今後の課題
```

図2　学習者Gの最終レポートの構成

　以上の事例から、自身の構想を文章化する過程で読み手の立場となって、明確な論理展開を目指し、分類や加筆、あるいは削除等の作業により推敲を行った経験の積み重ねがうかがえる。

5.3　引用の概念

　一般にレポートや論文の引用手続きには、直接引用と間接引用という2種類が存在する。そのうち、間接引用は、専門分野や学術雑誌によって、本文中での引用方法や、引用文献情報（著者名や刊行年、雑誌名や引用ページ等）の提示順序が異なる。この授業では、多様な専門分野の学習者が在籍しているため、基本的には自身の分野の方法に従うように指導されている。

　引用に関する内省として、個々の文法や表現ではなく、引用の概念と自身の文章での記述を包括的に捉えた、以下の学習者F、Bの2例を挙げる。

　　　(9)　　学習者F
　　　　　　他の人の研究の内容を引用して紹介する場合はどこまでがその人
　　　　　　の研究の内容で、どこからが自分の研究で明らかになったことか
　　　　　　を区別することが必要である。直接の引用の場合は、他の文との
　　　　　　論理的整合性も考えなければならない。　　　　　　　（レポート）

（10）　学習者 B

引用は自分の論理の根拠にするため使うものであり、引用部分と
自分の文の文脈が論理的に合わなければならない。文をより長く
するため、あるいは引用の力だけで自分の文の説得力を高めるの
ではいい引用文を書けないと思う。文脈に整合する引用をすると
共に、自分の主張や根拠を的確に提示する必要がある。

（レポート）

　まず、学習者 F は (9) において、引用時における他者と書き手自身の各コ
メントの区別が重要であることに触れた上で、下線部の通り、引用時に自身
の文章内における論理的整合性を十分に検討する必要性を述べている。これ
は、当該執筆者が生み出した論理的世界における内容を、自身の文章の論理
的世界の中で不整合が生じないよう引用すべきであると説明したものである。
　さらに学習者 B は、(10) において「文脈に整合する引用をすると共に、
自分の主張や根拠を的確に提示する必要がある」とし、自身の文章における
主張の説得力の重要性を、引用作業を通じて認識したことを示している。
　以下、例として、学習者 B が作成していたレポートの最終版提出前の文章
①と、最終版の文章②を、それぞれ一部抜粋して比較する。これらは、複数
の国の法改正に関する記述を時系列にまとめたものであるが、紙幅の関係で、
段落の直前にあった 2000 年の事例の記述は割愛する。なお、本文中で実際
に付されていた脚注形式の引用を示す上付き番号は、そのまま掲載する。ま
た、変更のあった箇所は文体関連で波線、新たな加筆部分は実線で示す。

レポートの一部①：最終版提出前

　2004 年の総選挙の前に始まった女性の政治参加の拡大運動は（中略）には
力不足だった[10]。
　2006 年の地方選挙の前に改正された政治関係法では（中略）改正はなかっ
たが、（中略）政党公認制が導入された。また、（中略）が新設され、女性割
当が適用された[11]。このような法改正は、（中略）女性が政党の公認を受け
やすくする機会になった。（後略）

第 3 章　ライティング活動とその内省から獲得する論文スキーマ　｜ 51

レポートの一部②：最終版

　2004 年の総選挙の前に始まった女性の政治参加の拡大運動は（中略）には力不足であった[10]。

　2006 年の地方選挙の前に改正された政治関係法では（中略）改正はなかったが、（中略）政党公認制が導入された。また、（中略）が新設され、女性割当が適用された[11]。このような法改正は、（中略）女性が政党の公認を受けやすくする機会となった。（後略）

　2000 年から 10 年にわたって各時期別に補完されてきた政治的女性割当制の制定・改訂過程を見れば、非常に急速に法的制度化という成果を成し遂げたとはいえ、比例代表 50% の割当という規定から一歩先には進めていないことが分かる。一方（後略）

　上記のレポートの一部①の 2 段落は、基本的には引用を中心とした記述であるが、レポートの一部②の方は、3 段落目に、直前までの段落の内容を受けて、自身のコメントを示したものである。つまり、①では、先行研究の時系列に沿った羅列的な記述であるが、一方の②では、「2000 年から 10 年にわたって」の表現が示す通り、各段落で述べた内容をもとに、この記述で学習者が解釈や考察を行ったコメントの加筆が行われている。これらから、(10) の言語化の通り、引用の意義、文章内での論理展開やその整合性をも意識した上で、引用を活用しつつ、自身の考察の結果としての知見を示したものと言える。

5.4　学期末の内省

　学期末のアンケート調査による内省記述から、まず、学習者 E、H の記述を示す。これらはトレーニングやフィードバックの重要性に言及している。

(11)　学習者 E
　　・自分のオリジナリティーを見つけるために自分の力で書いて、フィードバックを受けて、それを繰り返すことが重要。
　　・これから研究室にいる先生や日本人のドクターや先輩にレポートのチェックをしてもらうと思う。

（12）　学習者 H

・文章を推敲する際、文章の書式、漢字の適切さ・引用などに注意し、<u>一晩で文章を完成しようとせず、少しずつ推敲の作業を行わなければならない。</u>

・レポートや論文でよく用いられる表現・文型は口語と異なり、<u>それらを正確に使用するために定着するまで練習が必要である。</u>

　学習者 E も H も、学習における繰り返しの練習の重要性を説いている。学習者 E は（11）において、自分のオリジナリティーを見つけるために自身で書き、かつ「先生や日本人のドクターや先輩」といった研究室内の人的リソースを活用する意義を認識した。学習者 H は、（12）において「一晩で文章を完成しようとせず」と示しながら、短時間では優れた質の文章が完成できないことに言及し、「書式、漢字、引用」といった自身が推敲時に注意したい重要項目を挙げている。さらに、表現が「定着するまで練習が必要」として、レポート作成の経験をふまえた実感が表明されたものと推測される。

　以上の通り、各学習者は、文章の評価基準を一定程度内在化し、それにしたがって、時間をかけた推敲や表現の定着のために努力を続けた結果、文章の読み手の立場に立つことの重要性を認識できたものと考えられる。また、先輩等他者への支援を自ら求めようとする意識も備えている。これらの内省は、自身のライティング能力の問題や課題、それを克服するために必要な時間や方策について、モニターできるようになったことを示すものであろう。つまり、上記の言語化は、学習者自身が一定期間の経験に基づき、ライティングの学習過程の一端を捉え得た内省であると考えられる。

6.　ライティング教育への示唆 ―学習者の視点と学習過程への着目から―

　以上、論文スキーマの概念を援用し、学習者の内省や文章データの観察・分析から、ライティング学習過程の一端を示した。前節までの学習者の事例からは、各学習者が、ライティングの活動そのものや、その成果としての文章の全体と部分について何度も思考し、表現活動を試行しつつ、同時に、自身と他者の客観的な視点から推敲することにより、最終版に近づけていく努力の過程がうかがえた。こうした作業の継続は、母語を問わず、時間も負荷

もかかることが、本章の記述からも明らかであると言える。

　多様な背景を持つ学習者が、本章で示したものと類似の軌跡をたどって学習を進めるか否かは議論があり、今後さらに多くのデータを得て検証を続ける必要がある。しかしながら、個々の学習者の学習過程を巨視的に見て、学習者自身が試行錯誤を繰り返しながら成長していく証としての内省コメントと、それを裏付ける文章データは、ライティング教育担当者から、将来の学習者に伝えることが可能な示唆に富む種々のリソースとなり得る。同時に、その文章データは、将来の学習者が自身の文章との比較のために活用できる。さらに、過去の学習者の学習方法と具体的な経験から語られた内省も、将来の学習者が自身の学習をふり返るための貴重な学習素材となるであろう。つまり、学習内容だけでなく、学習方法や、学習を前に進めようと努力する過程からも、学べることが豊富に存在するものと言える。

　なお、本章では特に扱っていないが、学習過程においては、何らかの原因・理由で、学習者本人が期待した以上に学習が進まない場合や時期もあり得る。それは在学段階によっても異なる可能性がある。しかし、論文スキーマを形成する過程と言えるライティング能力の獲得は、一朝一夕には実現が困難であり、また、個々人の学習に関する背景が影響を及ぼすことも否定できない。それらについては、今後詳細に研究を行う必要がある。そのような課題もふまえた上で、文章として産出された言語表現のみならず、学習過程自体を、一定の期間、巨視的に観察して得た知見は、ライティング教育の充実や教育デザインの改善に有用に働くものであると考えられる。

7.　おわりに ―大学と社会をつなぐライティング教育―

　俯瞰的に捉えれば、ライティングには、目的と構成の検討、執筆途上で繰り返される情報と表現の選択のための論理的な思考、および先行研究の知見や他者からのフィードバックを得た上での推敲が必須である。厳密な書式や期限を遵守する必要もある。こうした複雑で高度な文書作成の流れは、文章の論理性や客観性、明快さを基礎とした読み手への配慮を行き届かせることにより、文章の完成度を高めていく過程である。論文スキーマは、このような経験を蓄積する過程の意義が理解できてこそ、確実に獲得されるものと言える。

　学習者が社会人となって直面するライティングは、企画書や報告書、依頼

文書、議事録、報告・連絡・相談のためのEメール文等、文章ジャンルは多様化するであろう。それらはいずれも、文書を作成した個人のみならず、所属先部署等の組織の利害や評価に影響する場合が多く、また、チームでの共同作業もしばしば求められる。その中では、常に他者の目を持ち、文書作成にかかる時間や労力を見極め、作成の意義を理解した上で、文書により、読み手の理解を得たり、特定の目的のための交渉場面で読み手を説得して行動を起こさせたりする必要に日々迫られる状況になると言える。社会生活におけるこのような必要性を認識する観点から、大学・大学院在学中に論文スキーマを獲得した者は、時空間を超えた情報共有のための記録や交渉、提案、内外への広報等のライティングを、その意義を知った上で他者と協働して実践し、調整することができる。また、文章と成果の双方の質向上を目指して行動することにより、成長を続ける自律的な人材になると期待できる。

参考文献

石井恵理子（2015）「思考力としてのことばの力を育てる国語教育へ──対話による授業設計に向けて──」（特集：国語教育と日本語教育の連携）『日本語学』34 (12): 22–30.

鎌田美千子（2015）『第二言語によるパラフレーズと日本語教育』ココ出版 .

西田ひろ子（2000）「第6章　脳と人間のコミュニケーション行動との関係──スキーマ理論と異文化間コミュニケーション──」西田ひろ子（編）『異文化間コミュニケーション入門』215–269. 創元社 .

村岡貴子（2014a）『専門日本語ライティング教育──論文スキーマ形成に着目して──』大阪大学出版会 .

村岡貴子（2014b）「上級日本語アカデミック・ライティング授業の実践報告──文章の比較・分析・評価タスクによる教材を用いて──」『大阪大学国際教育交流センター研究論集　多文化社会と留学生交流』18: 99–112.

村岡貴子・因京子・仁科喜久子（2013）『論文作成のための文章力向上プログラム──アカデミック・ライティングの核心をつかむ──』大阪大学出版会 .

村岡貴子・堀一成・坂尻彰宏（2018）「大阪大学における日本語ライティング教育の実践──2017年度の留学生および一般大学院生を対象とした各授業の報告から──」『大阪大学国際教育交流センター研究論集　多文化社会と留学生交流』22: 23–32.

Bartlett, F. C.（1932）*Remembering: A study of experimental and social psychology.* Cambridge: Cambridge University Press.

Swales, J. M.（1990）*Genre analysis: English in academic and research settings.* Cambridge: Cambridge University Press.

Swales, J. M.（2004）*Research genres: Explorations and applications.* Cambridge: Cambridge University Press.

第4章

ルーブリックによるライティング評価と
アセスメント

脇田里子

ルーブリックを用いたライティング評価は、レポートを評定する学習評価として有用であることを述べる。それだけでなく、ルーブリックは授業改善を促すアセスメント・ツールとしても利用できることを提案する。

キーワード ライティング評価，ルーブリック，学習評価，アセスメント

1. はじめに

　従来のライティング評価法に関する先行研究では、学習評価の観点から、学習者が作成した文章（レポート等）をどのような評価観点をもって教員が採点するか、評定するかに重点が置かれている（村上 2007 等）。ライティング評価の中で代表的な評価法は、全体的評価法（holistic rating）と分析的評価法（analytic rating）である（石川・西田・斉田（編）2011 等）[1]。しかし、近年、ライティング教育においてルーブリック（rubric）を利用した評価の実践も増えている（脇田 2017 等）。本章ではルーブリックが学習評価（evaluation）として有用であるだけでなく、アセスメント（assessment）としても利用できることを述べる[2]。

　本章の構成は次の通りである。まず、2. と 3. では、学習評価の観点からルーブリックについて議論する。2. で、従来の日本語ライティングの評価法を提示する。3. で、ライティングは学習評価の中でパフォーマンス評価

---

[1]　ライティング評価法は、2. で詳述する。ライティング評価法には「単特性評価法（primary trait scoring）」と「多特性評価法（multiple trait scoring）」もある。本章では紙幅の都合上、この二つは扱わない。「多特性評価法」によるライティング実践には、田中・長阪（2009）等がある。

[2]　ルーブリックは 3.2 で定義する。学習評価は 3.1 で、アセスメントは 4.1 で詳述する。

に分類され、ルーブリックが使用できることを述べる。そして、ルーブリックによる評価と従来の評価法とを比較する。次に、4.と5.では、アセスメントの観点からルーブリックについて議論する。4.では、授業内容のアセスメント活動を支援するツールとして、ルーブリックを提案する。5.では、某ライティング科目を例に挙げ、それに関する四つのルーブリックについて取り上げる。最後に、6.で、本章の内容と社会との接点について述べる。

2.　従来の日本語ライティングの評価法

　ライティング評価の中で代表的な評価法は、「全体的評価法」と「分析的評価法」である。以下、この二つの評価法について概説し、従来の評価法の問題点を述べる。

　本節では評価法の有用性を示す三つの観点として、1) 実用性（practicality）、2) 信頼性（reliability）、3) 妥当性（validity）を挙げる（石川ほか（編）2011；杉田 2013）[3]。実用性とは、評価の実施方法が簡潔で簡単であることを指す。信頼性とは、誰が評定しても結果が安定していることを指す。妥当性とは、測定しようとしたものを適切に測定できたのかについて判断することを指す。

　全体的評価法とは、ライティングの全体的な印象に基づく評価法である（杉田 2013: 41）。代表的な全体的評価法には、日本学生支援機構（JASSO）が実施している「日本留学試験」の「記述」問題の採点基準が挙げられる。この採点基準を表 1 に示す。これは 2009 年に公開され、2017 年に一部の基準が変更された。スコアは 50 点満点で、基本的に 5 点刻みで示される。そして、それぞれのスコアについて具体的な評価基準が記述されている。

　全体的評価法は、評価のための観点が一つであるため、簡単に測定ができ、労力が少なくて済むため実用性が高い。しかし、評定者によってスコアが異なる場合もあり、評価に対する信頼性は高いとは言えない（石川ほか（編）2011: 216）。また、評価観点が一つしか示されていないため、その評価が真に妥当であるかという妥当性も高いとは言えない。

---

[3]　Weigle (2002) は評価法の有用性の観点として、次の六つを示した。「実用性」「信頼性」「妥当性」「影響」「真正性」「相互作用性」である。本章ではその中でより重要と考える三つの観点を取り上げる。

第4章　ルーブリックによるライティング評価とアセスメント　| 57

表1　全体評価法の例：日本留学試験「記述」の採点基準

得点	
50点	（レベル S） 課題に沿って、書き手の主張が、説得力のある根拠とともに明確に述べられている。かつ、効果的な構成と洗練された表現が認められる。
45点 40点	（レベル A） 課題に沿って、書き手の主張が、妥当な根拠とともに明確に述べられている。かつ、効果的な構成と適切な表現が認められる。
35点 30点	（レベル B） 課題にほぼ沿って、書き手の主張が、おおむね妥当な根拠とともに述べられている。かつ、妥当な構成を持ち、表現に情報伝達上の支障が認められない。
25点 20点	（レベル C） 課題を無視せず、書き手の主張が、根拠とともに述べられている。しかし、その根拠の妥当性、構成、表現などに不適切な点が認められる。
10点	（レベル D） 書き手の主張や構成が認められない。あるいは、主張や構成が認められても、課題との関連性が薄い。また、表現にかなり不適切な点が認められる。
0点	（NA） 採点がなされるための条件を満たさない。

レベル A、B、C については、同一水準内で上位の者と下位の者を区別して得点を表示する。

（日本学生支援機構 Web ページより）

　次に、分析的評価法とは、ライティング能力を構成する特徴ごとに評定を行い、それぞれの特徴において採点する評価法である（杉田 2013: 42）。分析的評価法を用いて採点する際には、「内容：50%」「構成：30%」「言語形式：20%」のように評価項目ごとに重みづけを行い、総計が 100% になるように点数化される。

　分析的評価法による採点基準の例を次頁の表2に示す。表2の村上（2007）は、日本留学試験「記述」の採点基準が公開される前に、五つの採点基準について提案している。ここに挙げられている五つの観点は、1) 正確さ（20点）、2) 文体の統一（4点）、3) 表現の多様性・書きことば表現（20点）、4) 文のわかりやすさ（20点）、5) 内容（20点）で、得点は 84 点満点である。

表 2 分析的評価法の例

観点	得点 (84 点満点)	
1 正確さ	20 点満点	文法、語彙、表記、原稿用紙の使い方などの正確さを見る。
2 文体の統一	4 点満点	文末が「です・ます」体か、「だ・である」体で統一されているか。
3 表現の多様性・書きことば表現	20 点満点	表現の多様性、レポートの表現としての適切性を見る。ひらがなの多用は評価を下げる。
4 文のわかりやすさ	20 点満点	接続助詞・接続詞、指示語の用法、文の首尾一貫性などを見る。
5 内容	20 点満点	首尾一貫した主張、根拠の妥当性を見る。

(村上 (2007) をもとに筆者が作成)

　分析的評価法は、複数の評価観点をもち、評価項目ごとにスコアを得られるため、全体的評価法よりも信頼性が高いと言える（石川ほか（編）2011；杉田 2013）。その反面、分析的評価法は包括的にライティングを評価しているかという妥当性の問題もある。また、評価観点が四つ設定されていれば、4 回読み返す必要があるため、評価に時間を要し、実用性の低さも指摘されている。

　全体的評価法と分析的評価法は、評価観点（一つか、複数か）とその得点配分（複数の観点がある場合には重みづけをするか、しないか）の関係に着目したものである。しかし、全体的評価法と分析的評価法のいずれにおいても、信頼性・妥当性・実用性の全てを満たすものはなく（杉田 2013: 41–42）、それぞれの評価法の長所と短所を見極めながら、利用することになる。この点が従来のライティング評価の問題点である。

3. 学習評価におけるライティング評価

3.1 学習評価の四つのタイプ

　本項では、学習評価におけるライティング評価の位置づけを述べる。学習評価とは、教員が学生に成績（評価）を与えるといったものを指し、総括的で資格認定に関わり、評価主体が価値判断するもの（ウィギンズ・マクタイ 2012: 8）である。学習評価は「直接評価か、間接評価か」「量的評価か、質的評価か」の観点から四つに分類される（松下・石井（編）2016: 16）。まず、「直接評価」とは、学習者が何を知り、何ができるかを学習者自身に提示さ

せることである。つまり、学習者の知識や能力の表出を通じて、プロセスや成果を直接的に評価することを指す。一方、「間接評価」とは、学習者による学習についての自己報告を通じて、何を知り、何ができると思っているかを学習者自身に答えさせることである。つまり、学習のプロセスや成果を間接的に評価することを指す。次に、「量的評価」とは、評価データが量的で、その評価目的は集団の中の個人を比較、選抜すること等に当たる。一方、「質的評価」とは、評価データが質的で、その評価目的は学習や指導の改善等である。

　学習評価におけるライティング評価は、これら四つの評価の中で、学習者が直接知識や能力を成果物（レポート等）として提示しているので「直接評価」に該当する。また、評価データが文章という質的データに該当することから「質的評価」に当たる。よって、ライティング評価は、松下・石井（編）(2016)による図1の領域Ⅳ「パフォーマンス評価 (performance assessment)」「ポートフォリオ評価 (portfolio assessment)」に合致する。

図1　学習評価の四つのタイプ

（松下・石井（編）(2016: 18, 図 1-3) より）

　後者のポートフォリオ評価とは、ポートフォリオに収められた学習の証拠資料に基づいて学習者の成長のプロセスを評価する方法である（松下・石井

（編）2016: 15）。本章ではライティングの授業設計としてポートフォリオを採用していないため、評価としてポートフォリオ評価は扱わず、パフォーマンス評価を取り上げる。

3.2　パフォーマンス評価としてのルーブリック

　パフォーマンス評価とは、ある特定の文脈の中で、さまざまな知識やスキル等を使いこなすことを求め、学習者のパフォーマンス（作品や実演）を手がかりに、概念理解の深さや知識・スキルを統合的に活用する能力を評価する方法である（松下・石井（編）2016）。パフォーマンス評価の対象となるものは、レポート・論文や芸術的な創作物等の作品、スピーチ・プレゼンテーション、演奏・演技等の実演である。これらの作品や実演は、さまざまな知識やスキルを統合して使いこなすことを求める複雑な課題で、「パフォーマンス課題（performance task）」と呼ばれている。

　パフォーマンス評価では、ルーブリックと呼ばれる評価基準表を用いる。ルーブリックとは、ある課題をいくつかの構成要素に分け、その要素ごとに評価基準を満たすレベルについて詳細に説明したものである（スティーブンス・レビ 2014）。典型的なルーブリックは四つの要素から成り、表3のように表形式で配置する。その要素は、1) 課題、2) 評価尺度（到達レベル・成績評価点、一般的に3〜5レベル）、3) 評価観点（課題が求める具体的な知識やスキル）、4) 評価基準（評価尺度と評価観点に該当するパフォーマンスの特徴）である。なお、ルーブリックによっては、評価観点の代わりに評価規準（評価観点の内容について文章表記したもの）を示す場合や、評価観点と評価規準の双方を提示する場合もある。

表3　ルーブリックのフォーマット

課題			
	評価尺度 1	評価尺度 2	評価尺度 3
評価観点 1	評価基準 1-1	評価基準 1-2	評価基準 1-3
評価観点 2	評価基準 2-1	評価基準 2-2	評価基準 2-3
評価観点 3	評価基準 3-1	評価基準 3-2	評価基準 3-3
評価観点 4	評価基準 4-1	評価基準 4-2	評価基準 4-3

（スティーブンス・レビ（2014: 4, 図表 1.1）より）

一般的に、ルーブリックを作成するタイミングは課題作成時である。それは課題を通じて学習者に求めている知識や能力をルーブリックに反映させる必要があるためである。事前に採点の指針を明示し、教員がその課題で求めていることをいくつかの評価観点に絞り、言語化することは時間も負担もかかるが、後の評定作業の時間を短くできる。また、ルーブリックを学習者に提示するタイミングは、課題の評定時ではなく、課題の提示時が推奨されている。そうすれば、学習者は事前に課題の評価観点を知ることができ、学習者が自己評価もできる。

ルーブリックを用いた学習評価の主な長所は、次の2点が挙げられる（サスキー 2015: 142）。一つは、ルーブリックによって、それまで曖昧だった課題の目標が明確化される点である。そして、課題を達成した時に、教員が期待していることを学生に理解させることができる点である。もう一つは、ルーブリックによって採点が容易になり、短時間で行えるようになる点、および、採点をより正確に、偽りなく一貫性をもって行える点である。一方、サスキーはルーブリックを用いた学習評価の短所として、学習者はルーブリックに示されていることは行うが、それ以外のことは行わない傾向があると指摘している。この短所を補うために、独創性や創造性等の要素もルーブリックに組み込むことが推奨されている。

3.3 ライティング評価としてのルーブリック

レポート課題をルーブリックによって採点した例を次頁の表4に示す。表4では、評価尺度を5レベル、評価観点を6項目設定し、全部で30の評価基準を記述している。評価尺度は、A評定「卓越している」、B評定「上手にできている」、C評定「基本的にできている」、D評定「最低限できている」、F評定「できていない」の5レベルを設定している。なお、評定で注意しなければならないのは、5レベルの評定基準について、ルーブリックには具体的な記述がない点である。例えば、各評定の判断基準となる具体的な表現や文章を考慮しておく必要がある。

評価観点は、1）文章構成、2）テーマの設定、3）適切な引用、4）事柄・説明、5）意見と根拠、6）表現・文法の6項目である。評価尺度と評価観点が交差する欄に、該当する評価基準を記している。表4では、全ての評価

62 ｜ 脇田里子

観点は評価尺度が5レベルの設定であるが、評定者が特定の評価観点に重みをつけて、評定することも可能である。

表4　レポートの課題ルーブリック（採点例）

レポート課題
　あなたの国の社会問題を1つ選び、文献を引用し、その現状と解決策について意見を述べなさい。「だ・である」体を用い、1,800字〜2,200字で書きなさい。

	A (5) 卓越している	B (4) 上手に できている	C (3) 基本的に できている	D (2) 最低限 できている	F (1) できていない	成績 (21/30)
1 文章 構成	序論、本論、結論の構成があり、その内容も非常によく書けている。	序論、本論、結論の構成があり、その内容もよく書けている。	序論、本論、結論の構成があり、その内容も基本的に対応している。	序論、本論、結論の構成はあるが、その内容が必ずしも対応していない。	序論、本論、結論の構成がない。	C (3)
2 テーマ の設定	課題にそったテーマを選び、背景や現状が非常によく書けている。	課題にそったテーマを選び、背景や現状がよく書けている。	課題にそったテーマを選び、背景や現状は一定程度書けている。	課題にそったテーマを選んでいるが、背景や現状はあまり書けていない。	課題にそったテーマを選んでいない。	B (4)
3 適切な 引用	複数の文献からの引用がある。引用方法と文献リストの書き方に全く問題がなく、適切である。	複数の文献からの引用がある。引用方法と文献リストの書き方に問題がなく、適切である。	文献からの引用がある。引用方法と文献リストの書き方に多少のミスがあるが、ほぼ適切である。	文献からの引用がある。引用方法と文献リストの書き方にミスがあるものの、最低限できている。	文献からの引用がない。引用があっても引用が不明瞭である。文献リストの書き方が不適切である。	D (2)
4 事柄・ 説明	収集した情報をまとめ、仕組みや分類などの説明文が非常によく書けている。	収集した情報をまとめ、仕組みや分類などの説明文がよく書けている。	収集した情報をまとめ、仕組みや分類などの説明文が一定程度書けている。	収集した情報をまとめ、仕組みや分類などの説明文が最低限書けている。	収集した情報をまとめていない。仕組みや分類などの説明文が書けていない。	B (4)
5 意見と 根拠	根拠をもとにした意見があり、非常によく書けている。	根拠をもとにした意見があり、よく書けている。	根拠をもとにした意見があり、一定程度書けている。	根拠をもとにした意見があり、最低限書けている。	根拠をもとにした意見がない。	C (3)
6 表現・ 文法	表現・文法などの日本語の問題が全くなく、極めて適切に日本語が書けている。	表現・文法などの日本語の問題がほとんどなく、適切に日本語が書けている。	表現・文法などの大きな日本語の問題がなく、一定程度適切に日本語が書けている。	表現・文法などの日本語の間違いはあるが、最低限理解できる日本語が書けている。	表現・文法などの日本語の間違いが多く、理解できる日本語が書けていない。	A (5)

第4章　ルーブリックによるライティング評価とアセスメント　｜63

　ルーブリックを学習評価として、つまり、成績の採点表として使用する場合には、評定結果に該当する評価基準欄を○印で囲む。さらに、右列に成績欄を加えると、評価シートとしての利便性が高くなる。

　筆者がライティング評価として、ルーブリックの導入を強く推奨するのは、長所の第一点目の「それまで曖昧だった課題の目標を明確化する」点にある。ルーブリックを用いないそれまでのライティング評価では、先に学習者がレポートを書き、それを後で、言語化していない評価観点や評価基準に基づき、教員がレポートを評定していた。しかし、事前に、教員が課題を通じた目標を言語化してルーブリックにまとめ、それを学習者と共有することは教育上大きな意味がある。

　ここで、ルーブリックによる評価と 2. で上述した従来のライティング評価法について比較する。まず、信頼性について言及する。ルーブリックは複数の評価観点をもち、観点ごとに評価基準が詳細に記述されている。そのため、評定者によってスコアが異なる可能性は全体的評価法よりも低い。よって、全体的評価法と比べ、ルーブリックの信頼性は高いと言える。

　次に、実用性について述べる。評価観点が複数あることは、評定に時間がかかる要因になるが、ルーブリックでは既に評価基準が言語化され、そのレポートの該当する評価基準に○印をつけ、簡単なコメントを添えるだけで済む。そのため、迅速かつ詳細なフィードバックが可能である（スティーブンス・レビ 2014: 61）。よって、分析的評価法と比較すると、実用性は高いと言える。

　最後に、妥当性について述べる。ルーブリックは、パフォーマンス課題を設定する際に、どのスキルを測り、評価するかを予め考慮して作成する。この点において、ルーブリックは包括的にライティングを評価していると考えれば、全体的評価法、および、分析的評価法よりも妥当性は高いと言える。

　以上、レポート課題の学習評価に関して、ルーブリックと従来のライティング評価法を比較した場合、ルーブリックの方が信頼性・実用性・妥当性は高いと言える。つまり、ルーブリックは全体的評価法や分析的評価法の問題点を克服できる。このように、ルーブリックを利用したライティング評価は学習評価のツールとして有用だと言えよう。

4. アセスメント・ツールとしてのルーブリック

4.1 アセスメントとライティング教育

　近年、大学は学生、その保護者、および教育行政関係者等の評価関係者（ステークホルダー, stakeholder）に対して、教育内容とその成果について説明が求められている。例えば、カリキュラムや科目内容が国際的に通用するのか、あるいは、学費は見合っているのか等を説明する重要性が増している。そのため、各授業の教育内容をどのように評価（アセスメント, assessment）するのかに関心が集まっている[4]。

　ライティング教育もその例外ではない。学生が書いたレポートを評定する学習評価だけではこうした時代の要請に応えることができない。科目の到達目標に学習者がどこまで近づいているかを確認する学習到達度の測定や、ライティングの質を改善するような指導も視野に入れた教育評価、つまり、アセスメントの観点が必要になる。そこで、アセスメントの観点からルーブリックの活用アプローチを提案する。本章における「アセスメント」は、「教員が教育全体の活動を振り返り、継続的に授業を改善していく教育評価」という限定した意味で用いる。

4.2 授業改善を促すアセスメント・サイクル

　アセスメントを実施することは、教育実践を行った学期の授業を反省し、次学期の授業をより良いものにすることである。つまり、当該学期の学習評価の結果から、到達目標や課題が適切だったのかを判断し、もし問題があれば、次学期の到達目標や課題をより適切なものに改善していくことである。

　以下では、教育内容の評価を考えるために、アセスメントの過程を捉えた四つのサイクル（サスキー 2015）を取り上げる[5]。本項では、授業改善を促す

---

[4]　日本語の「評価」という用語は、主に、学習者の学習についての評価（学習評価, evaluation）と、教員の教育活動についての評価（アセスメント, assessment）の訳語として用いられている。「アセスメント」は、一般的に、学習評価の意味も含めることが多いが、本章では学習評価と対立する部分に焦点を当て、狭い意味で用いる。

[5]　サスキー（2015）が用いている「アセスメント」は、主として、学生の学習に対するアセスメント、つまり、学生の観点から見た学習アセスメントである。本章では教員の観点による教育アセスメントを論じるが、学習アセスメントと教育アセスメントは表裏一体と捉えている。つまり、授業による学びの活動を学生の観点から見るか、教員の観点から見

アセスメントという観点からこの四つのサイクルを捉え、サスキー (2015) の四つのサイクルを一部修正して用いる。サスキーによると、アセスメントは図2に示すように、1) 到達目標を決め、2) 授業を提供し、3) 学習評価を行い、4) 学習評価の結果から授業改善を促すという四つのサイクルから成る。つまり、アセスメント・サイクルとは、1) 学期の前に、その科目の到達目標を決め、2) その学期中、到達目標に基づいた授業を提供し、3) 目標が達成されたかどうかの学習評価を行い、4) その学習評価の結果を受けて、次学期の授業をより良いものにするために授業改善を行う循環活動を指す。

従来の教育活動でも、1) の到達目標を決め、2) の授業を提供し、3) の学習評価は行っていた。しかし、それは3) の学習評価の段階で、教育活動が終わり、1) から3) は直線的なつながりだった。3) から1) に循環すること、つまり、当該学期の学習評価の結果が次学期の授業に活用されることが少なく、アセスメントの考え方は十分に取り入れられていなかったと言える。

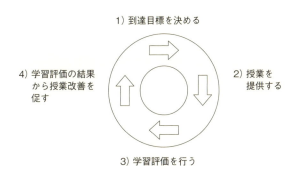

図2　授業改善を促すアセスメント・サイクル

（サスキー (2015: 20, 図1.1) を参考に筆者が作成）

この四つのサイクルの中で重要なものは、1) と4) である。1) では、科目の到達目標を適切に設定しなければならない。例えば、その到達目標が授業内容と照らし適切であるかを検討する、また、カリキュラムの中でその科目がどのような位置づけかを確認して、その科目で求められる知識やスキルは

るかによる違いと考える。よって、学生の観点であれ、教員の観点であれ、アセスメントの考え方として共有できる点を引用する。

何かを把握し、到達目標を設定することが求められる。もちろん、科目のシラバスを書く際に、教員は到達目標を記述している。しかし、サスキー（2015: 20）が指摘しているように、到達目標を設定したとしても、実際には到達目標に合わせるよりも、授業進行に合わせて授業が実施される等ミスマッチが起こる場合は少なくない。このようにその科目で求められる到達目標を設定することは、実際には簡単なことではない。

　4）では、学習評価の結果から、学習者の到達レベルを把握した上で、課題や教授法の妥当性だけでなく、シラバスや到達目標を含めた改善を再検討し、1）につなげる継続的な循環活動が求められる。

4.3　アセスメント・ツールとしてのルーブリック

　目標を設定する活動は、ルーブリックを用いてその活動を振り返り、より良い活動に導くことが可能である。言い換えると、ライティング科目やライティング科目を含むカリキュラムにもルーブリックが適用できる。そこで、本項では、ルーブリックを利用し、アセスメントの 1）科目の到達目標を設定することと、4）学習評価の結果から授業改善を促すことのサイクルを支援する。ルーブリックはパフォーマンス課題を評価するツールとして最も利用されているが、科目のアセスメント・ツールとしても利用できる。

　アセスメントとしてのルーブリックの種類には、「カリキュラム・ルーブリック」「科目ルーブリック」、および「課題ルーブリック」の三つがある（関西大学教育推進部 2016）。また、「科目ルーブリック」の到達目標が包括的な目標を掲げている場合、到達目標をさらに細分化する場合がある。そのため、本章では、図 3 に示すように「科目ルーブリック」の中に、「到達目標ルーブリック」も設定している [6]。

　ここで注意しなければならないことは、三つのルーブリックが独立して、個別に存在するのではないことである。カリキュラムの明確な目的のもと、各科目が互いの効果を高め合うように体系化、連携しているため、各科目の目標はカリキュラムの目標とそれぞれ適切に関連している必要がある。つま

---

[6]　「到達目標ルーブリック」という用語は、一般的に使用されていない。しかし、本章では授業の到達目標ごとにルーブリックを作成し、アセスメントすることは授業を改善する上で有意味と考え、「到達目標ルーブリック」を設定した。

り、カリキュラムの目標の一部が各「科目ルーブリック」に反映され、科目の目標の一部が「課題ルーブリック」に反映されていることを認識しなければならない。逆に言えば、「課題ルーブリック」は科目のどの目標を達成するために課しているか、「科目ルーブリック」は「カリキュラム・ルーブリック」のどの目標を達成するための位置づけになっているかについても意識する必要がある。

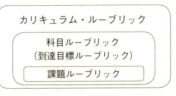

図3　アセスメントとしてのルーブリックの種類

(関西大学教育推進部（2016: 4）に筆者が一部加筆)

5. ライティング科目のアセスメント
5.1 学部の人材育成目標から見た科目の位置づけ

　一般的に、学部では人材育成の目標を掲げ、その目標を達成するために、卒業までに学生に身につけさせたい知識や能力の到達目標を「ディプロマ・ポリシー（diploma policy：卒業認定・学位授与の方針）」として公開している。そして、教育目標やディプロマ・ポリシーを達成するために、教育課程の内容について基本的な考え方を示したものが「カリキュラム・ポリシー（curriculum policy：教育課程編成・実施の方針）」である。このカリキュラム・ポリシーに基づいた具体的な教育課程がカリキュラムである。カリキュラムは専門科目や教養科目といった科目区分ごとに、各科目が編成されている。

　このような流れで見ると、一つの科目は、学部の最終目標である人材育成目標を達成するために設定されていることを認識しなければならない。つまり、アセスメントという観点から授業改善を目指す場合、その科目の改善に留まるだけでなく、最終目標である人材育成とどのようにその科目が関連しているか、カリキュラムの中でその科目はどのように体系化されているのか等を意識することが重要である。よって、単に科目や課題のルーブリックを考えるのではなく、その最終的な目標である人材育成目標やディプロマ・ポ

リシーを考慮しながら、ルーブリックを作成する必要がある。

5.2 ライティング科目に関連するルーブリック

5.2から5.5では、某大学某学部で開講しているライティング科目（便宜上、「科目C」とする）を仮定し、関連するルーブリックとその作成例について述べる。「科目C」は留学生を対象にした科目で、ライティングの基礎的なスキルの習得を達成目標にしている。図4に示すように、「科目C」のアセスメントに関するルーブリックとして、次の四つのルーブリックを事例として取り上げる。

1) ディプロマ・ポリシー・ルーブリック（表5, p. 69）
2) 科目ルーブリック（表7, p. 71）
3) 到達目標ルーブリック（表8, p. 72）
4) 課題ルーブリック（表4, p. 62）

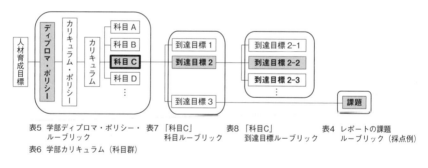

図4 「科目C」に関連する四つのルーブリック

1) については、本来であれば、ディプロマ・ポリシーとカリキュラム・ポリシーに分けて示すものであるが、ここでは便宜上、一つにまとめて示す。4) については、3.3で既に提示しているため、説明を割愛する。

なお、学習評価のルーブリックとアセスメントのルーブリックの書式に違いはない。つまり、ルーブリックは成績評定、アセスメントのいずれを目的としても利用できる。

5.3 ディプロマ・ポリシー・ルーブリック

　学部では「学力の3要素」の観点から人材育成の目標を達成するためのディプロマ・ポリシーが作成されている[7]。これをもとに表5のディプロマ・ポリシー・ルーブリックを作成した。表5の中に「高度な外国語運用能力を習得している」（網掛け部分）という人材育成の目標が掲げられているが、本項ではこの目標に着目する。

表5　学部ディプロマ・ポリシー・ルーブリック

学力の3要素	人材育成の目標（評価規準）	十分満足できる	満足できる	やや努力を要する	努力を要する
主体性・多様性・協働性	相互理解を促進し、多様な文化や価値観をもつ人々と協働できる。	相互理解や多文化の協働作業について、極めて積極的に取り組んでいる。	相互理解や多文化の協働作業について、積極的に取り組んでいる。	相互理解や多文化の協働作業について、一定程度取り組んでいる。	相互理解や多文化の協働作業について、必ずしも取り組んでいない。
	問題解決のために高い倫理観をもって主体的に行動できる。	問題を解決するための行動が十分に身についている。	問題を解決するための主体的な行動がよく身についている。	問題を解決するための主体的な行動が一定程度身についている。	問題を解決するための主体的な行動が必ずしも身についていない。
思考力・判断力・表現力	多様な視点を理解し、様々な問題について深く考察し、その解決法を見出す。	多様な視点から様々な問題について解決法を見出すことに、極めて積極的に取り組んでいる。	多様な視点から様々な問題について解決法を見出すことに、積極的に取り組んでいる。	多様な視点から様々な問題について解決法を見出すことに、一定程度取り組んでいる。	多様な視点から様々な問題について解決法を見出すことに、必ずしも積極的に取り組めていない。
	自らのことばで考えを伝え、立場や意見の相違を乗り越え対話できる。	自己発信力や異文化適応能力が極めて身についている。	自己発信力や異文化適応能力がよく身についている。	自己発信力や異文化適応能力が一定程度身についている。	自己発信力や異文化適応能力が必ずしも身についていない。
知識・技能	**高度な外国語運用能力を習得している。**	極めて高度な外国語運用能力を習得している。	高度な外国語運用能力を習得している。	一定程度の高度な外国語運用能力を習得している。	必ずしも高度とは言えないが、外国語運用能力を習得している
	幅広い教養を身につけ、グローバル社会と異文化を理解できる。	積極的に幅広い教養を身につけ、グローバル社会と異文化を深く理解できている。	幅広い教養を身につけ、グローバル社会と異文化をよく理解できている。	幅広い教養を学修し、グローバル社会と異文化を一定程度理解できている。	教養を学修しているが、グローバル社会と異文化を必ずしも理解できていない。

---

[7]　「学力の3要素」とは、文部科学省中央教育審議会（2014）で言及された「主体性・多様性・協働性」「思考力・判断力・表現力」「知識・技能」を指す。

表6は、学力の3要素ごとに学部のカリキュラム（科目群）を示したものである。「高度な外国語運用能力の習得」という目標を達成するために、某学部では必修科目の「日本語スキル系科目」（下線太字部分）を設定し、その中にライティング科目である「科目C」を配置している。また、留学生の外国語運用能力養成を目指した科目群として、「日本語スキル系科目」だけでなく、「日本語学系科目」（必修科目）、「学習者の母語以外の外国語教育科目」（選択科目Ⅲ）があることも示している。そして、「科目C」は、他の専門科目等で課される課題レポート作成の礎であることを認識する必要がある。

表6　学部カリキュラム（科目群）

学力の3要素	必修科目	選択科目Ⅰ	選択科目Ⅱ	選択科目Ⅲ
主体性・多様性・協働性	プロジェクト科目		インターンシップ科目	共通教養科目（プロジェクト）
思考力・判断力・表現力	演習系科目	日本語応用系科目	日本文化演習系科目 日本社会実習系科目	
知識・技能	日本語学系科目 異文化理解系科目 **日本語スキル系科目**（ライティング科目など）	日本文化系科目 日本社会系科目 日本語学系科目		共通教養科目 外国語教育科目（母語以外）他学部設置科目等

＊科目群が学力の3要素の2つ以上に関与する場合、主要な要素の科目群を示している。

このように人材育成目標やカリキュラム全体を見渡して、「科目C」の位置づけを認識することは、最終目標である人材育成とその科目との関わりを再確認することであり、アセスメントをする上で重要な意味をもつ。

5.4　科目ルーブリック

表7は、表6の「日本語スキル系科目」の一つである「科目C」の科目ルーブリックを示したものである。「科目C」は、ディプロマ・ポリシー・ルーブリックの中の「高度な外国語運用能力の習得」のために位置づけられた科目の一つで、以下の三つの到達目標を設定した。

1）キャンパスライフで使用する適切な実用文が書ける。

2) レポート作成のルールやスキルが理解できる。

3) 基本的なレポートが作成できる。

　これらの目標を達成するために、授業では次の内容を取り上げている。到達目標1) を達成するために、主に電子メールによる日本語の実用文のタスクを課す。到達目標2) を達成するために、教科書を用いて、レポートのルールやスキルを理解させる。到達目標3) を達成するために、課題レポートを作成させる。科目ルーブリックでは、これらの内容について到達目標ごとに、五つの評価尺度、評価基準、成績評価の比率を示した。

表7 「科目C」　科目ルーブリック

到達目標 （評価規準）	A（秀）	B（優）	C（良）	D（可）	F（不可）	成績 比率
1　キャンパスライフで使用する適切な実用文が書ける。	ほぼ完璧に実用文が作成できている。	上手に実用文が作成できている。	大きな間違いがなく、基本的に実用文が作成できている。	いくつかの間違いもあるが、最低限の実用文が作成できている。	実用文が作成できていない。	20%
2　レポート作成のルールやスキルが理解できる。	レポート作成のルールやスキルが非常によく身についている。	レポート作成のルールやスキルがよく身についている。	レポート作成のルールやスキルが一定程度身についている。	レポート作成のルールやスキルが最低限度身についている。	レポート作成のルールやスキルが身についていない。	50%
3　基本的なレポートが作成できる。	卓越したレポートが作成できている。	上手にレポートが作成できている。	大きな間違いがなく、基本的にレポートが作成できている。	いくつかの間違いもあるが、最低限のレポートが作成できている。	基本的なレポートが作成できていない。	30%

5.5　到達目標ルーブリック

　表7の科目ルーブリックは、三つの到達目標の具体的な評価観点が示されていない。そのため、三つの到達目標に関するルーブリックを提示した。

　次頁の表8は、到達目標2) を達成するためのルーブリックである。到達目標2)「レポート作成のルールやスキルが理解できる」を達成するために、五つの評価観点、2-1) 段落の概念、2-2) 要約と引用方法、2-3) 事柄・説明、2-4) 意見文の表現、2-5) 資料の扱い方を挙げた。これらは教科書に記載さ

れているルールやスキルから、より重要と考えるものを筆者が選んだものである。

　アセスメントとして、科目ルーブリックや到達目標ルーブリック（課題ルーブリックを含む）を利用する際には、学期終了時に、到達目標ごとの学習評価をもとに、ルーブリックを使って教科書の演習問題や課題の達成度を振り返る。ルーブリックは、評価観点ごとに評価尺度を示しているため、評価尺度全体の中の位置がわかり、一つ上のレベルに達するための指導を考えやすいという利点がある。

表8 「科目C」 到達目標ルーブリック

[到達目標] 2 レポート作成の ルールやスキルが 理解できる。	レポート作成 のルールやスキ ルが非常に よく身についている。	レポート作成 のルールやスキ ルがよく身に ついている。	レポート作成 のルールやスキ ルが一定程 度身についている。	レポート作成 のルールやスキ ルが最低限 度身についている。	レポート作成 のルールやスキ ルが身につい ていない。
到達目標2の評価観点	A（秀）	B（優）	C（良）	D（可）	F（不可）
2-1 段落の概念 段落内の構成、段落 と段落の構成、文章 構成が理解できる。	段落の概念に ついて、非常 によく理解で きている。	段落の概念に ついて、よく 理解できてい る。	段落の概念に ついて、一定 程度理解でき ている。	段落の概念に ついて、最低 限度理解でき ている。	段落の概念に ついて、理解 できていな い。
2-2 要約と引用方法 文章要約、適切な引 用、剽窃禁止につい て理解できる。	要約と引用方 法について、 非常によく理 解できている。	要約と引用方 法について、 よく理解でき ている。	要約と引用方 法について、 一定程度理解 できている。	要約と引用方 法について、 最低限度理解 できている。	要約と引用方 法について、 理解できてい ない。
2-3 事柄・説明 物事の仕組みや分類、 時間の経過、用語の 定義についての説明 文が理解できる。	事柄・説明の 表現につい て、非常によ く理解できて いる。	事柄・説明の 表現につい て、よく理解 できている。	事柄・説明の 表現につい て、一定程度 理解できてい る。	事柄・説明の 表現につい て、最低限度 理解できてい る。	事柄・説明の 表現につい て、理解でき ていない。
2-4 意見文の表現 比較対照や因果関係 についての意見文が 理解できる。	意見文の表現 について、非 常によく理解 できている。	意見文の表現 について、よ く理解できて いる。	意見文の表現 について、一 定程度理解で きている。	意見文の表現 について、最 低限度理解で きている。	意見文の表現 について、理 解できていな い。
2-5 資料の扱い方 資料収集方法を知 り、数値を使った表 現、データや図表の 説明に使われる表現 が理解できる。	資料の扱い方 が非常によく 身についてい る。	資料の扱い方 がよく身につ いている。	資料の扱い方 が一定程度身 についてい る。	資料の扱い方 が最低限度身 についてい る。	資料の扱い方 が身についてい ない。

科目の振り返りは学習評価として成績を評定する過程と重なる部分も大き
いが、アセスメントの観点からは、学習者の学力の状態を把握し、その結果
を次学期の授業に活かすことを目的にしている。言い換えると、学習評価の
場合、課題や授業の成績を評定することが目的になっているため、成績の評
定が終われば、そこで、教育活動が終わる。一方、アセスメントの場合は、
授業の到達目標がどの程度達成できたかに関心がある。もし目標を達成でき
なかった場合には、到達目標や課題のどのような点が学習者にとって困難で
あったかを把握し、次学期の授業に向けて改善していくことに評価の重点が
あり、教育活動のサイクルが循環している。

6. おわりに ―大学と社会をつなぐライティング教育―

本章では、ルーブリックを利用したライティングの学習評価とアセスメン
トについて述べてきた。本章の学習評価とは教員が成績を評定するような評
価を指す。学習評価の観点から、ルーブリックによる評価は、全体的評価法
と分析的評価法との比較によって、有用であることを示した。次に、本章の
アセスメントとは、教員が教育全体を振り返り、継続的に授業改善をしてい
く教育評価を指すことを述べた。そして、アセスメント活動を支援するツー
ルとしてルーブリックを提案した。「科目C」を例に、それに関する四つの
ルーブリックを提示し、それぞれのアセスメントについて説明した。また、
科目のアセスメントでは、学部の人材育成目標やカリキュラムも視野に入
れ、科目の到達目標を設定する必要性について述べた。

最後に、本章の内容と社会とのつながりについて述べる。昨今、大学は社
会に対して教育内容やその成果の説明が求められている。筆者は、ルーブ
リックを利用した学習評価やアセスメントを行っていれば、こうした説明は
より容易になり、教育の質を向上させることができると考えている。その理
由として、科目ルーブリックを作成することにより、カリキュラムの中での
科目の位置づけを確認し、それまでの授業をふまえ、到達目標や課題、その
評価観点・評価尺度を再検討できるためである。また、科目の評定は、ルー
ブリックを用いれば、学習者個人、そして、クラス全体についても、評価観
点・評価尺度ごとに提示可能である。これらの評定をふまえ、次学期の到達
目標や課題を微修正し、授業を改善するアセスメントを行う。こうした結

果、より良い書き手の育成がライティング科目の成果とみなされる。このように、ルーブリックを利用した教育活動は、社会に対する説明責任の要請に応えることをより容易にする。なお、アセスメントは学科や学部等の組織で取り組む方が成果が大きいと思われる。組織によるアセスメントの取り組みは、今後の課題である。

参考文献

石川祥一・西田正・斉田智里（編）(2011)『英語教育学大系第13巻　テスティングと評価——4技能の測定から大学入試まで——』大修館書店.

ウィギンズ, G.・マクタイ, J., 西岡加名恵（訳）(2012)『理解をもたらすカリキュラム設計——「逆向き設計」の理論と方法——』日本標準.

関西大学教育推進部教育開発支援センター (2016)『ルーブリックの使い方ガイド　教員用』

サスキー, リンダ, 齋藤聖子（訳）(2015)『学生の学びを測る——アセスメント・ガイドブック——』玉川大学出版部.

杉田由仁 (2013)『日本人英語学習者のためのタスクによるライティング評価法——構成概念に基づく言語処理的テスト法——』大学教育出版.

スティーブンス, ダネル・レビ, アントニア, 佐藤浩章（監訳）(2014)『大学教員のためのルーブリック評価入門』玉川大学出版部.

田中真理・長阪朱美 (2009)「ライティング評価の一致はなぜ難しいか——人間の介在するアセスメント——」『社会言語科学』12 (1): 108–121.

松下佳代・石井英真（編）(2016)『アクティブラーニングの評価——アクティブラーニングが未来を創る——』東信堂.

村上京子 (2007)「作文の評価とその関連要因」藤原雅憲・堀恵子・西村よしみ・才田いずみ・内山潤（編）『大学における日本語教育の構築と展開』133–147. ひつじ書房.

脇田里子 (2017)『思考ツールを利用した日本語ライティング——リーディングと連携し論理的思考を鍛える——』大阪大学出版会.

Weigle, S. C. (2002) *Assessing writing*. Cambridge: Cambridge University Press.

参考 URL

日本学生支援機構 (2017)「日本語「記述」問題について」1. 採点基準 <http://www.jasso.go.jp/ryugaku/study_j/eju/about/score/writing.html> (2018 年 8 月 30 日閲覧)

文部科学省中央教育審議会 (2014)「新しい時代にふさわしい高大接続の実現に向けた高等学校教育、大学教育、大学入学者選抜の一体的改革について（答申）」<http://www.mext.go.jp/b_menu/shingi/chukyo/chukyo0/toushin/1354191.htm> (2018 年 8 月 30 日閲覧)

第5章

コーパスを活用した
文章の言語学的分析

仁科喜久子／ボル・ホドシチェク／八木　豊／阿辺川武

アカデミック・ライティングを必要とする日本語学習者のために、コーパス分析における手続き上の注意点を示し、分析結果を用いた実例によって、ライティング教育への応用の可能性を検討する。

キーワード 作文コーパス，BCCWJ，学術論文，レジスター

1.　はじめに

　日本語学習者がアカデミックな文章を作成するためには、その分野にふさわしい表現を習得する必要がある。大学入学後、レポートや論文を日本語で書く必要が生じたときに、母語ではない言語で書くことは多大な負担となる。それまでに学習してきた日本語は会話中心であるのに対して、大学の教科書や論文で接する文章は、それとは異なる形式をもつ。そのような文章を書く段になると困惑するという学習者自らのコメントも見られる（八木・ホドシチェク・阿辺川・仁科 2013）。また、第3章においても村岡によるアンケート結果から、学習者はアカデミック・ライティングに対して難しいという意識をもっていることが明らかになっている。

　日本語を母語とする研究者でも論文に接することにより様々な表現を徐々に体得していくが、日本語が外国語である留学生の場合は、日本語母語話者と同じ方法では目的達成までに膨大な時間がかかる。すでに母語で論文スキーマの知識を習得している学習者でも未習得の学習者でも、母語とは異なる日本語特有の表現形態を習得する必要がある（→第3章参照）。そのため、本章はこの学習を可能にする表現項目リストを整理し、日本語特有の表現が選択しやすいシステムを提供することで、コーパスを利用したアカデミッ

ク・ライティング支援の可能性を示すことを目標とする。

　以下、2. ではコーパスを用いたアカデミック・ライティングに関する研究例を示す。3. では日本語のアカデミック・ライティング研究に利用可能なコーパスを紹介する。4. ではコーパスを利用した学習支援システムの例を示す。5. ではアカデミック・ライティング支援としての「接続表現」分析の一例として、コーパスから抽出した「接続表現」項目を意味機能の面から分析し、学習者作文、論文などの学術的な文章、一般の書き言葉との差異を観察する方法を提示する。6. では本章のまとめとして、学習者自身のレジスターに対する認識とそれを支える学習システムが、大学のみならず社会に出たあとにも必要な文書作成に資することについて述べる。

2.　コーパスを用いたアカデミック・ライティングに関する研究例

　1960 年代には米国ではすでに英語非母語話者の理系大学生のために English for Science and Technology（EST）あるいは English for Academic Purposes（EAP）の研究および実践が行われていた（Trimble 1985）。その後、English for Specific Purposes（ESP）の研究として Swales（1990）がコーパスを用いて計量的に英語の学術的な文書を分析し、その特徴を明らかにする方法を提示している。この流れを汲む Biber（1993）、Biber & Conrad（2009）は、統計学的な計量でジャンル特有の表現をレジスターの問題としてコーパスを用いて分析している。ここでレジスターおよびコーパスについて用語を説明しておく。

　Halliday & Hasan（1989）は、レジスターとは言語で表現された形態であり、かつ文章のコンテクストを前提にした場面での機能を示す要素であると定義している。ある事柄について論文向けの書き言葉、公的な議論の場での改まった話し言葉、友達同士の会話でのくだけた話し言葉はそれぞれのコンテクストで異なった表現となる。たとえば、論文の場合は「実験を試行したが、結果は得られなかった」、公的な議論の場では「実験は非常に困難を極め、成功には至らなかったのであります」、友達同士の会話では「実験はすごくむずかしくて、とうとう失敗しちゃった」などと異なる表現が考えられる。

　次にコーパスとは、コンピュータ上での言語分析が可能な電子化された大規模な文章データを指す。1960 年ごろから英米で英語コーパスの構築が始まり、この数年は日本においても日本語コーパスが急速に整備されてきた。

辞書編集では、1987年に *Collins COBUID Advanced Dictionary*（CCAD）と称する外国人のための英英辞典がBritish National Corpusを用いて英国で編纂され、語義の頻度順配列や、ある語がどの語とともに出現しやすいかという語と語の共起の記述を重視した用例解説などが行われている。その後、日本でもコーパスに依拠した学習英和辞典が編纂されるようになった。

　日本における最近の研究の中で、アカデミック・ライティングに関するものが多数ある学会誌『専門日本語教育研究』の第19号において、「語彙コーパス研究とこれからの専門日本語」という特集が注目に値する。このなかで、専門日本語にコーパス分析を導入した数件の研究を紹介している。たとえば中川（2017）は専門日本語におけるコーパス分析による語彙研究を学習支援につなげる試案を述べている。他の記事においてもコーパス分析が今後のアカデミック・ライティングに重要な役割を果たすことを示唆している。

　日本語学習者の作文については、レジスターの混同がしばしば見られる。そこでアカデミック・コーパスと学習者作文コーパスを比較することで、アカデミック・ライティングを目指す学習者のモデルとなる論文の表現との差異を実証的に明らかにし、その結果を教授法の指針として見出すことができると考えられる。

3.　日本語アカデミック・ライティング研究に利用可能なコーパスの紹介
3.1　分析の目的と必要条件

　日本語学習者のアカデミック・ライティングにおいて、しばしば問題になるのはレポートや論文の中にアカデミック・ライティングとしては不適切な表現が混在していることである。この不適切な表現をコーパスによって分析するためには、内容に依存しない機能表現に焦点を当てて、文章のスタイルの違いを見分けることが有効である。名詞、動詞などの場合は、テーマによって語彙の偏りがあるからである。学習者によるアカデミック・ライティングの特色を知るために、学習者作文を観察するだけではなく、典型的かつ規範的なモデルとしてのアカデミックな文章、および一般的な日本語の文章と比較することで、学習者の特色を明確に示すことができる。

　コーパスを扱う上で、注意すべき点について、Biber（1993: 219–220）は次の2項目を挙げている。

1) 適切なコーパスサイズ：統計的に妥当な結果を導き出すことができる標本数が必要である。計測するデータが小さすぎると誤差が生じる。
2) 適切なテキスト分野：目標の分野と異なるデータを選択するとバイヤス誤差となり、適正な推測ができない。

　大量のコーパスを扱う場合は、統計的な処理が必要になり、この2点については十分に注意を払う必要がある。以降、具体例を示しながらコーパスとして必要な条件について述べる。

3.2 「学習者作文コーパス」

　日本語教育研究においては、日本語を学ぶ学習者の発話・作文を収集した学習者コーパスが重要なデータである。学習者の発話や作文を電子化し、既に学習者コーパスとして利用されているものとして、「寺村誤用例集データベース」[1]、「KYコーパス」[2]などが知られている。国立国語研究所で開発された「多言語母語の日本語学習者横断コーパス」（以下、「I-JAS」と略す）[3]は20か国におよぶ日本語学習者の発話と作文を収集した大規模なコーパスとして公開されている。その他のコーパスとしては筑波大学、東京外国語大学、東京工業大学などで開発されているものがある。また、金澤（編）（2014）および台湾東呉大学の「LARP at SCU」[4]はCD-ROMで閲覧できる。

　これらのうち、発話コーパスである「KYコーパス」および「I-JAS」の発話コーパスの部分を除いた、作文コーパスだけを取り出すと、他の規範的

---

[1]　寺村秀夫（1990）『外国人学習者の日本語誤用例集』（大阪大学）を基に、国立国語研究所が2011年に「寺村誤用例集データベース」としてWeb上に公開している。原書をそのままPDF化したものとデータベース版が閲覧できる。

[2]　90人分のOral Proficiency Interview（OPI）つまり外国語の口頭運用能力を測定するためのインタビューテストを文字化した言語資料である。コーパス名は鎌田修氏と山内博之氏の頭文字による。

[3]　「学習者コーパスに基づく第二言語としての日本語の習得研究」において収集した資料を公開している。書き言葉コーパスとしての意見文も参照用として含まれているが、正式な公開はしていない。

[4]　Language Acquisition Research Project at Soochow Universityの略称である。2004年から2011年に行われた日本語習得研究プロジェクトによって作成された。（陳2011）

第 5 章　コーパスを活用した文章の言語学的分析　| 79

文章のコーパスに比較して極めて量が少ない。これは学習者から作文を収集
し、データ処理および著作権、個人情報保護などの処理を終えたあと、デー
タを共有するまでの仕組みが極めて困難であることも理由の一つである。

　また、上記に挙げたコーパスの作文執筆者は初級から上級まで範囲があ
り、内容は手紙、メールの文章、年中行事、日常的な生活に関するエッセイ
も含まれる。このような多様なコーパスの中から研究の目的に沿って取捨選
択が必要となる。そこで本章では、入手が容易と思われる A ～ D の 4 種の
コーパスを選定し、その中からアカデミックな文章に近いものに限定した。
以後、この 4 種のコーパスをまとめて「学習者作文コーパス」とする。

　A　「なたね」：理工系学部および大学院に在籍する留学生による課題レ
　　　ポートの作文コーパスである。文章に誤用タグを付与している。上
　　　級学習者の作文 249 件を対象とする。
　B　「JCK 作文コーパス」：中国・韓国の上級日本語学習者による 120 件
　　　（各 2,000 字）の作文のうち、説明文「自分の故郷について」・意見文
　　　「晩婚化の原因とその展望について」計 80 件の作文を対象とし、「自
　　　分の経歴を語る」40 件はエッセイ風のものであるために除いた [5]。
　C　「日本語学習者作文コーパス」：筑波大学大学生による日本語課題作
　　　文「外国語が上手くなる方法について」から上級者のみ 59 件を対
　　　象とする [6]。
　D　「日本・韓国・台湾の大学生による日本語意見文データベース」：韓
　　　国・台湾の上級学習者の課題作文「インターネット時代に新聞や雑
　　　誌は必要か」98 件を対象とする [7]。

　次頁の表 1 は上記 4 コーパスの文数、文字数を示している。

---

[5]　「JCK 作文コーパス」は科学研究費補助金基盤研究 B「テキストの結束性を重視した母語
別作文コーパスの作成と分析」（研究代表者：金井勇人）の成果として 2016 年に公開された。

[6]　「日本語学習者作文コーパス」は科学研究費補助金基盤研究「自然言語処理の技術を利
用したタグ付き学習者作文コーパスの開発」（研究代表者：李在鎬）の成果として、2013 年
に公開された。

[7]　「日本・韓国・台湾の大学生による日本語意見文データベース」は東京外国語大学伊集
院プロジェクトによって 2011 年に開発され、2014 年に公開されている。

表1 「学習者作文コーパス」

	コーパス名	制作組織名	文数	文字数
A	なたね	ひのきプロジェクト	4,732	182,000
B	JCK作文コーパス	一橋大学・埼玉大学ほか	4,312	160,000
C	日本語学習者作文コーパス	筑波大学	973	32,000
D	日本・韓国・台湾の大学生による日本語意見文データベース	東京外国語大学	1,955	80,000
	合計		11,972	454,000

3.3 「アカデミック・コーパス」

　特定の専門分野を対象とした日本語コーパスの開発は研究者が個々に行っている場合が多く、公開されているものは少ない。東京工業大学による「科学技術論文コーパス」、ひのきプロジェクトによる「人文社会学論文コーパス」、一橋大学による「社会科学専門文献コーパス」[8] などのアカデミック・コーパスが研究用として存在するが、非公開である。アカデミック・コーパスに限らず、特定の目的をもって分析に用いる場合は、自ら収集する必要も生じる。

　筆者らは、アカデミック・ライティングの分析をする目的で、「科学技術論文コーパス」(以下、「科技論文」と略す)、「人文社会学論文コーパス」(以下、「人社論文」と略す) を作成した。「科技論文」は学術論文と学会予稿集からなり、土木工学、電気工学、情報工学、化学、医学などの理系論文が含まれる (仁科・八木・ホドシチェク・阿辺川 2017)。「人社論文」は、社会学、教育学、文学研究、芸術研究など人文社会学の領域を広くカバーするコーパスである。表2はこの2コーパスからなる「アカデミック・コーパス」の文数、文字数を示している。「アカデミック・コーパス」の文字数は「学習者作文コーパス」の136倍である。

表2 「アカデミック・コーパス」

ジャンル	文数 (千)	文字数 (千)
科技論文	1,187	37,279
人社論文	369	24,573
合計	1,556	61,852

---

[8] 今村 (2014) が詳細な内訳を述べている。

3.4 「現代日本語書き言葉均衡コーパス」

アカデミック・ライティングの指標となるモデルを示すためには、標準的な言語モデルとの比較対照が有効である。現代日本語書き言葉の全体像を示すコーパスとして国立国語研究所による「現代日本語書き言葉均衡コーパス」(以下、「BCCWJ」と略す) がその候補となる。このコーパスは、書籍全般、雑誌全般、新聞、白書、ブログ、ネット掲示板、教科書、法律、韻文、国会会議録などのジャンルにまたがって無作為にサンプルを抽出した1億430万語のデータからなる。現在、日本語学、言語政策、国語教育、日本語教育の研究などのため多くの分野で利用されている [9]。

アカデミック・ライティングの比較対照データとする場合には、この中から、比較に適切なデータとして、砕けた話し言葉、韻文のような特殊な文体を含んでいない書き言葉に限定する必要がある。「Yahoo! 知恵袋」「Yahoo! ブログ」は書き言葉ではあるものの砕けた文章も含まれること、「国会会議録」は改まった口頭表現であること、「韻文」は通常の書き言葉とは異なることから、利用を避ける方が目的に適ったものとなる。そこで、これらを削除したものを「BCCWJ*」とする。表3は「BCCWJ*」の文数、文字数を示している。

表3 「BCCWJ*」のサブコーパス

ジャンル	文数 (千)	文字数 (千)
広報紙	256	7,000
新聞	51	1,606
書籍	3,155	110,184
検定教科書	63	1,744
法律	33	1,791
白書	139	8,185
雑誌	282	8,371
合計	3,979	138,881

---

[9] 「現代日本語書き言葉均衡コーパス」Web ページに全体の概要が紹介されている。

削除後に残る 7 つのサブコーパスの中で、「書籍」のサイズは他に比べて格段に大きく、内容は小説などの創作品が 80% 以上、他は学問的な解説書、エッセイなどからなる。小説中の登場人物の引用句内の話し言葉も「書き言葉」からは排除すべきであると考え、言語処理操作によって削除した。このように既存のコーパスを使用する場合は、目的に適合する文書を選ぶよう注意を払う必要がある。

4. コーパスを利用した学習支援システムの例

ここで、コーパスを用いた応用例として筆者らが開発してきた次の 2 例、1）日本語作文支援システム「なつめ」、2）学習者誤用検索システム「なたね」について概説する。

4.1　日本語作文支援システム「なつめ」

「なつめ」は日本語学習者が文章を作成する際の支援として構築されたシステムである[10]。様々なジャンルの規範的な文章のコーパスを利用し、名詞と共起する助詞および動詞にはどのようなものがあるか、ある動詞に対して適切な名詞と助詞はどのようなものかをジャンルごとに知ることができる。図 1 は「なつめ」利用の一例として画面の上方にある検索ボックスに「実験」という名詞を入力した結果である。入力した検索ボックスの下に、「実験」という名詞について、助詞「が」「を」「に」「で」「から」「より」「と」「へ」とともに現れやすい動詞が頻度順に連なっている。たとえば、助詞「を」と共起する動詞では「行う」が最も多いということがわかる。

次に、図 1 で入力した「実験」という名詞に対して提示された動詞の中から「実施する」を選び、クリックすると図 2 の画面が現れる。棒グラフは「科学技術論文」（3.3「科学技術論文コーパス」と同一のものである）、「BCCWJ」の中の「書籍」「Yahoo! 知恵袋」「国会会議録」「検定教科書」「白書」「Yahoo! ブログ」「雑誌」「新聞」「Wikipedia」の各ジャンルの頻度を示し、ジャンル別の使用頻度がグラフの棒の長短によってわかる。

---

[10]　「なつめ」は「ひのきプロジェクト」の Web ページに掲載されている（http://hinoki-project.org/natsume/）。

第 5 章　コーパスを活用した文章の言語学的分析　| 83

| Keywords: 実験 | | Noun (Noun Particle Verb) ⇕ | Search | Clear | | Sort: | Frequency |

Similar words　実験的　科学的　有効性　医学的　有用性　着陸　真相　学術的　分光法　繁殖

■ 実験 ▼

が	を	に	で	から	より	と	へ
行われる	行う	用いる	用いる	得られる	求める	いう	
行なわれる	する	成功する	得られる	わかる	得られる	一致する	
実施される	行なう	使用する	用いられる	求められる	先んじる	なる	
ある	実施する	参加する	使用する	する	受ける	する	
成功する	繰り返す	よる	確認される	示唆される	する	言う	
始まる	開始する	用いられる	使われる	なる	確認される	比較する	
できる	試みる	基づく	使用される	始まる	見つかる	称す	
進められる	続ける	続ける	確認する	得る	持つ	行う	
開始される	始める	使う	得る	用いる	考慮する	並行する	
終わる	おこなう	使われる	する	見出す	取り上げる	言える	
なされる	やる	伴う	確かめる	求める	得る	比べる	
繰り返される	進める	反対する	行う	証明される	指摘される	いえる	
おこなわれる	経る	供する	検証する	開始する	考えられる		
失敗する	重ねる	供される	なる	示す			

図 1　「なつめ」スクリーンショット（Keywords に「実験」を入力した結果）

「実験＊実施する」のジャンル別頻度

	を 実施する
科学技術論文	61.8
書籍	0.3
Yahoo!知恵袋	
国会会議録	
検定教科書	
白書	68.5
Yahoo!ブログ	5.4
雑誌	
新聞	16.5
Wikipedia	2.3

図 2　「実験を実施する」のジャンル別頻度のスクリーンショット

　このシステムを利用することで、学習者がアカデミックな文章を書くとき
に、論文ではどのような語彙が適切か、どの助詞と動詞がともに使えるかと
いう文法的な情報も得られる。
　これらのジャンルの文字数は、表2、表3で示したように異なっている。
使用の程度を比較する場合は、3.1で触れたBiberが述べているように、同
じ比率に置き換えた割合で示さなければならない。そのために、このシステ
ムでは100万分率（Parts-per Million, PPM）すなわち100万字当たりその語
がいくつあるかという表示をしている。これによって、ジャンル間の頻度の
高低が比較できる。

図 2 によると、「実験を実施する」については、「科学技術論文」61.8、「白書」68.5 と他のジャンルに比べて極めて高い。一方、「新聞」「Yahoo! ブログ」「Wikipedia」がやや低く、他は極めて低頻度ないし無に近いことがわかる。この表示から「実験を実施する」が「科学技術論文」に多く使われていることがわかり、アカデミック・ライティングに使用可能な表現であると判断できる。日本語作文支援システム「なつめ」を利用した内容の詳細はHodošček・阿辺川・Bekeš・仁科 (2011)、阿辺川 (2012) で述べている。

4.2 学習者誤用検索システム「なたね」

「なたね」は日本語学習者から収集した作文に対して日本語教師による添削が記述された学習者作文コーパスであり、学習者の誤用の種類をはじめとした様々な情報が検索できる。東京工業大学、中国・西安交通大学で収集した作文 249 編に、「インド・プネー市学習者コーパス」の 36 編を加えている[11]。学習者は学部在籍が主であり、中級から上級レベルまでの 192 人分、285 編の作文からなる。文字数は約 20 万字であり、作文中で誤用と判断された数は約 6,800 件である。

「誤用検索」画面に、学習者の母語、学習者がどのように記述しているかを入力すれば、該当する例が見られる。たとえば、「母語」が「中国語」で、「でも、」という語を「検索文字列」に入力し、「検索範囲」を「誤用箇所と訂正例の両方」と選び、さらに「誤用の対象」の「語」(接続詞)、「誤用の要因・背景」の「レジスタ」(話し言葉と書き言葉)、「誤用の内容」の「混同」を選択してチェックすると、表 4 のような画面が現れ、各項目には下記のことが記述されている。

「作文 ID」　　：収集された作文の通し番号
「誤用 ID」　　：教師が記入した誤用の通し番号
「誤用箇所」　　：どこに誤りがあるか
「対象」　　　　：構文に関する誤用、語に関する誤用、句読点の誤用など

---

[11] 作文データを公開するに当たっては、収集者である国立国語研究所プラシャント・バルデシ教授から掲載許可を得た。

「内容」　　　：誤形成、受身・可能・モダリティなどの文法、文中の
　　　　　　　　　語順、文内あるいは文間の接続など
「要因・背景」：誤用が発生した理由と習得要因
「母語」　　　：学習者の母語

表4　「でも、」入力による誤用検索の結果（一部改変）

作文ID	誤用ID	誤用箇所	対象	内容	要因・背景	母語
129_b	26669	裁判官と一緒に決めるという制度があったら、当然に国にとっていい法律であると思う。でも、→ しかし 裁判員を慎重に選ら^{（ママ）}ばなければならない。	語：接続詞	混同	レジスタ：話し言葉と書き言葉	中国語

　これらの項目の記述を学習者作文全体に様々な情報として付与して、データベースに格納しておくと、検索時に条件を入力することで、例文が得られ、必要に応じて統計情報を知ることができる。このように情報を付与したものを「タグ」と呼ぶ。たとえば、母語別に受身形の誤りに差があるか、形容詞の使い方に違いがあるかなどの情報を、タグを付けることによって取り出すことができる。「JCK作文コーパス」「日本語学習者作文コーパス」「日本・韓国・台湾の大学生による日本語意見文データベース」には、「誤用タグ」はないが、コーパスによって、母語、日本語レベル、学習期間、誤用情報などのタグが選択的に付与される場合がある。一般に学習者コーパスの構築には、学習者レベル、目的に合ったデータの内容、サイズ、学習者情報などの設計を事前にすることが重要である。第二言語習得研究、教科書作成、学習者辞書作成、教案作成において学習者コーパスの利用は、強力な支援データとなる。

5.　アカデミック・ライティング支援としての「接続表現」分析の例

　「なつめ」「なたね」のシステム紹介に次いで、アカデミック・ライティングとして適切な「接続表現」使用を支援するシステム構築のためのコーパス分析の例を紹介する。ここでいう「接続表現」とは、語と語、句と句、文と文、段落と段落の前後の関係をつなぐ機能語であり、本章では文頭から読点

「、」までのもの 552 項目に限定する[12]。ここでは、先述した「学習者作文コーパス」（表 1）、「アカデミック・コーパス」（表 2）、「BCCWJ*」（表 3）を使用することで、学習者がどのような「接続表現」を使用し、それはアカデミックな文章および日本語の一般的な文章とどのように異なっているかを観察する。この分析においても、4.1 で述べた「なつめ」と同じ手法で各コーパスにおける「接続表現」の使用頻度を調べる。これにより、学習者がアカデミックな文章を作成する際の注意すべき問題を探ることができる。

5.1　意味機能からみた接続表現の分析

　石黒（2008）では、「接続詞」の機能を「論理」「整理」「理解」「展開」と 4 分類し、それぞれの機能と用法について説明している。

　「論理」は「前後の文脈が条件関係で関係づけられる接続詞」、「整理」は「類似の内容が対等に並んでいる接続詞」、「理解」は「読み手にとって不足しているおそれのある情報を補塡する接続詞」、「展開」は「話の本筋を切り替えたり、まとめたりする接続詞」であるとしている。

　表 5 はこの機能分類に、先に述べた 552 項目を対応させたものである。「系」に代表的な項目を示し、「その他の項目例」では石黒が例示しているものに 552 項目から該当する表現を加えている。

　図 3 から図 6（pp. 88–89）のグラフは表 5 で示した「論理」「整理」「理解」「展開」という 4 分類ごとに、「学習者作文コーパス」（以下、5.1 ではデータ分析において「学習者」と略す）「科技論文」「人社論文」「BCCWJ*」別に高頻度で特徴的な接続表現を 6 項目ずつ示したものである。横軸は接続表現、縦軸は各項目の頻度を示し、単位は 10 万分率で表している[13]。つまり、それぞれのコーパスにおける各接続表現の 10 万字当たりの頻度を示している。

---

[12]　正確には文頭から 5 短単位の文字列のあとに「、」のあるもの。「短単位」は単語を更に小さく分けた単位。

13　図 3 から図 6 では、縦軸に 10 万字当たりの頻度を 1 〜 10,000 の対数目盛で示している。通常の等間隔の目盛では、頻度の差が大きいと低頻度の値が非常に小さくなり、見えにくいからである。

第5章　コーパスを活用した文章の言語学的分析　| 87

表5　意味機能別接続表現分布

機能分類		系	その他の項目例
論理	順接	「だから」	そこで、したがって
		「それなら」	すると、そうすると
	逆接	「しかし」	でも、だが、しかしながら
		「ところが」	それなのに、それにも関わらず
整理	並列	「そして」	また、さらに、それから
		「それに」	しかも、その上、ひいては
	対比	「一方」	それに対して、反対に、逆に
		「または」	もしくは、ないし、あるいは
	列挙	「第一に」	一つめに、第一は
		「最初に」	はじめに、最後に
		「まず」	次に、続いて、さらに、ついで
理解	例示	「特に」	とりわけ、なかでも
		「例えば」	例として、実際、具体的には
	補足	「なぜなら」	その理由は、なぜかといえば
		「ただし」	なお、ただ、詳しくは
	換言	「むしろ」	かえって、というより
		「つまり」	すなわち、換言すれば
展開	転換	「では」	それでは、そうしたら
		「さて」	それはさておき
	結論	「このように」	結局、以上、その結果
		「とにかく」	要するに、何しろ、やはり

　図3「論理」：「しかし」「でも」「だが」「だから」「したがって」「そこで」
について述べる。逆接表現「しかし」「でも」「だが」のうち、「でも」が
「科技論文」と「人社論文」を併せた「アカデミック・コーパス」では低い。
「だが」は「アカデミック・コーパス」の中でも「科技論文」だけが低い。
順接表現「だから」「したがって」「そこで」の中で「学習者」は「だから」
を多用しているが、「アカデミック・コーパス」では反対に少ない。「した
がって」はコーパス間の差異は小さい。
　図4「整理」：「一方では」「そして」「また」「それから」「それで」「まず」
について述べる。「一方では」を除いて他は「学習者」の頻度が極めて高い。
一方、「アカデミック・コーパス」では、「それから」「それで」が低頻度で
あることが特徴的である。

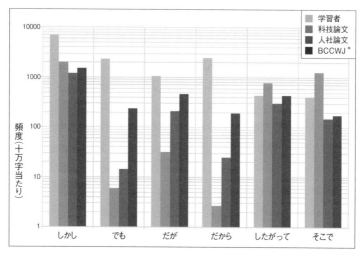

図3 コーパス別「論理」における接続表現頻度分布

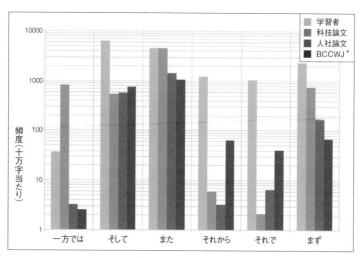

図4 コーパス別「整理」における接続表現頻度分布

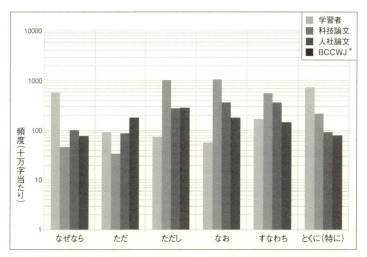

図5　コーパス別「理解」における接続表現頻度分布

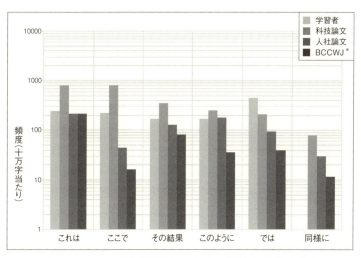

図6　コーパス別「展開」における接続表現頻度分布

図5「理解」:「なぜなら」「ただ」「ただし」「なお」「すなわち」「とくに（特に）」について述べる。「理解」の類は、「論理」「整理」に比較して、4コーパスとも低頻度である。その中で、「ただし」「なお」「すなわち」が

「アカデミック・コーパス」では多用されているのに対し、「学習者」では極めて低頻度であるのが注目される。

図6「展開」：「これは」「ここで」「その結果」「このように」「では」「同様に」について述べる。「展開」の類は、「理解」に比べて、全体の頻度がさらに低い。その中で「科技論文」では、「これは」「ここで」「その結果」「このように」「同様に」が4コーパス中で最も多く用いられている。一方、「学習者」では「では」の使用が4コーパス中最も多いが、「同様に」は極めて低い。

以上、上記のグラフから、「学習者」は初級から導入される表現を多用しており、多くは話し言葉であることがわかる。また、「アカデミック・コーパス」においては、「学習者」とは異なる分布で表現が用いられるが、「科技論文」と「人社論文」の分野によって傾向が異なることがわかる。

日本語学習者は意味機能の面からは、「論理」と「整理」に属する表現を多用する一方で、「理解」「展開」に属する表現を用いない傾向が見られる。4コーパスを比較すると、「理解」においては、「学習者」では「なお」「ただし」「ただ」の順で使用頻度が低い一方で、「なぜなら」「とくに（特に）」の使用が高い。「展開」では、「科技論文」において「これは」「ここで」「その結果」「同様に」などの使用が多く、文章の前方を受ける表現が多用している。「学習者」においては「では」が4コーパス中最も高く、話し言葉に依存していることがわかる。「理解」「展開」は、文章中の前後にあるコンテクストの流れの中で用いられるものであり、文章展開を意識した上での表現である。学習者がこのような表現を習得するには、教室の授業だけでは時間的な制限があるため困難と考えられる。

5.2　コーパスを利用した学習支援と新しい視点としてのレジスター分析

大学生の場合、レポートなどを書き始める時点では、専門分野の文章に触れる機会が少なく、学術文章特有の語彙を学ぶ機会も少ないため、日本語学習による限られた既習の表現を多用する傾向がある。この状況において類似した語の中から、アカデミックな文章として適切な表現を選ぶことは困難であると推測する。たとえば、ある事柄に対して、逆接的な状況を続けて述べようとするときに、「でも」「しかし」しか知らず、この2語のうちどちら

が適切かという区別がわからない場合に、恣意的にいずれかを選ぶ可能性がある。そこで「でも」は、話し言葉であり、論文などの文章には不適切だという知識がないと、選択を誤ることになる。図3から図6のようにレジスター別の使用傾向が視覚化されれば、「なつめ」で示されたように適切な語彙の選択が容易になると思われる。

6. コーパスを利用したアカデミック・ライティングのまとめ
6.1 コーパスとアカデミック・ライティング

以上、コーパスを利用したアカデミック・ライティング支援の研究のために、現在利用可能なコーパス、コーパスを利用する上で注意すべきことを述べたあと、実際の学習支援システムの紹介と接続表現分析の例を示した。コーパスを利用した言語研究は近年活発になっているが、第二言語習得研究では学習者コーパスが必須であることを強調しておく。

本章で例に取り上げた「なつめ」では、利用の目的に適合する既存の規範的な文章のコーパスを利用するとともに、自らで研究目的に合ったコーパスを構築した例を示した。また、「なたね」では、学習者作文コーパスについて独自のタグ付きコーパスを構築したことを述べた。既存のコーパスを利用する場合は研究目的に適合する条件を備えたコーパスを選ぶことが重要である。しかしながら、現実には公開された利用可能な学習者作文コーパスが少ないため、将来拡張されることが望まれる。

6.2 アカデミック・ライティング支援の方法

アカデミック・ライティングを支援する方法として、1) 教師による学習者支援、2) 教師の指導を支援するコンピュータ利用、3) 学習者を直接支援するコンピュータ利用という3種の支援があることを下記に述べる。

1) 教師による学習者支援

現在、国内外の大学を中心にアカデミック・ライティングの指導が少なからず行われている。国内では留学生が、それぞれ専門分野に所属し、学位論文を最終目的として、レポートをはじめとするアカデミックな文書を書くことになる。その場合、日本語教師が各専門分野に所属する学習者のために分野特有のスタイルと表現を広い範囲で周知するのは不可能であるが、アカデ

ミック・ライティングの基本的なスキーマを教示し、用語・用法についての注意を喚起するという分担指導は可能である。たとえば、文章のジャンルにより、語彙・形式の使用範囲が異なることを明示し、その場にふさわしい表現をすべきであることなどが教示できる。

2) 教師の指導を支援するコンピュータ利用

4.1 で紹介した「なつめ」は、日本語教師に使い分けの識別が困難なジャンル別の語彙・形式の支援を担うことができる。日本語学習者の文章作成を指導する場合、教師がコンピュータ上でレジスターに応じた表現の妥当性を確認し、授業の準備や教案作成などで指導に活かすことができる。

3) 学習者を直接支援するコンピュータ利用

次の段階では、学習者自身がコンピュータ支援を利用する。表現したい内容があるとき、既習の語彙を入力すると、その表現が目的の分野の表現として適切か否かを判定し、不適切な場合は分野にふさわしい複数の候補を提示するというシステムである。たとえば、学習者がレポートを書くに当たり、「今後は新聞を読む人が少なくなる。でも、紙の資料を読むことが好きな人がいる限り、新聞はなくならない。」と入力した場合、システムは「でも」という接続表現をマークして、「アカデミックな表現として不適切です。次のような表現が代替候補として考えられます。」という表示とともに、アカデミックな文章中の例文を示す。このシステムは 4.2 で紹介した学習者誤用検索システム「なたね」をもとに、学習者作文支援システム「ナツメグ」として開発中である。学習者が誤りやすい表現のデータベースを作成して、学習者の入力した文章から、誤り表現を発見し、次に学習者に注意を促すという流れである。

この方法は副詞や文末モダリティなど他の機能表現、あるいは形容詞[14]にまで拡張することが可能である[15]。以上、ここではコーパスを利用することで、アカデミック・ライティングの教育に資するシラバス補強、ジャンル別

---

[14] たとえば、「高い」「低い」「大きい」「小さい」「熱い」「冷たい」などは相対的であるが、客観的に認められることから実現の可能性がある。一方、「おいしい」「まずい」「嬉しい」「悲しい」などは、この範疇にはない。

[15] 例文表示の際には、学習者に理解可能な文構造、語彙の選別をしなければならないという課題が残されている。

の使い分けを支援するシステムの可能性を述べた。

7. おわりに ―大学と社会をつなぐライティング教育―

　本章では「なつめ」の利用による教師支援、学習者誤用検索システム「なたね」の紹介、さらにこれを基にした自律的作文支援システムの開発について述べた。今後はこれを緒として、日本語学習者のみならず、社会において様々な文書作成が要求される日本語非母語話者および母語話者に対するシステムによる支援の可能性が考えられる。大学を卒業したあと、企業などの組織に入る多くの新人たちは、様々な報告書、企画書、通信文書を作成する必要に迫られている。

　大学において本章で示した支援システムの利用を通して、学習者はレジスターによる用語の使い分けを意識するようになる。レジスターを意識することで、社会でのコミュニケーション活動としての手紙文、報告書、対話による交渉などの場面における適切な表現の習得が期待できる。この支援システムを展開するためには、継続的にコーパスの構築および分析をする必要がある。このような大学などにおける継続的かつ基礎的な研究開発活動が社会への貢献につながるものと考える。

付記

　本研究の一部は、JSPS 科学研究費（課題番号 15K01114）の助成を受けて行った。

参考文献

阿辺川武（2012）「日本語作文支援システム「なつめ」」仁科喜久子（監），鎌田美千子・曹紅荃・歌代崇史・村岡貴子（編）『日本語学習支援の構築――言語教育・コーパス・システム開発――』229–274. 凡人社.

石黒圭（2008）『文章は接続詞で決まる』光文社.

今村和宏（2014）「社会科学系基礎文献における分野別語彙、共通語彙、学術共通語の特定――定量的基準と教育現場の視点の統合――」『専門日本語教育研究』16: 29–36.

金澤裕之（編）（2014）『日本語教育のためのタスク別書き言葉コーパス』ひつじ書房.

陳淑娟（2011）「作文に対する否定的フィードバック研究――LARP at SCU データに基づいて――」『東呉日語教育学報』36: 31–52.

中川健司（2017）「専門日本語の語彙研究を学習支援につなげていくためには何が必要か――介護用語学習ウェブサイト開発の事例を基に――」『専門日本語教育研究』19: 11–18.

仁科喜久子・八木豊・ホドシチェク，ボル・阿辺川武（2017）「作文学習支援システムのための接続表現辞典構築」『計量国語学』31（2）: 160–176.

Hodošček, Bor・阿辺川武・Bekeš, Andrej・仁科喜久子（2011）「レポート作成のための共起表現産出支援——作文支援ツール「なつめ」の使用効果——」『専門日本語教育研究』13: 33–40.

八木豊・ホドシチェク，ボル・阿辺川武・仁科喜久子（2013）「学習者が犯す誤用の要因・背景からみる日本語作文支援」第3回コーパス日本語学ワークショップ予稿集，307–312. 国立国語研究所.

Biber, D.（1993）Using register-diversified corpora for general language studies. *Computational Linguistics*, 19: 219–241.（Reprinted in *Using large corpora*, ed. by S. Armstrong（1994）: 179–201. Cambridge, MASS: MIT Press.）

Biber, D. & Conrad, S.（2009）*Register, genre, and style*. Cambridge Textbooks in Linguistics.

Halliday, M. A. K. & Hasan, R.（1989）*Language, context, and text: Aspects of language in a social-semiotic perspective.* Oxford: Oxford University Press.

Swales, J.（1990）*Genre analysis: English in academic and research settings.* Cambridge Applied Linguistics.

Trimble, L.（1985）*English for science and technology: A discourse approach.* Cambridge: Cambridge University Press.

参考 URL

「日本語学習者作文コーパス『なたね』」<http://hinoki-project.org/natane/>（2017 年 2 月 23 日閲覧）

「現代日本語書き言葉均衡コーパス」<http://pj.ninjal.ac.jp/corpus_center/bccwj/>（2018 年 2 月 23 日閲覧）

「多言語母語の日本語学習者横断コーパス」<https://chunagon.ninjal.ac.jp/static/ijas/about.html>（2018 年 4 月 12 日閲覧）

「寺村誤用例集データベース」<https://db4.ninjal.ac.jp/teramuradb/>（寺村秀夫（1990）『外国人学習者の日本語誤用例集』（大阪大学）PDF 版・データベース版）（2018 年 4 月 12 日閲覧）

「日本語学習者作文コーパス」<http://sakubun.jpn.org/>（2018 年 4 月 12 日閲覧）

「日本・韓国・台湾の大学生による日本語意見文データベース」<http://www.tufs.ac.jp/ts/personal/ijuin/koukai_data1.html>（2018 年 4 月 12 日閲覧）

「JCK 作文コーパス」<http://nihongosakubun.sakura.ne.jp/corpus/>（2018 年 4 月 12 日閲覧）

第2部

さまざまなライティング教育
実践・人材育成・啓発へ

第6章

初年次教育におけるライティング教育
組織的な取り組みと実践の一例

中島祥子

大学入学後の初年次教育で行われるライティング教育の現状を概観し、その教育的課題について述べる。また、具体的な事例として、鹿児島大学の初年次教育の実践を取り上げ、ライティング教育の可能性と課題を考察する。

キーワード 初年次教育，アクティブ・ラーニング，主体的な学び

---

1. はじめに

昨今の大学教育では、学士課程入学後の初年次生に対する「初年次教育」が重要視されるようになってきている。山田（2012）によると、日本の大学における初年次教育は、米国の初年次教育をモデルに導入されたもので、2000年前後から始まり、2000年代に入り急速に全国の大学に拡がっていったという。文部科学省（2017: 15）によると、2015年度に学部段階で初年次教育を実施している大学は721大学（約97%）にのぼっており、学部段階の初年次教育はほぼ定着しつつあると言っていいだろう[1]。

「初年次教育」とは、2008年の中央教育審議会による「学士課程教育の構築に向けて（答申）」によれば、以下のように説明されている。

初年次教育は、「高等学校や他大学からの円滑な移行を図り、学習及び人格的な成長に向け、大学での学問的・社会的な諸経験を成功させるべく、主に新入生を対象に総合的につくられた教育プログラム」あるいは

---

[1] 調査対象は国公私立776大学で、そのうち769大学が回答しているが、学部段階の国公私立大学は746大学であった。

「初年次学生が大学生になることを支援するプログラム」として説明される。 (中央教育審議会 2008: 35)

　一方、高等学校までに習得しておくべき基礎学力を補うことを目的とする教育に「補習教育」と呼ばれるものがあるが、「初年次教育」は「補習教育」とは異なり、「新入生に最初に提供されることが強く意識されたもの」である (文部科学省 2017: ii)。

　初年次教育を考える上で重要な点は、初年次教育が一つ一つの授業の単体を指すのではなく、「学士課程教育」の中で大学のディプロマ・ポリシー[2]にそった「総合的教育プログラム」(文部科学省 2017: ii) としてデザインされなければならない点である。つまり、大学全体として初年次生にどのような学修[3]目標のもとで、何をどのように教え、どのようにして評価を行うのか、体系的なカリキュラム・デザインが求められている。

　このような初年次教育の中では、多くの大学でレポート作成・口頭発表等のアカデミック・スキルが取り上げられている。大学生活では様々な場面で「書く」ことが要求されるが、これまで大学全体の組織的な授業として体系的なライティング教育が行われてきたわけではなかった。しかし、1990年代以降の大学のユニバーサル化にともない、多様な学生が入学するようになり、学生の学力に幅が生じたことや、IT機器の普及・高度情報化社会の進展によるコミュニケーションの変化等により、体系的なライティング教育の必要性が高まってきた。

　そこで、本章では、次の 2. で初年次教育プログラムにおけるアカデミック・スキルの養成を取り上げ、ライティング教育がどのように行われている

---

[2]　ディプロマ・ポリシーとは、「卒業認定・学位授与の方針」のことを指し、「各大学、学部・学科等の教育理念に基づき、どのような力を身に付けた者に卒業を認定し、学位を授与するのかを定める基本的な方針であり、学生の学修成果の目標ともなるもの」である (中央教育審議会大学分科会大学教育部会 2016: 3)。

[3]　中央教育審議会 (2012a) では、「学生には事前準備・授業受講・事後展開を通して主体的な学修に要する総学修時間の確保が不可欠である」(p. 8) ことが強調されていることから、本章では「学修目標」「学修時間」のように「学修」を主に用いているが、参考文献や 3. の実践報告で使用している教材などからの引用では、「学習」も用いる。また、「学習活動」「学習支援」といった用語については「学習」を用いることとする。

のかを概観し、問題点や課題を指摘する。さらに、3. においては、鹿児島大学で初年次教育科目として実施されているライティング教育について実践例を紹介し、その可能性や課題について考察を行う。最後に、4. でまとめを行う。

2.　初年次教育におけるアカデミック・スキルの養成
2.1　初年次教育プログラムの具体的内容と取り組み状況

　初年次教育におけるライティング教育の展開等を説明する前に、初年次教育プログラムの具体的内容と全国的な取り組み状況について紹介する。

　表1は、初年次教育プログラムを実施している国公私立大学において、その具体的な内容を2009年度および2015年度の実施状況から比較したものである（文部科学省 2016, 2017）。これを見ると、2015年度には「レポート・論文の書き方などの文章作法」は、9割近くの大学で初年次教育プログラムの中に組み込まれている。また、「プレゼンテーションやディスカッション等の口頭発表」も8割以上の大学で取り上げられていることから、この二つのアカデミック・スキルが初年次教育の重要な柱であることがわかる。

表1　初年次教育プログラムを実施している大学における具体的内容の比較[4]
（2009年度と2015年度の場合）

具体的内容	2009（%）	2015（%）	増減
レポート・論文の書き方などの文章作法	72.9	88.6	+15.7
プレゼンテーションやディスカッション等の口頭発表	66.8	82.3	+15.5
将来の職業生活や進路選択に対する動機付け・方向付け	51.8	77.6	+25.8
学問や大学教育全般に対する動機付け	64.3	76.5	+12.2
大学内の教育資源（図書館を含む）の活用方法	28.3	75.9	+47.6
論理的思考や問題発見・解決能力の向上	43.0	65.4	+22.4
ノートの取り方	46.6	63.7	+17.1
学生生活における時間管理や学習習慣を身に付ける	34.5	56.8	+22.3
社会の構成員としての自覚・責任感・倫理観育成	31.7	48.7	+17.0
自大学の歴史等を題材とした自大学への帰属意識の向上	25.2	42.0	+16.8
メンタルヘルス等、精神的・肉体的健康の保持	23.1	38.1	+15.0

---

[4]　文部科学省（2016: 14）および文部科学省（2017: 15）を元に筆者が作成した。

また、学士課程教育で身に付けるべき能力、つまり「学士力」[5]の一つとして必要な「論理的思考や問題発見・解決能力の向上」を初年次教育で取り上げる大学も2009年度は半数に満たなかったが、2015年度は65.4%に増加している。さらに、「大学内の教育資源（図書館を含む）の活用方法」も2009年度は3割に満たなかったが、2015年度では取り上げる大学が拡大し、75.9%にのぼっている。これらの具体的な内容はライティング教育と密接に関連している。「論理的思考」や「問題発見・解決能力」は、論理的な文章作成や、レポート・論文作成における課題発見・テーマ設定において必須の項目である。また、レポート・論文作成のみならず大学における研究・学習活動には図書館の活用が不可欠である。

初年次教育プログラムに含まれるものには、以上のような大学での学びのために必要なアカデミック・スキルやそれに関連した内容にとどまらない。2015年度には、「将来の職業生活や進路選択に対する動機付け・方向付け」や「学問や大学教育全般に対する動機付け」を取り上げる大学が7割以上（表1）ある。また、「学生生活における時間管理や学習習慣を身に付ける」という項目も、取り上げる大学の比率が高まっている点が注目される。

2.2　初年次教育におけるライティング教育の展開とその類型

初年次教育が導入され始めた2000年前後以降、大学においてどのようにライティング教育が展開され、行われているかについて、その類型等を紹介する。

井下（2008, 2013）は、1980年代以降の大学におけるライティング教育を大きく5段階に分けている。初年次教育導入以前の状況としては、1980年代における「読み書き教育に対する問題意識の芽生え」（井下 2008: 13）としての「黎明期」と、それに続く1990年代における「日本語表現科目の創設」にともなう「草創期」がある。そして、初年次教育の導入と普及が始まった2000年代は、文章表現科目やライティング教育が確立されていった「普及期」、多様な取り組みが模索された「転換期」に位置づけられるという。さらに2010年代以降は「発展期」に位置づけられるという。

---

[5]　中央教育審議会（2008）において、学士課程教育で養成する能力として位置づけられた。

一方、伊藤 (2014: 123) は、体系的カリキュラムの構築や高大接続の観点から大学におけるライティング教育の展開と過程を3段階に分けて分析し、ライティング教育の「目的」「運営組織」「担当者」等に言及している。「運営組織」や「担当者」に着目すると、1980年代までの「萌芽期」における「運営組織」は、「意欲ある個人」が、日本語のライティング教育の必要性と「危機感」から出発した「自主的な取り組み」であった。続く1990年代前半では「問題意識を持った教員」の取り組みが拡大し、危機を抱いた「意欲ある教員団」がそれぞれの「専門分野」にかかわらず行う取り組みとして変化していった。さらに、1990年代後半からは、「運営体制の整備」がさらに進み、ライティング教育に対して「言語教育や教育心理学等」を専門とする教員が主導的な役割を担う事例が増加したという。テキストの作成も進み、「言語教育等の専門家」ではない他の教員も「共通の学修内容を教授できる環境」が整っていった。

大学全体が組織的に初年次教育プログラムを導入していく中で、ライティング教育の目的・学修目標の設定はもとより、運営組織の在り方や、だれがカリキュラム・デザインを行い、だれがどのように授業を行うのかも大きな課題となっている。

次に、大学の学部段階では、実際にどのようなライティング教育が行われているのか、井下 (2008, 2013) による類型を紹介する。

井下 (2008, 2013) は、大学における文章表現に関連する取り組みには、「学習技術」、「ディシプリン」(専門分野)、「教養」の三つの「基本要素」があることを指摘し、大学におけるライティング教育を五つの類型に分けている。次頁の表2は井下による大学のライティング教育の5類型である[6]。井下 (2013: 14) によれば、初年次教育で普及したのは「学習技術型」や「表現教養型」であるという。「学習技術型」が基本的な学習技術の習得を目指し、レポートの標準的な書き方やノートの取り方等を取り上げている一方で、「表現教養型」は、学習技術よりも「学習者としての自律的な感性の育成」が重視され、「自分の思いや考え」を表現し、伝えるための「教養教育」に力点がおかれている (井下 2008)。

---

[6]　井下 (2013) の注によると、井下 (2008) に「研究論文型」が加筆されたものである。

表2　大学のライティング教育の5類型

表現教養型	ディシプリンの要素を含まない文章表現指導 エントリーシートなどの就活の文書指導も含む
学習技術型	初歩的なアカデミック・ライティング 汎用性の高いレポートの書き方、スキル学習
専門基礎型	専攻分野に特化したレポートの基本的書き方 臨床実習記録、実習演習レポート
専門教養型	専攻分野に限らず、多様なディシプリンでの 幅広い学びを重視したレポート
研究論文型	研究レポート、卒業論文

(井下 2013: 15, 表2)

　一方、大場・大島（2016）は、2006～2015年に発刊された学術雑誌（3誌）に掲載された、大学におけるライティング教育の実践報告等を分析しており、学生に課題として課される文章のジャンルには、「作文」「意見文」「小論文」「レポート」「論文」等、様々なものがあり、名称が同じであっても、その中に含まれる学習要素は非常に幅が広いことを指摘している。

　本章3. で取り上げる鹿児島大学の初年次教育プログラムにおけるライティング教育は、井下（2013）の分類によれば「学習技術型」に分類されるが、専門教育への橋渡しも意識している。これについては3. で詳細に取り上げる。

2.3　初年次教育の課題と初年次教育におけるライティング教育の課題

2.3.1　初年次教育の課題

　初年次教育は多くの大学が導入し、定着しつつある。その一方で、山田（2013）は、「新たなニーズに対するプログラムの開発や類型化」（山田 2013: 26）に取りかかる必要性があると述べた上で、初年次教育の課題を以下のように挙げている。すなわち、高等学校から大学への教育の接続を意識した「高大接続」や「初年次課程と学士課程の接続」の必要性、「効果の測定や評価方法」の研究の蓄積、「初年次教育の成果の指標となるべき基準」の策定等である。さらに、授業内容や授業へのアクティブ・ラーニング[7]の取り入

7　「伝統的な教員による一方向的な講義形式の教育とは異なり、学習者の能動的な学習への参加を取り入れた教授・学習法の総称」で、「発見学習、問題解決学習、体験学習、調査

第6章　初年次教育におけるライティング教育　│　103

れ方、教員の意識・力量の差、学内の認識不足、ファカルティ・ディベロップメント（FD）[8] 活動との連携にも課題が多い。

2.3.2　初年次教育におけるライティング教育の課題

　初年次教育におけるライティング教育の課題については、前述した山田（2013）の初年次教育に対する課題の多くがそのまま当てはまる。その中で、ここでは以下の3点を挙げる。

　第一に、渡辺・島田（2017）や伊藤（2014）他も指摘しているように、高大接続と学士課程教育4年間を見据えた継続的な指導が求められている。学生が大学入学前にどのようなライティング教育を受け、何ができて、何が足りないのかの実態を把握し、在学段階を見据えながら初年次生に対するライティング教育をデザインすることが重要である。堀・坂尻・齊藤（2018）は、全学的にライティング教育の計画立案を行うために、初年次生の日本語ライティング・スキルをアンケート調査（全数調査）によって明らかにしている[9]。初年次教育前の日本語ライティング・スキルを把握することによりライティング教育のデザインがより明確に行われるだろう。

　第二に、学士課程教育における「継続的な指導」については、「質保証」を実現するためにも、大学卒業時までにどのような力を養成するのかという明確な目標設定が不可欠である。また、組織全体として、どの段階で、どのような内容を、だれが担うのか、初年次教育と専門教育の連携が行われる必要がある。初年次教育・専門教育の双方で行われているライティングの指導実態を把握し、共通の認識を持つことから始めなければならないだろう。

　第三として、ライティング教育については、初年次生に限らず、学士課程を通した授業外支援の充実が挙げられる。特に、初年次教育で行われるライティング教育は、井下（2008）も述べているように、短期集中型で行われる

学習」等の他に、教室内での「グループ・ディスカッション、ディベート、グループ・ワーク」等も含まれる（中央教育審議会 2012b）。

[8]　「教員が授業内容・方法を改善し向上させるための組織的な取組の総称」で、「教員相互の授業参観、授業方法についての研究会、新任教員のための研修会」等がある（中央教育審議会 2005）。

[9]　大阪大学の2016年度学部新入生に対する全数調査で、回収数は2,985件（新入生の約87%）であった。

ことが多く、大学により授業回数も様々で、15 回（1 学期）使われる場合も
あれば、数回という場合もある。西垣（2011: 7）によれば、学生のアカデ
ミック・ライティング能力は階段状には上昇せず、大学における多様な学び
の中で、何をどのように書けばよいのかという認識は複雑に揺れ動くとい
う。「書く力」の養成は効率的にはいかない部分があることや、「書く」こと
に対して苦手意識や抵抗感を持っている学生も多いことから、学士課程全体
に渡る継続的な指導・支援を実現すべきである。

　授業外支援の具体例としては、図書館との連携やライティング・セン
ター[10] の設置、チュータリング、ラーニング・コモンズ[11] 等がある。例えば、
佐渡島・太田（編）（2013）では、大学内のライティング・センターにおいて
行われているチューターによるチュータリング実践が紹介されている。ここ
では、学生が作成した文章に対して直接添削を行うのではなく、「書き手の
意図」と「対話」を重視し、書き手を育てるための支援がなされているとい
う。ライティング・センターの設置やチュータリングのような授業外支援
は、まだ一部の大学でしか行われていないが、このような支援が継続的に行
われることが望ましい[12]。

　以上、大学の初年次教育におけるライティング教育の課題を示した。次の
3. では、鹿児島大学における具体的な取り組みを一つの事例として紹介し、
特に学習活動の可能性と課題を考察することとする。

3.　ライティング教育の事例の紹介と考察 ―鹿児島大学の取り組みから―
3.1　初年次教育科目導入前のライティング教育
　鹿児島大学では 2016 年度から初年次生の必修科目として初年次教育科目

---

[10]　「レポート・論文等の作成力を養うために設置されたセンター」のことで、チューター
（教員や大学院生）が、レポート・論文等の添削や書き方の指導を行う。学習支援の一環と
して図書館内に設置している大学もある（文部科学省 2010）。

[11]　複数の学生が集まり、電子情報も印刷物も含めた様々な情報資源から得られる情報を
用いて議論を進めていく学習スタイルを可能にする「場」を提供するもので、コンピュータ
や印刷物の利用、学生の自学自習に対する図書館職員の支援等がある（文部科学省 2010）。

[12]　初年次教育による全学的なライティング教育が実施されていない大学においても、堀・
坂尻（2016）のようなアカデミック・ライティングの入門ハンドブックや教員用指導マニュ
アルの提供は学生・教員双方にとって非常に有益である。

が創設され、ライティング教育が行われているが、筆者がかかわった上記の科目の準備段階の状況をまず簡単に紹介する。

鹿児島大学が学部学生に対する共通教育科目の選択科目としてライティング教育科目を導入したのは2009年度からである[13]。それ以前より、学部学生に対するライティング教育の必要性は認識されていたが、全学的に統一されたカリキュラムとしての導入には至っていなかった。初年次生に対する専門の「導入教育」は各学部あるいは学科単位において対応がなされており、アカデミック・ライティングも一部分取り上げられている場合もあるが、その詳細についての把握は難しい。

2009〜2015年度に行われた鹿児島大学におけるライティング教育科目は、担当者数、クラス数、テキストの統一等が年度ごとに異なっているが、以下の点で共通している（2009年度の報告については中島・要・出水・濱中・吉里（2010）参照）。

授業の目的は、主に「レポートと話し合いのための日本語表現を学ぶ」ことで、最終的な目標は、レポート・論文作成のためのスキルを習得し、「現代社会における問題」の中からテーマを選び[14]、「4,000字程度の論証型レポートを作成」することである。また、その他の特徴として、①グループによる「話し合い活動」、②授業は週1回90分で15回、③1クラス20名以内、④パソコンルームの使用、⑤Web上の学習支援システム[15]の利用等がある。

以上のように、鹿児島大学における「初年次教育科目導入前のライティング教育」は、全学的な必修科目としての導入には至らなかったが、共通教育科目として開講され、シラバスの統一やオリジナルテキスト・教材の作成等が行われたことにより、初年次教育科目導入の前段階としての役割は果たしたのではないかと考えられる。

---

[13]　文部科学省による「平成20年度戦略的大学連携支援事業」に採択されたことがきっかけである。

[14]　最終レポートのテーマは、「現代社会における問題」の中から受講生が自由にテーマを設定するクラスもあれば、あらかじめ教員が「少子化」のような社会問題をテーマとして与え、そのテーマのもとで受講生に具体的なレポートの題名を考えさせるクラスもあった。

[15]　Moodleを利用した。MoodleはWeb上で利用できるオープンソースの学習支援システムである。鹿児島大学では、文部科学省「平成20年度戦略的大学連携支援事業」により全学的に導入された。

3.2 初年次教育科目導入後のライティング教育

3.2.1 初年次教育科目の導入

鹿児島大学では、2016 年度よりカリキュラム改革が行われ、共通教育として初年次教育プログラムが実施されている。このプログラムでは、「初年次教育科目」として、「初年次セミナーⅠ」（以下、「セミナーⅠ」と略す）および「初年次セミナーⅡ」（以下、「セミナーⅡ」と略す）を含む 5 科目（各 2 単位）を導入している[16]。学部学生はこの 5 科目すべてが必修である[17]。

「セミナーⅠ」および「セミナーⅡ」は、大学における自主自律的な学び方の修得を主な目的とし、口頭発表とレポート作成に関するアカデミック・スキルを学ぶものである。「セミナーⅠ」では主に口頭発表を取り上げ、「セミナーⅡ」では主にレポート作成を取り上げている。開講時期は、「セミナーⅠ」が 1 年次前期、「セミナーⅡ」が 1 年次後期である。授業時間は両科目ともに週 1 回 90 分で、授業回数はそれぞれ 15 回である。

3.2.2 「セミナーⅠ」・「セミナーⅡ」の特徴

「セミナーⅠ」と「セミナーⅡ」の具体的な特徴としては、①共通のシラバス、②少人数クラス（1 クラス 30 人程度）、③学部横断的な混成クラスの編成、④アクティブ・ラーニングの導入、⑤共通テキストの利用[18]、⑥共通授業用ワークシート・ワークブックの利用[19]、⑦ Web 上の学習支援システム[20] の利用、⑧教員用実施マニュアルに基づく授業、⑨ルーブリック（→第 4 章参照）による成績評価、⑩事前・事後学習（予習・復習）の徹底、⑪口頭発表からレポート作成への連携、⑫図書館との連携（図書館職員による情報

---

[16] 「セミナーⅠ」および「セミナーⅡ」の他に、「大学と地域」「健康」「情報」がある。

[17] 学部に在籍している外国人留学生のうち、外国人留学生向けの「日本語科目」を必修としている学生は、「セミナーⅠ」のみが必修である。アカデミック・ライティングについては「日本語科目」で取り上げている。

[18] 「セミナーⅠ」は市販のオリジナルテキスト（伊藤・富原（編）2016）を使用している。

[19] 「セミナーⅠ」はテキストの他に共通授業用ワークシートがある。「セミナーⅡ」はオリジナルワークブックを使用している。

[20] 2008〜2017 年度は Moodle を利用した。2017 年度後期より manaba（朝日ネットが提供する e- ポートフォリオ型学習支援システム）が試験的に導入され、2018 年度は manaba に完全移行している。

検索指導[21]、関連図書の配架等)、⑬多分野教員の協働が挙げられる。

　両科目は、上記の②と③で述べたように、全学の新入生約 2,000 人を 60 以上のクラスに分け、1 クラス 30 人程度の「学部横断的な混成クラス」により編成されている。クラスには文系・理系にかかわらず、複数の学部・学科の学生が混ざっており、学生は両科目とも同じクラスで受講している。

　上記の⑬「多分野教員の協働」としては、以下の 2 点が指摘できる。一つは、両科目は、2016 年度の開講に先立ち、2015 年度より教育内容等の検討が行われたが、その際に当時の教育センター[22]の教員に加え、学部の教員も交えたワーキンググループによって内容が練られている。つまり、テキストやワークシート、ワークブックの作成に様々な専門分野の教員がかかわっている点である。もう一つは、60 以上のクラスを担当する授業担当者には、現在の総合教育機構の教員の他に、各学部から一定数の教員が選出されている点である。なお、授業開始前には授業担当者に対する説明会が行われ、授業期間中あるいは終了後には授業担当者を集めた「情報交換会」も行われている。

　ここで、主に口頭発表について学ぶ「セミナーⅠ」を紹介している背景には、両科目の学修目標に共通点が多いことと、具体的な特徴⑪で挙げたように、口頭発表等について学ぶ「セミナーⅠ」とレポート作成について学ぶ「セミナーⅡ」を連携させていることがある。主な連携点は二つある。一つは、口頭発表とレポート作成のテーマを共通させている点である[23]。もう一つは口頭発表を踏まえて、夏季休暇中に課題として 2,000 字程度のレポートを書かせ、それを「セミナーⅡ」のライティング学習で利用している点である[24]。このような両科目に共通した学修目標や評価の観点、科目間の連携に

---

[21]　「セミナーⅠ」の 15 回中 1 回をあてている。

[22]　2017 年度より組織の改革が行われ、現在は「共通教育センター」として「総合教育機構」の中に組み込まれている。

[23]　「セミナーⅠ」はグループで口頭発表を行っている。口頭発表で取り上げたテーマを「セミナーⅡ」のレポート作成においても継続して取り上げてもよいし、テーマを変更することも可能である。

[24]　「夏季休暇中の課題」は、「セミナーⅠ」の成績評価には含まれていない。「セミナーⅠ」の評価項目にはグループによる口頭発表(相互評価)の他にレポートも課しているが、口頭発表で取り上げたテーマではなく、「セミナーⅠ」の学習を振り返るレポートである。

ついては、次に紹介する。

3.2.3　学修目標と内容

　「セミナーⅠ」の学修目標は、大学における基本的な学び方を学びつつ、課題を発見し「問い」を立てることから出発し、主張の根拠となる情報の検索・収集方法、資料・文献の読み方と分析、引用方法・出典の提示等についても学び、グループによる協働を通してその成果を口頭発表で示すことにある。また、「セミナーⅡ」も、「セミナーⅠ」の履修を前提に、根拠に基づく主張ができるようになることを目指し、資料・データの読解とその内容についての説明方法や、事実と意見の区別を学び、論理的かつ適切な文章表現を用いた論証型レポートを作成することを目指している。「セミナーⅠ」と同様に「セミナーⅡ」においてもペアやグループによる協働を取り入れている。論証型レポートは、大学教育において課される様々なジャンルの文章の中で、専門教育への橋渡しとなる基礎として位置づけられている。

　次に、両科目の評価項目と評価の観点を表3に示す。この評価項目と評価の観点は、両科目修了時にすべての学部学生が修得すべき能力として共通しており、学生が授業中に使用するワークブックにも明記されている。また、成績評価は、両科目ともルーブリックにより行われており、授業担当者による大きな差が生じないように全クラス共通の評価指標を用いている。なお、「セミナーⅠ」の口頭発表では学生同士による相互評価も成績に組み込んでいる。

　表3の評価項目にもあるように、両科目に共通しているのは、能動的に課題を発見し、客観的な根拠に基づいて論理的に自身の考えを述べる力をつけることを目指している点である。また、学部横断的な混成クラスにおいて（3.2.2参照）、他者との協働に能動的に取り組み、目的を遂行する力を養うことも求められている。このような能力は、初年次以降の大学における学修を促進するばかりではなく、大学卒業後の社会においても不可欠な能力である。

表3 「セミナーⅠ」・「セミナーⅡ」（共通）の評価項目と評価の観点（2017年度）

評価項目	評価の観点
課題の発見	社会的に重要かつ解決すべき課題を発見しているか。
根拠となる情報の分析・整理	自分の考えを支え、なおかつ信頼性の高い複数の情報について、それぞれの内容と関係性を的確に整理しているか。
自分なりの考えの表明	プレゼンテーション及び課題レポートにおいて最も言いたいことが何かを明確に示しているか。
他者への説明・発表	自分の考えとその根拠について分かりやすく、なおかつ正確に説明し、批判や質問にも適切に対応しているか。
他者との協働	他者の考えや状況を理解しつつ、他者と協働で行う建設的な学習活動に能動的に貢献しているか。
表現に関する規則の順守	日本語表現として適切な表現・表記で書かれていると同時に、引用規則や参考文献の提示等の基本的作法が守られているか。

　次に、「セミナーⅠ」・「セミナーⅡ」における全15回の授業計画について、各回の主な学習内容を次頁の表4に示す。両科目は2016年度から導入されたが、2017年度に授業計画や授業用ワークシート・ワークブック等が改訂された。表4は改訂後の2017年度の授業計画である。

　「セミナーⅡ」の第1回の授業では、3.2.2で説明した、夏季休暇中に課題とした2,000字程度のレポート（以下、「課題レポート」と略す）を持参させ、授業で利用する。課題レポートは、口頭発表で行った内容をレポートとしてまとめさせたものである。このレポートの作成過程においては、学生自身がチェックリストにそって「レイアウト」「引用や参考文献の使い方」「文体、文法、記号・文字表記」「内容、パラグラフ」等の全20項目についてチェックを行い、さらに課題レポートに対する「反省」や「解決すべき課題」を踏まえて、「今期の学習目標」を立てることになっている。また、この課題レポートは、「セミナーⅡ」の前半のいくつかの回においても利用し、学生自身に作成したレポートの「振り返り」を行わせ、必要に応じて修正させている。このような課題を与えている理由は、学生自身が自ら書いた文章を振り返り、「セミナーⅡ」における学びや他者からのコメントから、最終的に学生自身が問題点を見つけ、推敲という能動的な姿勢を養うことに重点をおいているためである。実際に、第15回の授業で行った振り返りや授業終了後に行った授業アンケート（3.5の注31参照）では、チェックシートに

110 | 中島祥子

よる振り返りを肯定的にとらえる記述が見られた。

表4 「セミナーⅠ」・「セミナーⅡ」の授業計画（2017 年度）[25]

回数	セミナーⅠ	セミナーⅡ
1	オリエンテーション	本授業の意義を理解する／文章作成に関する自身の課題を把握する
2	テーマの考え方・決め方を学び、仮テーマを決める	課題意識を明確にする
3	資料検索・収集のための図書館活用法を学ぶ	レポートの基本構成を理解し、アウトラインを作成する
4	文章の読み方を理解する	レポートにふさわしい表現で書く
5	プレゼンテーションの構成や引用規則、参考文献の示し方を理解する	パラグラフ・ライティングで書く
6	発表の聴き方、質問の仕方を学ぶ	文献に基づく報告型レポートを作成する
7	中間プレゼンテーション	信頼できる情報の収集、活用の仕方を理解する
8	中間プレゼンテーションを振り返り、テーマを再検討する	論証型レポートを学ぶ (1) ―論証とは何か―
9	調査・分析、内容をまとめる	アウトラインを見直し、序論を作成する
10	プレゼンテーション資料の作り方を学ぶ	実験や調査に基づく報告型レポートを作成する (1)
11	プレゼンテーションでの話し方を学ぶ	実験や調査に基づく報告型レポートを作成する (2) ―データの示し方、使い方を理解する―
12	効果的な質疑応答の仕方を学ぶ	引用の仕方、注の付け方を知る
13	最終プレゼンテーション①	学術的文章の倫理について考える
14	最終プレゼンテーション②	論証型レポートを学ぶ (2) ―レポートをより論理的にする―
15	授業全体を振り返り、今後の学習方針を立てる	学習過程を振り返り、自己評価する

3.3 「セミナーⅡ」の授業の実際について

　「セミナーⅡ」における各回の授業は、3.2.2 で紹介したように、基本的に共通の「ワークブック」を使用し、「教員用実施マニュアル」にそって行われている。

---

[25] 鹿児島大学総合教育機構（2017）『「初年次セミナーⅡ」実施マニュアル第2版』(p. 4) を元に筆者が作成した。

「ワークブック」には各回の授業の到達目標にそった説明の記述があり、授業の流れにそった書き込み式ワークシートが準備されている。ワークシートは1枚ずつ切り離すことができ、授業中に記入させたページや宿題のページを提出させることが可能である。また、巻末には論証型レポートの一例として最終課題レポートのモデルレポートが提示されている[26]。

「教員用実施マニュアル」は、授業の目的や目標、基本的な授業運営方法・成績評価・評価用ルーブリック等についての説明がある他、全15回の各回の「到達目標」「教員の準備物」「学生の準備物」「宿題」が示され、「授業での活動内容」として、授業の流れと大まかな所要時間が記載されている[27]。次頁の表5に、「セミナーⅡ」(2017年度)の第2回の授業について、授業の到達目標や流れが記載された表の一部を簡略化して例示する。ゴシック体の下線部は教員が学生に対して行う説明や指示で、( )内の時間は目安である。各回の到達目標にそっていれば、活動内容の時間配分や取り上げ方は教員の裁量に任されている。実際のマニュアルには表5の他に、各回の授業で注意すべき点や、学生に指示する内容および補足説明が掲載されている。加えて、2017年度後期の「セミナーⅡ」では、あるクラスの毎回の授業が録画され、授業担当者間でその動画が共有された。

以上のような「ワークブック」や「教員用実施マニュアル」、動画等により、授業の質を保証し、初めて両科目を担当する教員にとっても、各回の授業の到達目標や流れがわかるような工夫や授業準備への支援がなされている。また、授業担当者の「情報交換会」で出された意見や、授業終了後に担当者から提出された「授業改善メモ」(2017年度の場合)等も担当者間で共有され、ワークブックやマニュアル等の改善に活かされている。

---

[26] モデルレポートは、「1. 本研究の目的」「2. 現状（背景）」「3. 問題点と課題」「4. 対策」「5. 本研究のまとめ」「6. 今後の課題」で構成されており、夏季休暇中の課題レポートや、「セミナーⅡ」の最終課題レポートも同じ基本構成で書くことが求められている。

[27] その他に、学修上の配慮が必要だと思われる学生がいた場合の対応についても記載がある。大学への円滑な移行のために初年次段階における早期の支援が重要である。

112 | 中島祥子

表5 「セミナーⅡ」第2回の授業の流れ[28]
(課題意識を明確にし、「問い」を立てる)

到達目標	・論証型レポートにおける「問い」とは何かを理解し、具体的な「問い」を立てることができる。 ・レポートの題目（タイトル）設定に向けて、自分自身の「問い」を検討し、その妥当性や意義を考察することができる。
教員の準備物	ワークブック、大型の付箋（大量）、A3用紙（受講生人数分）
学生の準備物	ワークブック、前回の宿題（ワークシート1-6）
授業での活動内容	1. 本日の内容の紹介（5分） 2. 第1課「1-6. 宿題」について、各自で以下の作業を終えるように指示する（10分）（ワークシートp. 22参照） 　　第1課「1-6. 宿題」で立てた①「関心のある現代社会が抱える問題」について各自で「思考マップ」を作成し、「思考マップ」から導き出される「問い」を書いておく。 3. 「2-1. 課題意識を明確にし、「問い」を立てる」の説明（15分） 4. 3〜4人のグループで第1課「1-6. 宿題」について紹介し合い、キーワードと「問い」をさらに増やす（15分）。 5. 他のグループを見学に行き、自分のグループに戻って報告。さらにグループで、それぞれのテーマについて、「問い」を協力して考え、「問い」を増やす（15分）。 6. 「2-4. 「問い」を深めて、広げる」の説明（5分） 7. 各グループの社会問題について、「問い」を深めて、広げる（15分）。 　　グループで協力して各自の社会問題についてキーワードをつなげ、レポートの題目につながる具体的な「問い」を考える。2-4のワークシートにメモさせる。 8. 「2-5. 本章のまとめ」と「2-6. 宿題」の解説（10分）
宿題	本日の授業の結果を元に、レポートの仮題目を決め、大まかな内容を考える（ワークシート2-6）。

3.4 「セミナーⅡ」とアクティブ・ラーニング

　中央教育審議会（2012a）はいわゆる「質的転換答申」と呼ばれ、「質保証」のために、「学生には事前準備・授業受講・事後展開を通して主体的な学修に要する総学修時間の確保が不可欠」であることや、学生の主体的な学びへの転換としてアクティブ・ラーニング（2.3.1の注7参照）の導入等を求めている。

　そのため、「セミナーⅡ」の授業でも、表5に見られるように、宿題や事前準備として学生に課題を課すだけではなく、アクティブ・ラーニングとし

---

[28]　鹿児島大学総合教育機構（2017）『「初年次セミナーⅡ」実施マニュアル第2版』（p. 20）を元に筆者が作成した。

て、グループ・ワーク（あるいはペア・ワーク）を積極的に取り入れている。「アクティブ」という語から、グループ・ワークやグループ・ディスカッション等を行うことがアクティブ・ラーニングであると認識されやすいが、これらの活動を行うことばかりがアクティブ・ラーニングではない。学生が主体的かつ能動的に学ぶ姿勢が大きなポイントとなっている。さらに、そこには行動の「振り返り（リフレクション）」が不可欠である[29]。

「セミナーⅡ」では、授業の中で様々な「振り返り」が行われている。3.2.3 でも述べたように、夏季休暇中の課題レポートについては、第1回の授業でチェックシートを用いた振り返りを行い、自らの課題を把握させ、第15回の授業では学習過程の振り返りと自己評価を行わせている（表4参照）。また、第4回・第5回の授業においても、課題レポートを用いて、レポートにふさわしい表現やパラグラフ・ライティングを見直す振り返りを行っている。最終課題レポート[30]については、第15回の授業において提出前の最終チェックと振り返りを行っている。自身が作成したレポートに対してこのような振り返りを重ね、自らが推敲・修正できるようになることが重要である。

初年次生においては、高校までのやや詰め込み式の授業に慣れた受動的な学習態度を、いかに主体的・能動的に転換していくかが、初年次教育の担当者が基本的に共有すべき重要事項となるだろう。

3.5 「セミナーⅡ」の効果と課題

ここでは、ライティング学習を目的にした「セミナーⅡ」についてその効果と課題を考察する。

筆者が担当した 2017 年度の「セミナーⅡ」の受講生に、授業アンケート[31]を行ったところ（回答者 25 名）、授業外の週当たりの学修時間は平均75.4 分（最低値：10 分、最高値：180 分）で、60 分と回答したものが最も多

---

[29] 松下・京都大学高等教育研究開発推進センター（編著）(2015) はアクティブ・ラーニングの定義を、「行為すること、行為についてリフレクションを通じて学ぶこと」としている。

[30] 最終課題レポートの提出は第 15 回（授業最終日）の約 1 週間後であるが、第 15 回までに数回、作成途中のレポートを提出させている。

[31] 2017 年度は特定の初年次教育科目についてのみ、授業終了時に授業アンケートが全学的に実施されている。回答は manaba により回収した（無記名）。筆者が担当した授業の受講登録者は 33 名で、そのうち 25 名がアンケートに回答している。

く9名であった。各受講生の学修時間は一様ではないが、授業外学修時間は確保できていると思われる。また、授業の満足度については22名（88.0%）が「満足した」と答え、学修目標の達成の有無についても、19名（76.0%）が「達成できた」と回答していた。また、満足した理由（自由記述）には、レポートの書き方についての理解が進んだことを挙げる受講生が多かった。この点は、第15回の授業で行った学習過程の振り返り（自由記述）においても、多くの学生が「学習過程を通じて最も成長した点」として挙げていたのは、レポートの基礎知識や論証型レポートの構成、レポートの型や形式、レポートにふさわしい表現等であった。論文作成に必須の「論文スキーマ」（→第3章参照）が形成されつつあると考えられる。

　一方、授業について「気になった点」（自由記述）については、この項目に回答した受講生16名中10名が課題や宿題の多さについて言及しており、他の授業の課題との調整が困難だったという意見も見られた。課題や適切な宿題の量について検討する必要があるだろう。

　以上、鹿児島大学における初年次教育プログラムにおける「セミナーⅠ」・「セミナーⅡ」を紹介し、論証型レポートの作成を取り上げた「セミナーⅡ」の実践例と、その効果や課題を述べてきた。このような授業を大学として組織的に初年次教育に導入し、授業実践の前後において、授業担当者間の情報共有や連携等が行われていることには大きな意義があると考えられる。

　また、ライティング教育における初年次教育から専門課程への接続としては以下の点が期待できる。第一に、一つのテーマに継続的に取り組むことで自身の思考の深化を促すことである。第二に、他者との協働により主体的に学ぶ重要性への認識を深めることである。第三に、事前学習における負荷がかかる準備や推敲を通して一編のレポートを完成させる道筋を経験することにより、今後継続する大学での学びの準備を意図した姿勢が涵養されることである。

　今後は、上記の取り組みが専門課程でどのように功を奏したかについての検証が、全学的な連携のもとで行われることが重要であると思われる。

4.　おわりに ―大学と社会をつなぐライティング教育―

　以上、初年次教育におけるライティング教育について、その現状を概観

し、鹿児島大学における実践例を紹介した。このような実践例の蓄積や研究、その効果の検証が行われていくことが今後の課題である[32]。

　初年次教育においては、まず、学修・生活の双方において高等学校から大学への移行が円滑に行われることが重要である。そのような基盤を作った上で、学修に対する受動的な姿勢から主体的・能動的な姿勢に転換し、自らが思考していく姿勢を形成していく必要がある。それを実現してこそ、大学での真の学びが始まるのではないだろうか。そして、初年次教育におけるライティング教育は、アカデミック・ライティングの基礎を固め、社会へとつながる専門教育への最初の入り口として、非常に重要な役目を担っていると言えよう。

参考文献

伊藤奈賀子 (2014)「大学における体系的なライティング教育の課題——高大接続に注目して——」『名古屋高等教育研究』14: 117–138.

伊藤奈賀子・富原一哉 (編) (2016)『大学での学びをアクティブにするアカデミック・スキル入門』有斐閣.

井下千以子 (2008)『大学における書く力考える力——認知心理学の知見をもとに——』東信堂.

井下千以子 (2013)「第 1 章　思考し表現する力を育む学士課程カリキュラムの構築——Writing Across the Curriculum を目指して——」関西地区 FD 連絡協議会・京都大学高等教育研究開発推進センター (編)『思考し表現する学生を育てるライティング指導のヒント』10–30. ミネルヴァ書房.

大場理恵子・大島弥生 (2016)「大学教育における日本語ライティング指導の実践の動向——学術雑誌掲載実践報告のレビューを通じて——」『言語文化と日本語教育』51: 1–10.

佐渡島紗織・太田裕子 (編) (2013)『文章チュータリングの理念と実践——早稲田大学ライティング・センターでの取り組み——』ひつじ書房.

中島祥子・要弥由美・出水純二・濱中誠・吉里さち子 (2010)「かごしまカレッジ教育実施報告」『鹿児島はひとつのキャンパス——地域のリーダー養成のための大学連携と総合教育の構築　平成 21 年度報告書』55–72. 鹿児島大学大学連携事業事務局.

西垣順子 (2011)「大学におけるライティング教育をめぐる心理学研究の役割——アカデミックライティング教育の現状に対する批判的検討を踏まえて——」『心理科学』32 (1): 1–8.

堀一成・坂尻彰宏 (2016)『阪大生のためのアカデミック・ライティング入門　第 3 版』大

---

[32]　初年次教育におけるライティング教育の学習内容については、学部外国人留学生への「日本語科目」(多くは必修科目となっている)とも重なる部分がある。大学教育の「質保証」を考えるならば、学部外国人留学生に対する初年次教育についても検討が必要である。

阪大学全学教育推進機構.

松下佳代・京都大学高等教育研究開発推進センター（編著）(2015)『ディープ・アクティブ
　　ラーニング——大学授業を深化させるために——』勁草書房.

山田礼子 (2012)『学士課程教育の質保証へむけて——学生調査と初年次教育からみえてき
　　たもの——』東信堂.

山田礼子 (2013)「1 章　日本における初年次教育の動向——過去、現在そして未来に向け
　　て——」初年次教育学会（編）『初年次教育の現状と未来』11–27. 世界思想社.

渡辺哲司・島田康行 (2017)『ライティングの高大接続——高校・大学で「書くこと」を教
　　える人たちへ——』ひつじ書房.

参考 URL

中央教育審議会 (2005)「我が国の高等教育の将来像（答申）」用語解説 <http://www.mext.
　　go.jp/b_menu/shingi/chukyo/chukyo0/toushin/attach/1335601.htm>（2017 年 12 月 24 日閲覧）

中央教育審議会 (2008)「学士課程教育の構築に向けて（答申）」<http://www.mext.go.jp/co
　　mponent/b_menu/shingi/toushin/__icsFiles/afieldfile/2008/12/26/1217067_001.pdf>（2017
　　年 12 月 1 日閲覧）

中央教育審議会 (2012a)「新たな未来を築くための大学教育の質的転換に向けて——生涯学
　　び続け、主体的に考える力を育成する大学へ——（答申）」<http://www.mext.go.jp/b_
　　menu/shingi/chukyo/chukyo0/toushin/1325047.htm>（2017 年 12 月 24 日閲覧）

中央教育審議会 (2012b)「新たな未来を築くための大学教育の質的転換に向けて——生涯学
　　び続け、主体的に考える力を育成する大学へ——（答申）」用語集 <http://www.mext.
　　go.jp/component/b_menu/shingi/toushin/__icsFiles/afieldfile/2012/10/04/1325048_3.pdf>
　　（2017 年 12 月 1 日閲覧）

中央教育審議会大学分科会大学教育部会 (2016)「『卒業認定・学位授与の方針』（ディプロ
　　マ・ポリシー）、『教育課程編成・実施の方針』（カリキュラム・ポリシー）及び『入学
　　者受入れの方針』（アドミッション・ポリシー）の策定及び運用に関するガイドライン」
　　<http://www.mext.go.jp/b_menu/shingi/chukyo/chukyo4/houkoku/__icsFiles/afieldfi
　　le/2016/04/01/1369248_01_1.pdf>（2018 年 2 月 1 日閲覧）

堀一成・坂尻彰宏・齊藤貴浩 (2018)「大阪大学の学部新入生に対する日本語ライティングス
　　キル大規模調査」『第 24 回　大学教育研究フォーラム発表要旨』106. <https://www.
　　highedu.kyoto-u.ac.jp/forum/kanri/forum/pdf/20180322181105.pdf>（2018 年 4 月 10 日閲覧）

文部科学省 (2010)「大学図書館の整備について（審議のまとめ）——変革する大学にあって
　　求められる大学図書館像——」用語解説 <http://www.mext.go.jp/b_menu/shingi/gijyutu/
　　gijyutu4/toushin/attach/1301655.htm>（2018 年 2 月 1 日閲覧）

文部科学省 (2016)「平成 26 年度の大学における教育内容等の改革状況について（概要）」
　　<http://www.mext.go.jp/a_menu/koutou/daigaku/04052801/__icsFiles/afieldfile/2017/12/
　　06/1380019_1.pdf>（2017 年 12 月 1 日閲覧）

文部科学省 (2017)「平成 27 年度の大学における教育内容等の改革状況について（概要）」
　　<http://www.mext.go.jp/a_menu/koutou/daigaku/04052801/__icsFiles/afieldfile/2017/12/
　　13/1398426_1.pdf>（2017 年 12 月 1 日閲覧）

第7章

専門教員との連携を生かした
アカデミック・ライティング能力育成の試み
法学部新入生を対象にした導入ゼミナールを例に

石黒　圭

一橋大学法学部の新入生を対象に行った、日本語学・法学両専門家の連携による導入ゼミナールでの授業実践を紹介し、ピア・レスポンスを用いたアカデミック・ライティング能力育成の可能性を論じる。

キーワード 初年次教育，専門日本語教育，協働学習，演習，論文執筆

1.　はじめに

　本章の目的は、2017 年 4 月から 7 月にかけて一橋大学法学部で行った導入ゼミナールという授業を紹介し、初年次教育において新入生のアカデミック・ライティング能力をいかに育成するかについて、専門教員との連携で行った筆者の授業実践の可能性を検討することにある。この授業は、学生があらかじめ書いてきた作文を教室に持ち寄り、少人数のグループで互いの作文の改善点について話し合い、推敲を行うピア・レスポンスという形態を取っており、大学から社会につながるライティング能力育成の出発点の試みとして、初年次教育や留学生教育などの一助とすることを目指すものである。ピア・レスポンスとは、池田（2004: 37–38）によれば「学習者が自分たちの作文をより良いものにしていくために仲間（peer）同士で読みあい、意見交換や情報提供（response）を行いながら作文を完成させていく活動方法」のことである。

　本章の構成は次のとおりである。2. では、筆者が当該授業を担当することになった背景について説明する。3. では、授業計画のアウトラインを作

るうえで考え方の基本となった三つの柱について紹介する。4. では、授業開始が近くなって見えてきた三つの新たな状況とシラバス上の対応策を示す。5. では、受講生の詳細や使用した教室の紹介などを行う。6. では、毎週の授業が実際にどのように展開されたのかを詳しく論じる。7. では、受講生たちが当該授業を受講してその内容をどのように受け止めたのか、受講生たちの評価を整理する。8. では本章のまとめと今後の課題を述べる。

2. 授業開講の背景

　一橋大学はゼミナールによる少人数教育を重視する伝統があり、3〜4 年生になると、後期ゼミナールに所属し、卒業論文の執筆のための研鑽を積む。一方、1〜2 年生を対象にした前期ゼミナールもあり、そのなかに本章で取りあげる、学部 1 年生を対象とした導入ゼミナールがある。高校から大学に進学してきた新入生が各学部の専門的な教育にスムーズに移行することを目的としており、商学部で最初に導入され、高い教育効果を上げている。その後、社会学部でも導入され、筆者が担当した法学部の導入ゼミナール（以下、「導入ゼミ」と略す）は 2004 年度に始まり、2017 年度にカリキュラムの変更が行われ、筆者に開講依頼があった。

　筆者に依頼されたのは、法学部の新入生が大学という場で学術的な議論を行い、学術的なレポートを書けるようになるためのアカデミック・スキルを育成することである。しかし、筆者は日本語学・日本語教育学が専門であり、法学の専門的な教育を受けたことがない。そこで、依頼を受けた 2016 年の秋に、同年度の導入ゼミを担当していた大塚英理子氏（当時一橋大学法学研究科ジュニアフェロー、現愛知教育大学助教）に話を聞いた。

　まず、大塚氏の導入ゼミがどのような授業内容なのかを尋ねたところ、次のとおりであった。最初の数回は、『ピアで学ぶ大学生の日本語表現［第 2 版］』（大島・池田・大場・加納・高橋・岩田 2014）を使用し、論文の書き方の基本や文献の調べ方など、一般的なことを教えた。CiNii で研究資料の検索の仕方を教えたり、図書館に実際に足を運ばせたりしたこともあった。その後、大塚氏の専門である刑事法を中心とした研究テーマを与え、そのなかから選んでレポートを書いてもらった。法学でなく、国際関係学を専門にしたいと考えている学生には国際関係学を専門とする教員のアドバイスを受け

て対応した。半期の授業が終わる最後に、まとまった内容のレポート作成を
課したとのことであった。

　日本語教育の世界から生まれた大島ほか（2014）が法学の授業で使われて
いたのは予想外であった。ゼミナールという授業形態自体、学生どうしが教
え合い学び合う協働学習であり、指導教員こそ介在するものの、学生どうし
が対等な立場で共通の課題を協力して解決するというピア・ラーニングの要
素が強い。ゼミナールでの学びを教える教材は意外に少なく、大島ほか
（2014）の著者の一人である池田玲子氏によって90年代後半から日本語教育
の世界で主導されたピア・レスポンスという学習形態が、日本人を対象にし
た伝統的なゼミナールに影響を及ぼしていたわけである。

　また、筆者が準備した14回分の授業のシラバスを示し、率直な意見を聞
いた。シラバスの内容は下記の表1のとおりである。

表1　導入ゼミ授業シラバス案

Ⅰ 説明力：読み手に自己の考えを理解させる力
①　オリエンテーション：論文・レポートの基本
②　定義力：専門語を十全に定義する力（専門語）
③　平易力：難しい語を平易に言い換える力（表現選択）
④　単純力：複雑な内容をシンプルにする力（文構成）
⑤　設問力：問いを立てそれに解答する力（文章構成）
⑥　引用力：必要な文献を適切に引用する力（参照・注記）
⑦　要約力：概要を的確にまとめる力（要旨・キーワード）
Ⅱ 説得力：読み手に自己の考えを納得させる力
⑧　主張力：自己の主張を客観的に示す力（主張の表現）
⑨　根拠力：主張に合った根拠を選択する力（根拠の選択）
⑩　反論力：問題のある根拠を間接的に否定する力（裏の論理）
⑪　論理力：詭弁の論理を見抜き粉砕する力（論理の構成）
⑫　分類力：もれのない場合分けをする力（適切な場合分け）
⑬　充填力：論理の飛躍に気づき埋める力（論理の補強）
⑭　期末課題：説得力を総合的に試す

　これに対し大塚氏は、全体的な流れとしては重要な内容を網羅しており、
問題なさそうな印象であると回答した。また、個々の授業についてとくに気
になる点として挙げられたのは、次のようなことである。

⑤「設問力」について、高校までの教育で問いを立てる訓練を受けてきていない新入生は、学術的な問いを立てることに当初苦労するので、問いを立てることと、問いに対する解答を示すことは、分けたほうがよい。

⑥「引用力」については、きわめて重要な作法である。剽窃についての意識に乏しく、レポート執筆のさいにいわゆるコピペが横行している昨今、引用の考え方と具体的な作法を十分に伝える必要がある。

⑬「充填力」については、法学教育においてはとりわけ重要な能力である。法学というのは論理の飛躍を許さず、隙のない論理の積み重ねを好む。したがって、学部の後期ゼミナールや大学院のゼミナールでは指導教員から自分の考えていることがつねに真であるかどうか、厳しく吟味される。そこで、自分の書いた文章の内容に対して、「これは本当か?」というチェックをつねに入れる習慣をつけさせたい。

また、授業の全般的な内容については、下記のコメントを受けた。

まず、新入生が対象であり、新入生は総じて思考法よりも法学の知識を優先しがちである。しかし、そうした法学の知識は講義科目で学ぶことができる。導入ゼミで必要なのは、むしろ法学の範囲に留まらない柔軟な論理的思考力や発想力なので、授業の前半においては強いて法学の専門の内容に絡める必要はないだろう。

つぎに、この授業はライティングの要素の強い授業で、書くことが主になるのは当然であるが、じつは、読むということも書くことと同じくらい重要である。読むことをつうじて、法学特有の文章に慣れ、そうした文章をモデルにするなかで自身の文体を築いていくからである。とくに、筋の通った読みやすい論文と、他者に開かれていない読みにくい論文、あるいは、発想や表現に学ぶところの多い論文と、社会的な意義がはっきりせず目的が不明確な論文を比較させ、論文を見る目を養うことも一法である。

また、法律を考える場合、「法律の条文=法律」という考え方に陥りがちであるが、法律には実定法に表れているような機能的な発想だけでなく、自然法のようにあるべき法律の姿を考えるような演繹的な発想があり、この両面からのアプローチが必要であることに学生の注意を向ける必要がある。

さらに、法律は、現実と離れたものではない点を学生に気づかせることも重要である。法学部生は法を知識の集積と考える一方、非法学部生は法を自

分と無関係と考えがちである。しかし、刑事法というものが、個人の人権を阻害する最終手段として機能しうることからも明らかなように、自分と関わる可能性のあるものである。立法一つで社会が大きく変わることは十分に押さえておきたい。その意味で、テーマを選ぶ動機を示すとき、個人の興味ではなく、社会的意義と法史的必然を述べさせる必要がある。

もちろん、筆者のような法学の非専門家には、法学の豊富な知識や深い法的思考力を持ったうえで授業に臨むことは不可能であり、専門家に助けを借りることが必要である。しかし、法というものの基本的な考え方と社会への影響力を知り、社会正義を実現するバランスのよい論理的思考力を身につけることが、法が社会の諸問題を解決する力になること、いわゆるリーガルマインドの最低限のセンスは持っておかなければ、法学入門としての導入ゼミには対応できないと思われる。

3. 授業計画の検討

上述のやりとりを経て、初年次専門教育としての導入ゼミの概要が見えてきた。そこで、授業の基本方針として三つの柱を立てた。

一つ目の柱は、ピア・レスポンスである。筆者は、2015年度に留学生を対象にした一橋大学社会学部の専門の授業で、日本語によるアカデミック・ライティングの習得を目的としたピア・レスポンスを上級日本語学習者に行い、その有効性を実感していた。日本人学生を相手に実践したことはなかったが、大塚氏との打ち合わせのなかで日本人学生対象であってもその有効性は十分に発揮されるということがわかったからである。

二つ目の柱は、アカデミック・ライティングである。大学教育の最大の目標は、実証的な論証法の獲得であると筆者自身は考えている。そして、その目標が達成されたかどうかは、学部生の場合、卒業論文によって測られる。そのため、大学のカリキュラム全体は卒業論文を書くという目的を達成できるように編成されている。個々の授業における学生の学修到達度が基本的にレポート（論述試験を含む）によって測られるのは、優れたレポートを執筆することが最終的に優れた卒業論文を執筆することにつながるからである。

そのため、筆者がアカデミック・ライティングの指導をする場合、専門の授業のなかで専門教員から出されたレポートのテーマを学生たちに持ち寄ら

せ、一つ一つのテーマがどのような能力の育成を目指すものか、学生たちに意識させるようにしている。個々の教員が出すレポートには、具体的には表2のような、それぞれ異なる狙いがある（石黒2012）。

表2　教員の出すレポートのテーマとその目的

①　研究の目的や動機を明らかにさせるテーマ
②　研究上の問い（リサーチ・クエスチョン）の立て方を学ぶテーマ
③　先行研究の調べ方や引用の仕方を習得させるテーマ
④　専門語の定義について考えさせるテーマ
⑤　調査データの収集方法を学ばせるテーマ
⑥　調査の分析方法を身につけさせるテーマ
⑦　なぜそうした現象が起きたかを考察させるテーマ
⑧　研究の概略を短い字数で要約させるテーマ
⑨　上記のような内容を適切な文章構成でまとめさせるテーマ
⑩　学術的な文章をそれにふさわしい表現で書かせるテーマ

　専門教員が出す具体的なテーマには、この①～⑩の狙いが書きこまれているわけではないが、学生側は、個々のテーマの背後にこうした狙いが潜んでいることを鋭く見抜き、それに応えるようにレポートを書いていく必要がある。それを毎学期繰り返すなかで、4年後には卒業論文を書く力が自然に身につくことが期待されるカリキュラムになっていると考えられる。

　ただし、新入生にそこまで説明しても、かえって混乱を来す可能性がある。そこで、導入ゼミのシラバスでは、次の表3のようにポイントを五つに絞って示すことにした。

表3　本導入ゼミの目的

　法学部で課されるレポートを書けるようになることを目的とする。具体的には以下の5点を鍛える。
　①　日本語の表現　：適切な日本語で文章が書けること
　②　文章の構成　　：レポートにふさわしい構成で文章が書けること
　③　先行研究の引用：必要な文献を調べて文章が書けること
　④　分析の方法　　：明確な方法で結果を導き出せること
　⑤　考察の方法　　：自分の頭をつかって「なぜ」を考えられること

第7章　専門教員との連携を生かしたアカデミック・ライティング能力育成の試み　|　123

　三つ目の柱は専門教育である。この授業は、法学部の導入ゼミであって、商学部や社会学部の導入ゼミではない。したがって、筆者のようなアカデミック・ライティングという文章の型を教える教員だけでは不十分で、その型に入る中身を教える教員との十分な連携が必要になる（五味 1996）。これについては、4. で詳しく述べることにする。

4.　シラバスの変更

　以上のような検討を踏まえ、2. で示した「導入ゼミ授業シラバス案」（表1）と 3. で示した「本導入ゼミの目的」（表3）をウェブシラバスとして 2016 年の冬に公開した。そして、2017 年の春になり、三つの大きな動きがあった。
　一つ目は、導入ゼミを支える顔ぶれが決まったということである。アカデミック・ライティングを担当する筆者と、法学の専門教育を担当する高田実宗氏（一橋大学法学研究科ジュニアフェロー、現駒澤大学講師）の二人で授業を運営し、国際関係学の専門教育を支援する杉井敦氏（一橋大学大学院法学研究科法学・国際関係専攻修士課程）と、授業実施に伴う諸事務を支援する田佳月氏（一橋大学大学院言語社会研究科博士後期課程）という二人の TA が授業をサポートするという 4 名態勢が整った。なお、国際関係学の専門教育の支援が必要であるのは、一橋大学の法学部には、法学を専門とするコースと国際関係学を専門とするコースがあり、国際関係学専攻の受講生が少ないながらも一定数在籍しているためである。
　二つ目は、図書館との連携が求められたことである。一橋大学附属図書館は、図書館を利用した学習支援に積極的であり、導入ゼミの授業日のうち 1 日を図書館の利用案内に充てたいという希望を持っていた。そのため、その授業日をどのようにシラバスに組みこむのかを考える必要が生じた。
　三つ目は、授業の記録が許されたことである。筆者は国立国語研究所でピア・ラーニングの教室談話の研究を行っており、留学生のピア・リーディングとピア・レスポンスのグループ・ディスカッションの様子を録音・文字化したコーパスの構築を行っている。今回、そこに日本人学生の初年次教育を扱ったピア・レスポンスのコーパスを作成することで、留学生と日本人学生の比較が可能になると考えた。そこで、国立国語研究所の研究倫理申請を通

したうえで、一橋大学法学研究科の許可を得[1]、その結果、コーパスの作成に取り組む準備を整えることが可能となった。

　こうした三つの状況を受け、附属図書館の利用案内と教室談話の録音を組みこみ、そのうえで高田氏と杉井氏が考える専門教育の観点を取りこんだ授業デザインをあらたに構築する必要に迫られた。そこで、授業のシラバスを、2. で挙げた表1から次の表4のように書き換えた。

表4　導入ゼミのスケジュール

① 4月13日　オリエンテーション	⑧ 6月 8日　論証の方法②
② 4月20日　文献の引用①	⑨ 6月15日　判例評釈①
③ 4月27日　文献の引用②（図書館）	⑩ 6月22日　判例評釈②
④ 5月11日　文献の引用③	⑪ 6月29日　法解釈論①
⑤ 5月18日　術語の定義①	⑫ 7月 6日　法解釈論②
⑥ 5月25日　術語の定義②	⑬ 7月13日　立法論①
⑦ 6月 1日　論証の方法①	⑭ 7月20日　立法論②

　「文献の引用」「術語の定義」「論証の方法」「判例評釈」「法解釈論」「立法論」の六つの授業のそれぞれの狙いは、次のとおりである。

　「文献の引用」は、法学・国際関係学を中心とした自分の興味のあるテーマに関わる項目を Wikipedia に立項することをその内容とする。Wikipedia は独自の見解を述べず、出典を明記した引用によって記事を構成するルールになっている。また、そうした引用が適切になされているかどうかはボランティアによって厳しく確認される。そのため、引用の作法を学ぶにはかっこうの材料である。また、附属図書館での利用案内の授業を組み合わせることにより、インターネット上の記事だけでなく、附属図書館の書籍資料も引用しながら Wikipedia の項目を執筆することになり、先行研究の整理のトレーニングになると考えた。詳細は 6.1 で後述する。

　「術語の定義」は、地球上のすべての生物が同じ大きさであったとした場合の「最強の生物」について論じることをその内容とする。このテーマは、議論の土台となる条件を限定したうえで最強の生物の定義をする必要がある点で、レポート執筆の基礎的なトレーニングになると考えた。

---

[1]　受講生には授業開講時に依頼をし、すべての受講生からの許可を得た。

「論証の方法」は、世の中の人が常識だと思っていることで、よく考えるとじつは不思議な事象を証明することをその内容とする。このテーマは、常識と考えていることでも、疑いだせば際限がなく、常識を厳密な意味で証明することは不可能であるが、それでも、論証をしようとすれば、説得力があると考えられる根拠をいくつもたたみかけるよりほかないこと、また、そのための説得の鍵は根拠や例の選択にあること、この2点を理解させることを目指している。

　前半の「文献の引用」「術語の定義」「論証の方法」はとくに法学部生にかぎらない一般的なアカデミック・スキルの習得を目的としているのに対し、後半の「判例評釈」「法解釈論」「立法論」は法学部生らしい専門的なアカデミック・スキルの育成を目的としたものである。

　「判例評釈」では「神戸高専剣道実技拒否事件」を扱う。神戸高専の学生が、剣道の実技に参加することは自己の宗教的信条に反するため、レポート提出などの代替措置を求めたところ、学校側がそれを認めず、当該学生を2年連続で留年させ、学則に従って退学処分にしたため、当該処分が違法であるとして取消しを求めた行政訴訟であり、裁判において原告・被告のそれぞれの立場に立って議論を行うことの重要性を学ぶことを考慮したものである。

　「法解釈論」では、できるだけ新入生に身近に考えてもらえる題材を考え、「著作権法に照らして、どこまでを著作権侵害ととらえるか」を候補として示した。ただし、受講生のなかに国際関係学専攻を希望する者がいた場合、国際関係学の内容に差し替える可能性もある。

　「立法論」は「法解釈論」と対になるもので、法が所与のものであって既成の法に基づいて判断するという先入観を新入生が持つことを避け、法案を作成する側から法の意味を学べるよう、社会的意義や影響、および法史的必然を踏まえ、自分なりの新しい法律を提案するトレーニングを用意した。

　また、それぞれのテーマを最低でも2回ずつ設けた背景は、ピア・レスポンスをより効果的に機能させるには、自分たちの持ち寄ったアイデアをグループで話し合うのに1回、話し合いを踏まえて自宅で推敲したものを持ち寄って、それを教室全体で議論するのに1回、必要だと考えたからである。

　ただ、授業を行った結果から述べると、実際の1コマ105分間の授業では、1回目の授業の前半に前回のテーマのフィードバック、後半に今回の

テーマの作文構想の検討、2回目の授業に宿題の執筆作文のディスカッション、3回目の授業の前半に宿題の推敲作文のフィードバック、後半に次回のテーマの作文構想の検討という流れにしたほうが順調に進むことがわかった。つまり、1テーマに対して2コマ分使うことには変わりないが、それを1コマ＋1コマでなく、半コマ＋1コマ＋半コマという形で運用したほうが効果的になるということである。次の表5のとおりである。

表5　一つのテーマの授業構成パターン

1回目の授業の前半：前回のテーマのフィードバック
1回目の授業の後半：今回のテーマの作文構想の検討 ・教員による今回の授業の目的の提示 ・個々の受講生によるテーマの作文構想の検討（単独での作業） ・作文構想をめぐるグループ・ディスカッション（3〜4名での作業） ・宿題：作文構想に基づく作文の執筆
2回目の授業：宿題の執筆作文のディスカッション ・教員によるグループ・ディスカッションの指示 ・執筆作文のグループ・ディスカッション（3〜4名での作業） 　※グループ編成を数度変え、ディスカッションを繰り返す ・宿題1：ディスカッションに基づく作文の推敲（週の前半） ・宿題2：全員分の推敲作文に目を通してくる（週の後半）
3回目の授業の前半：宿題の推敲作文のフィードバック ・各自もっともよい作文とその理由を述べる ・今回の作文のベスト3を決め、表彰する ・今回のテーマの狙いの種明かしをする
3回目の授業の後半：次回のテーマの作文構想の検討

5.　クラス編成の紹介

　本授業には16名の受講生があった。参加型の授業であり、授業準備の必要がある負担の多い授業であったが、途中で辞める者はなく、すべての受講生がほぼ無欠席で半年間の授業を終えた。すでに述べたように受講生は一橋大学法学部の1年生であり、男性が9名、女性が7名、男性のうち1名が中国人留学生であり、残りはすべて日本人学生であった。中国人留学生の日本語力は高く、日本人学生と対等に作業をこなしていた。まだ1年生であり、法学を専攻するか、国際関係学を専攻するかには迷いもある受講生もい

たが、国際関係学にとくに関心のある受講生は 4 名前後、全体の 4 分の 1 程度であった。

　データは、毎回の授業のグループ・ディスカッションの様子をグループごとに録音していたほか、受講生による授業中の議論のメモや執筆作文・推敲作文なども収集してある。ただし、データが膨大でその整理がまだ終わっていないため、以降では高田氏と筆者が作成した授業プリントと受講生が最後に提出した授業アンケートに基づいて論じる。

6.　各回の授業の実際
6.1　文献の引用
　「文献の引用」は、4. で示したように、法学・国際関係学を中心とした自分の興味のあるテーマを一つ選び、Wikipedia に立項するものである。

　Wikipedia の立項は、引用のトレーニングとして適した素材である。その理由は、Wikipedia が内容にかんする三大方針を持っているからである。三大方針とは「中立的な観点」「検証可能性」「独自研究は載せない」である。

　「中立的な観点」は「すべての記事は特定の観点に偏らずあらゆる観点からの描写を平等に扱い、中立的な観点に沿って書かれていなければならない」（https://ja.wikipedia.org/wiki/Wikipedia:中立的な観点）、「検証可能性」は「ウィキペディアで提供するのは、信頼できるソース（情報源）を参照することにより『検証できる』内容だけ」（https://ja.wikipedia.org/wiki/Wikipedia:検証可能性）、「独自研究は載せない」は「信頼できる媒体において未だ発表されたことがない」内容を掲載しない（https://ja.wikipedia.org/wiki/Wikipedia:独自研究は載せない）ことをそれぞれ指す。

　Wikipedia の狙いは「論争を記述することであり、論争に加わることでは」なく（https://ja.wikipedia.org/wiki/Wikipedia:中立的な観点）、Wikipedia に執筆してよいかどうかの基準は「『真実であるかどうか』ではなく『検証可能かどうか』」であり（https://ja.wikipedia.org/wiki/Wikipedia:検証可能性）、Wikipedia は何より「その記事の主題に直接関連のある情報を提供している信頼できる資料を参考文献として記し、その資料に記された内容に忠実に記述する」場であるということである（https://ja.wikipedia.org/wiki/Wikipedia:独自研究は載せない）。

そして、こうした三大方針を守らない記事に対しては、「要出典」「要検証」「独自研究」のタグが容赦なく貼られ、ときには「削除依頼」が出されて削除に至ることもある。事実、受講生が書いた記事のなかには「削除依頼」が出されたものもある。その場合、一次資料や二次資料などの出典を明記し、削除されないように防御しなければならない。こうして、受講生は厳しい環境のなかで実地に引用の方法を学ぶことになるわけである。

また、Wikipedia を使った文章作成トレーニングには、引用以外の効用もある。一つは、文章構成力の育成である。Wikipedia の記事作成には目次を整えることが要求され、概要や歴史に始まり、脚注から関連項目に至るまで、目次をもとに内容をわかりやすく整理することが求められる。その結果、自然と局部と全体を往還する文章構成の目が養われることになる。

もう一つは、項目選択である。新たな項目を作成する場合、百科事典に取りあげる価値のある特筆性が求められる。しかし、難しいのは、特筆性のある項目はもうすでに項目として取りあげられていることが多い点である。そのため、受講生は特筆性がありながらも、まだ立項されていない項目を真剣に考え、調べる必要が生まれる。この作業は、まさに論文のテーマを探す作業と軌を一にしており、学術的なトレーニングになる。

受講生が取りあげたテーマは次の表6のとおりである。

表6　受講生が Wikipedia に立てた項目の一覧

多国間条約	ガストアルバイター
堀光亀	狭山市殺人未遂事件
オタフクソース事件	名校志向塾
隠れトランプ	人道的危機
財政民主主義	オーラルフレイル
ディフェンシブ・リアリズム	ミップスター
深沢権八	セキュリティ・ダイヤモンド構想
犯罪徴表説	ジョン・マネー

実際の作業では、項目の候補を各自三つほど考え、それをグループ・ディスカッションで検討して優先順位を決め、最終的には一つに絞って Wikipedia の記事として書いた。

第 7 章　専門教員との連携を生かしたアカデミック・ライティング能力育成の試み　｜ 129

　興味深かったのは、受講生のテーマの選び方である。ある受講生はキャンパスのなかをひたすら歩き回り、胸像になっている偉人を見て回ったという。そして、その名前を Wikipedia で調べ、載っていなかった「堀光亀」を取りあげた。一橋大学のキャンパスで胸像になるぐらいだから有名人であるに違いないと考えて、特筆性を担保したという。また、別の受講生は裁判員制度による裁判を取りあげようと考えた。しかし、当然のことながら、裁判員制度による初の裁判は Wikipedia に立項されている。そこで、裁判員制度による国内の 2 例目の裁判「狭山市殺人未遂事件」を記事として取りあげた。こうした発想力は、アカデミック・スキルを考えるうえで、ヒントになるものだと言えるだろう。

6.2　術語の定義

　二つ目のテーマは「最強の生物」である。「もし地球上の生物がすべて同じ大きさだった場合、最強の生物は何か。その生物を具体的に示し、根拠とともに論じなさい。分量は、A4 判 1 枚以内（1,200〜1,800 字）とする」という課題を与えた。これは、議論の土台となる条件を限定したうえで、最強の生物の定義をして議論を展開するという、議論の前提を整えることを目指したトレーニングである（安部 2014）。

　このテーマは、議論の前提を整える訓練になるだけでなく、文章の説得力を高める技術を学べる点でも優れている。まず、なぜその生物を最強と考えるのかという根拠を示さなければならないため、考えうる根拠をひたすら列挙し、そのなかから説得力のある根拠を選びぬく目を養うことができる。同時に、ある生物を最強の生物に選んだ場合、他の生物と比較する必要も出てくる。比較もまた、論文・レポートを書くうえで重要な観点であり、そうした観点を自然に学ぶことができるようになる。

6.3　論証の方法

　三つ目のテーマは「常識の証明」である。「世の中の人が常識だと思っていることで、よく考えてみるとじつは不思議だと思えること（例：「ほんとうに右利きの人が世界的に多いのか」「ほんとうにロボットに心がないのか」「ほんとうにテニスはスポーツなのか」など）を一つ挙げ、それを疑問文の

形で示しなさい。そのうえで、その常識が正しいことを、根拠を挙げて証明しなさい。分量は、A4判1枚以内（1,200～1,800字）とする」という課題を与えた。

　法は常識と親和性が高く、社会の常識が形を取ったのが法であり、法が社会の常識を作りだすとも言える。その意味で、後半の専門的な内容につなげる布石となると考えた。しかし、優れた根拠を選びだす活動という点では「最強の生物」との重複も大きく、世の中の常識や倫理に反するテーゼ（たとえば「タバコは健康に良い」）を立て、それを擁護する議論を行うことをその内容とする「反常識の擁護」のほうが、自分と相容れない立場に立つことを学べるという点で、法廷における弁論や判断にも資するところが大きかった可能性もある。

6.4　国際関係論

　後半の最初は、「判例評釈」から予定を変更し、「戦争の原因を考える」というテーマに取り組んだ。国際関係論の専攻を希望する者が受講生の4分の1を占め、一度議論しておく必要があったからである。

　授業のデザインは杉井氏に依頼した。杉井氏は防衛大学校出身という背景を生かし（杉井・星野 2014）、約1億人の命を奪った二つの世界大戦の経験をとおして学問としての国際関係論が勃興したこと、世界秩序の変動や戦争と平和の問題を見据え、そのメカニズムと真理を探究する必要があること、さらに、世界平和を実現する政策、国際協力を進展させる政策、戦争を予防する政策を考える重要性を受講生自身が自分の頭で考える必要があることを示し、「戦争というものがなぜ起きるのか、戦争の原因を考えなさい。そして、あなたの提示した戦争の原因を踏まえて、戦争の予防・根絶の方法を考えなさい」という課題に取り組んだ。このような大きな課題に取り組んだことは受講生も筆者にもなく、原理的かつ論理的に国際関係を考えるよい機会となった。

6.5　法解釈論

　法解釈論の回では、模擬裁判を行った。2名が原告チーム、2名が被告チーム、4名が裁判官チームとなり、こうしたチームによる模擬法廷が教室

第7章　専門教員との連携を生かしたアカデミック・ライティング能力育成の試み ｜ 131

内に二つ用意された。授業は2回あるので、受講生たちは、原告・被告チームと裁判官チームを1度ずつ経験するようにチームを組むようにした。1回目と2回目の授業の課題は次の表7のとおりである。これらは、実際の判例に基づいているが、議論しやすいように高田氏が若干改変している。

　模擬裁判にかんしては高田氏が陣頭指揮を執り、筆者はもっぱらサポートに徹した。模擬裁判は、法学部に入学して間もない新入生には抵抗があることが予想されたが、受講生は全員、熱心に課題に取り組んでいた。原告・被告の作戦タイムでは裁判でのプレゼンテーションの方法を真剣に検討し、裁判官として法廷に臨むときは可能なかぎり公正な姿勢で判断を下すように努めている様子がうかがえた。高校を卒業して間もない新入生が、模擬裁判に積極的に取り組む姿を目の当たりにし、専門を学ぶモチベーションの高さを実感した。

表7　模擬裁判の状況設定

1回目の授業課題
Xは、戸籍上も外見上も男性であるものの、自らの性別に違和感を感じ生きてきた。高校卒業を控えたXは、かねてから憧れていた名門女子大学Yの受験を決意し、願書を提出した。しかしながら、Yは、Xには受験資格がないとして、そもそも出願すること自体を認めなかった。そこで、Xは、Yを相手取り、自らに受験資格があることの確認を求め、提訴に踏み切った。

2回目の授業課題
Xは、自ら志願して、A市立の工業高等専門学校に入学した。この学校は、体育を必修科目としており、その一環として剣道の授業が行われている。同校の成績評価は、100点満点で行われ、50点未満の者には、単位が認定されない仕組みとなっている。なお、体育については、その40点分が剣道実技に配分されている。 　ところで、Xは、両親の影響を受け、ある宗教を信仰している。この宗教の教義によれば、剣道実技は許されない。Xは、この教義に従い、剣道実技を拒否し、その代替措置として、レポートの提出等を学校側に申し入れたが、学校側は諸般の事情から、これを認めなかった。結局、Xの体育の成績は48点に留まったため、Y校長はXを落第させる決定を下した。なお、Xは、体育を除く単位は取得しており、生活態度も良好であった。

6.6 立法論

　最後のテーマは、以下の表8に示した法案作成の課題である。法案作成は難しく、誰にでも作れるものではない。一度法律を作ると、その法律は社会の形を変えるものとなるので、その社会的な意義を明確にしなければならない。また、法律は、その社会的意義が達成されるよう、十分に遵守される実効性が確保されなければならない。さらに、法律は他の法律との関連が重要になるし、条文自体が条文らしく整っている必要もある。こうした条件を考慮に入れたうえで、自分なりの法律を作るという、かなりレベルの高い課題を与えた。

表8　法案作成の課題

> 　以下の①～⑤に留意して、あなたが社会的に必要と考える法律を考え、条文を作成しなさい。
> ① その法律の社会的意義を明確にすること
> ② 憲法に違反しないものにすること
> ③ 条文形態は他の法律に準拠すること
> ④ 関連する法律に目を通しておくこと
> ⑤ 実効性を確保すること

　ここでも、受講生のポテンシャルの高さを目の当たりにした。受講生たちは既存の関連する法律を手本にして、じつに見事な法案を作りあげた。もちろん、専門家の目から見れば多くの問題点もあるだろうが、受講生一人ひとりが十分な法的センスを身につけていることは、非専門家の筆者にも見て取ることができた。

7.　受講生の授業評価

　6.で示した、授業の各テーマに対し、受講生が最後にどのような評価を下したのかを見てみたい。次の表9は、受講生の5段階の評価である。

第7章　専門教員との連携を生かしたアカデミック・ライティング能力育成の試み ｜ 133

表9　各テーマに対する受講生の5段階評価

	A	B	C	D	E	F	G	H	I	J
オリエンテーション	4	3	4	3	5	4	3	5	4	3
文献の引用（Wikipedia）	3	5	5	4	2	5	5	5	4	5
図書館ツアー	3	5	4	5	5	5	3	5	4	4
術語の定義（最強の生物）	3	5	3	5	3	4	4	5	5	5
論証の方法（常識の証明）	4	5	3	5	4	4	4	5	4	5
国際関係論（戦争の原因）	5	5	5	5	4	5	4	5	3	3
法解釈論（女子大への受験）	5	5	5	5	4	4	5	5	4	5
法解釈論（体育実技の単位）	5	5	5	5	4	5	4	5	5	4
立法論（オリジナルの法案）	4	5	4	5	3	5	4	5	4	5

	K	L	M	N	O	P	合計	平均
オリエンテーション	5	3	3	4	4	5	62	3.88
文献の引用（Wikipedia）	3	4	4	5	5	4	68	4.25
図書館ツアー	3	4	4	2	4	4	64	4.00
術語の定義（最強の生物）	4	5	3	5	5	3	66	4.13
論証の方法（常識の証明）	3	3	4	3	5	3	64	4.00
国際関係論（戦争の原因）	5	5	4	4	5	4	71	4.44
法解釈論（女子大への受験）	5	5	4	4	5	3	71	4.44
法解釈論（体育実技の単位）	5	5	5	4	5	3	74	4.63
立法論（オリジナルの法案）	5	5	3	4	4	3	68	4.25

　受講生の評価はおおむね高い評価となっており、とくに、「国際関係論」と「法解釈論」（模擬裁判）の評価の高さが際立っている。この二つは、杉井氏、高田氏が準備を整えて臨んだ授業であり、専門のテーマに対する二人の情熱と、受講生の専門教育への渇望がかみ合い、受講生の高い満足感を引きだした回である。二人とも二十代という若い世代であり、受講生の関心を考えて授業を進めていたのが印象的で、筆者としても学ぶところが多かった。
　一方、筆者が担当した授業としては、Wikipediaを用いた「文献の引用」と、法案作成の課題を与えた「立法論」の評価が高かった。Wikipediaの課題は受講生Eが低い評価を付けているが、その低評価の原因はPCを用いた作業の困難さにある。若い世代は総じてデジタル的な処理に慣れているとはいえ、こうした課題を与えるさいには技術的なサポートにも配慮する必要が

あるだろう。また、「立法論」は野心的な課題で、多くの学生は興味を持って取り組んでいたようであるが、かなりハードルの高い作業であったため、この作業に苦労した受講生はやや低い評価を付けたようである。

「最強の生物」を論じた「術語の定義」の評価も、「常識の証明」を課した「論証の方法」の評価もけっして低くはなく、コメントを見ても、楽しんでいた様子がうかがえるが、似通った課題が二つ並んだことで、屋上屋を架した感もあり、相対的に見るとやや低い評価となったと見られる。

「図書館ツアー」についても、図書館員の方々の尽力もあり、評価は低くないが、低い評価を付けた受講生Nによれば、すでに知っている常識的な内容をガイダンスされた気がして、そのために1コマ割くのが効率的でないように感じたようである。しかし、初年次教育でもあり、多くの学生は図書館の利用に慣れていないため、図書館を利用した体験授業は一定の意味があるように筆者自身は感じている。

なお、もっとも評価が低かった「オリエンテーション」については、受講生のコメントを確認した範囲では、初回のことでもあり、時間が経って印象に残っていないようで、とりあえず3を付けた者が多かったようである。その意味では、評価が低いというよりも、そもそも評価になじまない項目であったと判断する[2]。

8. おわりに ―大学と社会をつなぐライティング教育―

以上、2017年の4月から7月にかけて一橋大学法学部で行った導入ゼミという授業において、初年次教育における新入生のアカデミック・ライティング能力をいかに育成するか、専門教員との連携で行った筆者の試みを、授業の準備・実践・評価の観点から紹介した。

この導入ゼミには、専門教員や図書館員との連携、ピア・レスポンスによる対話、大胆なテーマ設定など、これまでの授業であまり見られなかった工夫が盛りこめ、学生たちのアカデミック・ライティング能力の向上に役立ったという手応えが感じられた。

今回の授業をとおして、法学部生の場合、新入生の段階からかなり高い意

---

[2]　なお、受講生Dの「オリエンテーション」は、実際は評価なしであったが、ほかの受講生のコメントに鑑み、印象がないという評価は「3」という形で処理をした。

識を持って入学してくることを実感した。学生たちの多くは法科大学院への進学を考えており、将来的には法曹界で弁護士・裁判官・検察官になることを希望している。また、法律や条令を立案したり、それに基づいて業務を遂行したりする公務員志望の者もいる。さらに、研究者養成の大学院を修了して研究者になることを希望する者も少ないながらも存在する。そう考えると、法学部生の場合、アカデミック・スキルの育成がそのまま社会人スキルの育成に直結する特殊な環境にあると考えられ、初年次教育といえども、社会につながるライティング能力の育成を視野に入れ、現時点での教育がその土台を作るという意識で授業をデザインする必要がある。その意味で、法学部の専門教育につながるアカデミック・ライティング教育に求められる課題は重いものがある。

　既述のように、この授業はデータとして、毎回のグループ・ディスカッションの録音、受講生のメモや、執筆作文・推敲作文なども収集している。また、授業実施に伴う事務を担当した田氏がライティング不安についてのアンケート調査も実施している。今後の課題としては、そうしたデータをとおし、授業のなかで受講生がどのように課題に取り組み、批判的な思考力と表現力を身につけていったのかを実証的に明らかにし、大学と社会をつなぐライティング教育に資する知見を提供することを目指したい。

付記

　本研究の一部は、国立国語研究所基幹研究プロジェクト「日本語学習者のコミュニケーションの多角的解明」と JSPS 科学研究費（課題番号 17K02878）の助成を受けて行った。

参考文献

安部達雄（2014）「第 11 章　作文のテーマ選びの実際——常識を証明する活動を例に——」石黒圭（編）『日本語教師のための実践・作文指導』104–113. くろしお出版 .

池田玲子（2004）「日本語学習における学習者同士の相互助言（ピア・レスポンス）」『日本語学』23（1）: 36–50.

石黒圭（2012）『論文・レポートの基本』日本実業出版社 .

大島弥生・池田玲子・大場理恵子・加納なおみ・高橋淑郎・岩田夏穂（2014）『ピアで学ぶ大学生の日本語表現 [第 2 版]——プロセス重視のレポート作成——』ひつじ書房 .

五味政信（1996）「専門日本語教育におけるチームティーチング——科学技術日本語教育での日本語教員と専門教員による協同の試み——」『日本語教育』89: 1–12.

杉井敦・星野了俊（2014）『防衛大学校で、戦争と安全保障をどう学んだか』祥伝社 .

第8章

エンジニアを目指す工学系学生に必要なライティング教育とは

学生と社会人へのライティングに関する調査から

仁科浩美

　工学を学ぶ学生および企業で働く卒業生に対して実施したライティングに関する質問紙調査について報告し、調査結果をもとに工学系学生が在学中に学ぶべきライティング教育とはどのようなものかを検討する。

キーワード 工学系学生，社会人，コミュニケーション力，他者との関わり

1. はじめに

　日進月歩で科学技術が発展し、産業構造にも変化が現われる中、少子高齢化に伴う人口減少の問題が日本社会に否応なく差し迫っている。

　このような状況下、2000年を過ぎた頃から政府関係機関により、わが国の将来を担う人材に必要な力が具体的に示され始めた。内閣府主幹による企業・高等教育機関関係者から構成された人間力戦略研究会は、「人間力」を「社会を構成し運営するとともに、自立した一人の人間として力強く生きていくための総合的な力」と定義し、知的能力、社会・対人関係力、自己制御の要素から構成されるとした（「人間力戦略研究会報告書」2003: 10）。また、経済産業省からは2006年に、「職場や地域社会で多様な人々と仕事をしていくために必要な基礎的な力」として、「前に踏み出す力」「考え抜く力」「チームで働く力」の三つの能力からなる「社会人基礎力」が提唱された。以降、これらの能力の獲得を目指し、産業界と学校教育との連携がより活発に図られてきた。

　昨今では理工系人材の育成に特化した取り組みも開始されている。「理工

系人材育成に関する産学官行動計画」(2016) では、計画の柱として、「産業界のニーズと高等教育のマッチング方策、専門教育の充実」「産業界における博士人材の活躍の促進方策」「理工系人材の裾野拡大、初等中等教育の充実」が挙げられている。「産業界のニーズと高等教育のマッチング方策、専門教育の充実」では、高等教育機関における理工系の学生をいかに産業界が求める人材に育てるかが重視されている。この産業界と教育機関との連携は、理工系の技術的な専門性も相まって、文系分野のそれよりもかなり強固である。産業界が期待する人材像を学生や教育関係者に周知させるため、工学系の学会が共同で若手技術者によるシンポジウムや現役学生との意見交換会等を開催しているとの報告もある (岩倉・山田 2017)。

　このような人材育成に関する取り組みにおいて重視されている力は、コミュニケーション力である。例えば、前述した「人間力」では、「社会・対人関係力的要素」の一つとしてコミュニケーション・スキルが挙げられており、「社会人基礎力」でも、「チームで働く力」の能力の要素である「自分の意見をわかりやすく伝える力」がこれに該当する。

　本章では、コミュニケーションを図る際の伝達方法の一つであるライティングについて検討する。まず、工学系学生を対象とした昨今のライティング教育について概観する。次に、学生に焦点をあて、質問紙調査からライティングに関する意識や問題点を分析する。さらに、現在、社会人として活躍する卒業生に対して実施した質問紙調査から業務でのライティングに関する実態や困難点を検討する[1]。これらから、将来を見据えた上で、工学系学生が大学で学ぶべきライティングとは何かを考える。

2.　工学系におけるアカデミック・ライティング

　グローバル化とともに、工学系学生については、日本語以上に英語に注目が集まり、英語力の向上は文系の学生以上に大きな課題として捉えられてきた。これは、理系の分野では、英語で研究成果が発信・受信されることが多く、また卒業後も海外支社・工場への派遣や海外企業との共同事業への参加

---

[1]　工学系学生と卒業生への調査実施には、東山禎夫氏 (山形大学教授) の全面的な協力を得た。調査と結果の公開については協力者に事前に説明し、了解を得て行った。

等で英語が求められるためである。日本での英語教育は、オーラルコミュニケーション重視の傾向にあり、ライティングは軽視されてきた（鴨下 2010）が、昨今のグローバル化により、ライティング指導についても誤用分析や指導のあり方等についていくつかの報告がなされている（Vanbaelen 2009；鴨下 2010；西山・Leleito・曾・古谷 2015）。

他方、日本語によるライティング教育については、初年次教育において基本的なレポートの書き方の指導がなされることが多い。研究においては、学生が書いた記述試験やレポートにおける問題点、レポートに必要な構成や要点をまとめたチェックシートの開発等が報告されている（寺尾 2007；大島 2010；桐山 2011）。しかし、学年が進んだ段階においては日本語に焦点をあててライティングの授業が行われることは少なく、研究室等での個別の対応に任されているのが現状であると思われ、研究報告もあまり見られない。

工学を含む理系のライティングに関する参考書や教材は、木下（[1981] 2004）の『理科系の作文技術』を初めとし、数々の書籍が出版されている。これまでその内容は、構成や論理展開、各文書における作法、理系に求められるデータに基づいた簡潔で明解な文章の書き方等が多く扱われてきた。そして、最近では、母語である日本語での言語技術[2]（Language arts）の不足が日本語だけでなく外国語を使う際にも影響を与えていることを指摘し、将来、技術者や研究者となる理系の学生にこそ世界共通の言語技術教育を実施することが重要である（三森 2013）とする主張も見られる。

3. 工学系学生のライティング

本節では、某大学工学部電気電子工学科で学ぶ学部2年から大学院博士前期課程（以下、「修士課程」と略す）2年までの学生281名に対し実施したライティングに関する質問紙調査をもとに、工学系学生のライティングの現状と意識について述べる。有効回答数は261名（有効回答率92.9%）で、その内訳は学部2年68名、3年73名、4年67名、修士課程1年24名、2年

---

[2]　三森（2013）は「言語技術（Language arts）とは、世界の多くの国々で実施されている言語教育を指します。これはヨーロッパ、北米、南米、アジア（英語圏）、中近東、アフリカ等、世界の多くの国々で幅広く実施されているため、世界基準の言語教育と言えます」（p. 4）と、国際社会で用いられている共通基盤が日本語では共有されていないことを指摘している。

140 | 仁科浩美

29 名）である。

3.1 アカデミック・ライティングの経験

　表1は、電気電子工学を学ぶ学生のこれまでのアカデミックな文書の作成経験について学年別に示したものである。なお、同学部では、例年、学生の半数が大学院に進学する[3]。同学科における 2015 年から 2017 年までの進学率の平均は 46.7% である。

表1　アカデミックな文書の作成経験

		専門科目レポート（計算）	専門科目レポート（文書）	電気電子工学実験報告書	実験ノート	インターンシップ日報	卒業研究経過報告書	卒業研究発表会概要	卒業論文	学会発表原稿	学会論文誌原稿
B2	名	55	34	0	54	0	0	0	0	0	0
	%	80.9	50.0	0.0	79.4	0.0	0.0	0.0	0.0	0.0	0.0
B3	名	71	65	70	69	11	0	0	0	0	0
	%	97.3	89.0	95.9	94.5	15.1	0.0	0.0	0.0	0.0	0.0
B4	名	60	60	63	62	2	17	0	0	0	0
	%	89.6	89.6	94.0	92.5	3.0	25.4	0.0	0.0	0.0	0.0
M1	名	22	22	24	23	6	15	20	24	12	4
	%	91.7	91.7	100.0	95.8	25.0	62.5	83.3	100.0	50.0	16.7
M2	名	27	27	29	26	8	19	28	28	27	17
	%	93.1	93.1	100.0	89.7	27.6	65.5	96.6	96.6	93.1	58.6

B：学部、M：修士課程　　B・M の後の数字は学年を指す。

　調査を行った9月において、計算を中心にしたレポートや実験ノート等、学部2年生のライティングの経験は非常に限定的であり、「論じる」ことを目的とした文書は書いていない様子がうかがえる。一方、学部3年生および4年生では、アカデミックな文書のライティング経験は、インターンシップと卒業論文に関わるものを除き、ほぼ9割となる。そして、修士課程に進学すると、インターンシップや学会等、学外との結びつきが一挙に増し、学会発表原稿に関しては修士1年生で 50.0%、修士2年生で 93.1% が経験する。さらに、学会に投稿する論文についても修士2年の前期で半数の学生が執筆を経験しており、専門性が高まるとともに、学外にも通じるレベルのライティング・スキルが求められることがわかる。

---

[3]　2016 年度の学部全体の進学率は、55.3% であった。

3.2 ライティング時の留意点および難しさ

　レポートや論文を書く際に、どのような点にどの程度気をつけているかを観点ごとに6段階尺度（1：全然気をつけていない、2：気をつけていない、3：どちらかと言えば気をつけていない、4：どちらかと言えば気をつけている、5：気をつけている、6：とても気をつけている）で尋ねたところ、表2（p. 143）のような結果となった。a〜sの項目は、筆者がこれまで担当していたライティングの授業での観察および自主開発教材をもとに設定した[4]。学年別に見ると、修士2年生については19項目中18の項目で、修士1年生については14の項目で4.50以上という高い値を示している。このことから、総じて修士課程の学生は、学部生に比べ、多くの点で注意を払いながら書いていることがわかる。各項目の学年間における最高値と最低値の差が大きいのは、「k. 前後の脈絡に欠けた論理展開をしない」（差1.19）、「p. 手順説明の際には全体から細部へ説明する」（差1.15）、「h. 曖昧な言葉を用いず、具体的に数字を用いて書く」（差1.04）であった。いずれも修士2年生と学部2年生の値の差であり、論ずることが必要な文書の作成経験が注意の有無の要因になっていると思われる。

　また、「a. 誤字・脱字を書かない」「d.「〜である」の文体を用いる」「b. 通常、漢字で表すものは漢字を使う」については、いずれの学年においても値が高い。これらは論の内容に関わるものではなく、部分的に修正が可能なものである。また、正誤の判断もしやすいため、意識が向きやすいと考えられる。

　一方、「p. 手順説明の際には全体から細部へ説明する」「n. 意見文と事実文を区別する」に対する意識はいずれの学年においても低い。特に、全体から細部へと説明を述べる方法については、学部2年生は、3.57と全ての項目の中で最も低い。これは前述した誤字・脱字のような視覚的に瞬時に判断できるものとは異なり、述べ方に関わる情報の提示の仕方であり、学部2年生では伝わる伝え方といった点にはまだ意識があまり及んでいないことがうかがえる。

　表2の項目以外に気をつけていることについて（自由記述）は、24名から回答があり、八つの内容に分類された（表4, p. 144）。最も多かった回答は、

---

[4]　紙面の都合上、表中の項目の記述は簡潔な表現で示した。表3および表5も同様である。

「きれいな字で書く」であった。ほとんどが学部生からの回答であったことから、手書きで提出する機会が多い環境が影響していると思われる。他にもレイアウトや見やすさ等視覚的な面からの回答が多く、見た目の読みやすさに意識が及んでいることが推察される。しかし、その一方で、書く前に構成を考える、推敲を行うといった質の向上につながるものへのコメントはわずかであり、内容に対する意識の欠如が感じられた。

　レポートや論文を書く際に、表2と同じ観点についてどの程度難しさを感じるかを6段階尺度（1：全然難しくない、2：難しくない、3：どちらかと言えば難しくない、4：どちらかと言えば難しい、5：難しい、6：まだ非常に難しい）で尋ねた。結果を表3に示す。

　学年による明確な違いは見られず、全体的には、「どの程度気をつけているか」を尋ねた表2よりも数値は低めである[5]。特に、「d.「〜である」の文体を用いる」「b. 通常、漢字で表すものは漢字を使う」は、それぞれ2.44、2.96と低い値となり、文体や漢字の運用そのものにはあまり問題を感じていないことがわかった。

　一方で、上位項目には、「o. 要点を簡潔にまとめた要約をする」「j. わかりにくい構造の文を書かない」「r. データに基づき原因と結果との因果関係を述べる」「s. データをどう分析したか、自分の解釈を述べる」「c. 技術系文書特有の書き言葉表現を使用する」があり、学生が感じている難しさは文体や語彙といった部分的範囲を超えたものであることがわかる。

　この結果は、大島（前掲）の形式・慣習的側面や表現スタイルは訓練により習得しやすいが、構築力に関わる情報の取り込みや考察力については容易に培われないという指摘と一致しており、意識面でも同様の結果となった。

　「c. 技術系文書特有の書き言葉表現を使用する」については、冨永・向後（2008）が、一見すると誤りではないものの、テクニカル・ライティングとしては不適当であるような文章は、学生にはわかりやすい文章か否かが判別できないと述べている。学部4年生および修士1年生の値が高いのは、卒業研究を通し、これと同様の経験をしたからではないかと推察される。

---

[5]　なお、表2の「気をつけている点」と、表3の「難しさを感じる点」について明白な相関は見られず、「p. 手順説明の際には全体から細部へ説明する」「c. 技術系文書特有の書き言葉表現を使用する」にそれぞれ r=-0.41、-0.38 の弱い相関が見られた程度であった。

表2 ライティング時にどの程度気をつけているか

学年平均	a 誤字・脱字の回避	b 適切な漢字使用	c 技術系文書特有表現の使用	d である体の使用	e 主語・述語の対応	f 句読点の位置に注意	g 冗長の回避	h 数字使用	i 多義文の不使用	j わかりにくい構造文の回避	k 論理展開	l 不適切な接続詞回避	m 段落内構造	n 意見文と事実文の区別	o 簡潔な要約	p 全体から細部の説明	q わかりやすいデータ説明	r データに基づく因果関係	s 自分の解釈の提示
B2	5.03	4.72	4.26	4.92	4.16	4.09	4.13	3.96	3.91	4.18	3.91	4.53	3.75	3.91	4.04	3.57	4.31	4.38	4.35
B3	4.88	4.93	4.03	4.70	4.37	4.29	4.29	4.10	3.97	4.23	4.05	4.44	3.77	4.18	4.24	3.72	4.51	4.36	4.32
B4	4.78	4.80	3.78	4.73	4.43	4.12	4.00	3.98	3.76	4.10	4.20	4.22	3.88	3.63	4.37	3.96	4.27	4.29	4.16
M1	5.13	4.96	4.29	5.13	4.96	4.79	4.75	4.25	4.54	4.67	4.71	4.54	4.63	3.88	4.46	4.17	4.75	4.88	4.58
M2	5.03	5.17	4.31	5.17	5.14	4.76	4.97	5.00	4.61	4.97	5.10	4.93	4.64	4.62	4.83	4.72	4.90	5.10	4.86
全体平均	4.97	4.92	4.13	4.93	4.61	4.41	4.41	4.26	4.16	4.43	4.40	4.53	4.13	4.04	4.39	4.03	4.55	4.60	4.46
標準偏差	0.81	0.77	1.08	0.91	0.98	1.06	0.98	0.95	1.03	0.97	1.00	0.94	1.03	1.09	0.96	1.11	0.85	0.88	0.88

B：学部、M：修士課程　B・Mの後の数字は学年を指す。網掛け部分は4.00 未満のもの、太字下線は5.00 以上のもの。

表3 ライティング時にどの程度難しさを感じるか

学年平均	a 誤字・脱字の回避	b 適切な漢字使用	c 技術系文書特有表現の使用	d である体の使用	e 主語・述語の対応	f 句読点の位置に注意	g 冗長の回避	h 数字使用	i 多義文の不使用	j わかりにくい構造文の回避	k 論理展開	l 不適切な接続詞回避	m 段落内構造	n 意見文と事実文の区別	o 簡潔な要約	p 全体から細部の説明	q わかりやすいデータ説明	r データに基づく因果関係	s 自分の解釈の提示
B2	2.99	3.01	3.56	2.37	3.66	3.28	3.29	3.15	3.74	3.79	3.66	2.90	3.78	3.47	4.07	3.76	3.43	3.72	3.81
B3	2.95	2.81	3.63	2.65	3.64	3.30	3.53	3.25	3.81	3.59	3.44	3.04	3.49	3.32	3.70	3.70	3.56	3.70	3.62
B4	3.12	3.00	3.89	2.43	3.44	3.38	3.48	3.45	3.77	3.71	3.47	3.15	3.62	3.55	4.00	3.79	3.79	3.92	3.88
M1	3.67	3.04	3.82	2.50	3.79	3.42	4.04	3.46	3.83	4.21	3.92	3.13	3.58	3.63	3.83	3.79	3.83	3.88	3.92
M2	3.14	2.93	3.56	2.24	3.28	3.24	3.31	2.97	3.62	3.79	3.38	2.93	3.48	3.29	3.89	3.41	3.62	3.66	3.62
全体平均	3.17	2.96	3.69	2.44	3.56	3.32	3.53	3.25	3.75	3.82	3.57	3.03	3.59	3.45	3.90	3.69	3.65	3.77	3.77
標準偏差	1.12	1.07	1.12	1.12	1.08	1.14	1.04	1.08	1.01	1.12	1.02	1.05	1.09	1.05	1.15	1.15	1.10	1.12	1.12

B：学部、M：修士課程　B・Mの後の数字は学年を指す。網掛け部分は3.75 以上のもの、太字下線は3.00 未満のもの。

表4　自由記述による「気をつけている点」（複数回答）

項目	回答数	項目	回答数
きれいな字で書く	9	図表（サイズ・題名提示）	2
レイアウト・見やすさに気をつける	8	推敲する	1
内容のわかりやすさに気をつける	2	執筆前に構成を考える	1
言葉の正確さに気をつける	2	量：指定の8割は書く	1
		計	26

3.3　学生が考えるライティング力の向上に効果がある方法

　表5はライティング力の向上に効果があると学生が考える方法を示している。全体的に割合が高いのは「教員が書いたものを見たり・読んだりすること」「自分の研究に関する分野の雑誌を見たり・読んだりすること」であり、目指すべき最終的な目標を見据え、そこから学ぼうという姿勢がうかがえる。特に、教員が書いたものがライティング力の向上に効果があるという回答は、学部3年生になると7割近くに達し、修士2年生では86.2％と、教員が作成した文書を身近な手本として位置づけていることがわかる。一方で、「同級生の書いたものを見たり、読んだりすること」は、どの学年でも最も低い値となっており、自己の上達には大きな影響は及ぼしていないと考えていることが推察される。

表5　ライティング力の向上に効果があると思う方法

		同級生のを見る・読む	先輩のを見る・読む	教員のを見る・読む	研究分野の雑誌を見る・読む	専門科目で書く機会が増える	報告書作成時の教職員からの指導	卒業論文執筆時の教員からの指導	学会等への発表原稿執筆	新聞や本を読むこと	その他
B2	名	26	41	41	43	41	46	45	30	48	7
	%	38.2	60.3	60.3	63.2	60.3	67.6	66.2	44.1	**70.6**	10.3
B3	名	20	31	50	55	51	52	38	32	46	2
	%	27.4	42.5	68.5	**75.3**	69.9	**71.2**	52.1	43.8	63.0	2.7
B4	名	29	44	48	39	37	36	35	29	30	3
	%	43.3	65.7	**71.6**	58.2	55.2	53.7	52.2	43.3	44.8	4.5
M1	名	11	16	19	15	12	16	19	15	12	1
	%	45.8	66.7	**79.2**	62.5	50.0	66.7	**79.2**	62.5	50.0	4.2
M2	名	9	21	25	23	16	12	20	23	14	0
	%	31.0	**72.4**	**86.2**	**79.3**	55.2	41.4	69.0	**79.3**	48.3	0.0
全体平均	%	37.2	61.5	73.2	67.7	58.1	60.1	63.7	54.6	55.3	4.3

B：学部、M：修士課程　B・Mの後の数字は学年を指す。太字下線は70.0％以上のもの。

学年別では、文書作成の経験が少ない学部2年生の回答が注目される。項目の多くが6割程度の値を示しており、どれもが大切に見えているようである。その中で、最も割合が高い項目が「新聞や本を読むこと」であることから、当該学生は、教養の獲得や語彙の充実、新聞や書物から書き言葉の特徴を学ぶことの必要性を感じているものと思われる。

以上、工学系学生を対象にした調査から、①修士の学生では、学会発表・論文誌投稿等学外との接触の機会も増えるが、学部生、特に2年生ではライティングの種類はまだ限られる、②文体や誤字・脱字等部分的で視覚的に認識しやすいものには注意が払われるが、述べ方についてはあまり意識が及んでいない、③因果関係や自己の解釈については、注意して書こうとするものの、まとめるのに困難を感じている、④スキルの向上には、教員が書くものが最も参考になると考えているということが明らかとなった。

4. 社会人のライティング

社会人となった卒業生は職場でどのような文書を作成し、ライティングにどのような難しさを感じているのだろうか。

3. で調査を行った学生の先輩にあたる社会人91名を対象に質問紙調査を行った。有効回答数は80名（有効回答率87.9%）であり、年齢は23〜47歳、平均年齢は33.3歳である。社会人経験年数は、1〜5年が22名、6〜10年が22名、11〜15年が19名、16年以上が17名である。最終学歴は、学部卒31名、大学院修了49名（修士課程47名、博士課程2名）である。

さらに、質問紙調査の内容を詳細に把握するため、回答者の中から5名に対し、フォローアップインタビューを行った。協力者の内訳を表6に示す。以下、社会人の業務におけるライティングの現状と意識について検討する。

表6 インタビュー調査協力者の内訳

協力者	業界	職種	社会人 経験年数	年齢	性別
A	化学・石油	製造技術・設備保全	4	28	男性
B	電気機器	品質管理	5	29	男性
C	自動車・輸送機器	品質管理	9	31	男性
D	交通運輸	技術開発・事務管理・企画・技術審査	19	44	女性
E	電力	技術管理事務	21	45	男性

4.1 業界・職種

回答者が属する業界を表7に示す。学科・専攻が電気電子工学であり、電力工学に関連した研究室の卒業生が中心だったため、これに関係した業界に従事する者が多い。分野は、電力と交通運輸の電力関係、電気機器・電子部品の電気製造業、機械・化学・食品等の電気関係以外の製造業、公務員・教育、土木といったものに大別することができる。電力関係、電気製造業で全体の半数以上を占めている。

回答者の職種を表8に示す。技術開発・品質管理・工程管理・製造技術・生産技術の業務に従事する回答者が多く、いわゆるエンジニアという職種に就いていることがわかる。この職種における学部卒と大学院修了の割合については、製造技術(学部卒1名、修士課程修了5名)以外、ほぼ同数であった。

表7 回答者が属する業界

分野	業界	名
電力関係 (32名)	電力	28
	交通運輸	4
電気製造業 (21名)	電気機器	16
	電子部品	5
電気関係以外 の製造業 (16名)	自動車・輸送機器	9
	機械	4
	化学・石油	1
	食品	1
	鉄鋼	1
公務員・教育 (5名)	公務員	3
	教育	2
土木 (3名)	土木建設	3
その他 (3名)	その他	2
	無記入	1
	計	80

表8 回答者の職種 (複数回答)

職種	回答数
技術開発	19
品質管理	14
工程管理	14
製造技術	8
事務管理	7
生産技術	6
技術営業	5
企画	4
SE・プログラマー	2
営業販売	2
その他 (設計3、設備管理2、 配電2、教師1、研究員1等)	12
無記入	3
計	96

4.2 業務におけるライティング

次に、業務におけるライティングの実態について述べる。

1) 文書作成における手書きとパソコンでの入力の比

手書きまたはパソコンでの文書作成の比を尋ねたところ、「手書き1:パソ

コン入力 9」との回答が 36 名（45.0%）を占めた。手書きが 2 割および 3 割の回答を併せると、69 名（86.3%）となり、手書きで書く機会がほとんどなくなっていることがわかる。この点から、日常業務でのライティングは、デジタル機器を用いたライティング・スキルが求められていると考えられる。

2) 外国語の使用

外国語の使用については、80 名中、「よく使う」9 名、「ときどき使う」10 名、「あまり使わない」20 名、「使わない」40 名、無記入 1 名という結果であった。外国語を使用する際の言語は英語であり、使用する職種は技術開発が 11 名と圧倒的に多く、英語使用は職種によるところが大きいと思われた。

3) 3 日間の業務におけるライティング

調査日前の 3 日間にどのような文書を作成したかを選択肢を提示し、尋ねた。上位 10 位までを表 9 に示す。最も多かったのは、「資料・議事録」であり、次いで「メール」「報告書」と続く。これらの回答者数は過半数に達しており、必要性が高いことがわかる。前掲の表 6 に示した協力者 B は、報告書は所定の用紙にその日行ったことを書き、保守点検の際などに用いるマニュアルや説明書は、基本的な知識はあるものの専門的知識がない技術者にもわかるように書くと語った。また、工夫している点として、基本的に、知識ゼロの人にもわかるように書くこと、文章のみの理解による誤解を回避するために、図や写真を入れることを挙げた。ある程度技術者としての共通した基礎知識がある相手とは言え、わかりやすく書くことが必須であり、そのためには文章だけでなく、イメージを容易に伝達することができる表現方法を併用し、複合的に理解を促すように文書を作成している様子を語った。

表 9 　3 日間に作成した文書 （複数回答）

	文書	回答数		文書	回答数
1	資料・議事録	53	6	製品仕様書	17
2	メール	47	7	SNS	9
3	報告書（日報・出張・事故等）	42	8	申請書・申込書	6
4	依頼書	32	8	近況報告・挨拶・通知	6
5	連絡書	21	10	指導用教材	3
				計	236

4) 入社して3年以内の社員が作成する文書

　回答者それぞれの職場において、入社3年以内の若手社員はどのような文書を作成しているのかを表10に示す。報告書が最も多く、申請書・申込書も頻度が高いことがわかる。また、マニュアルや指導用教材を入社して間もない社員が作成していることも判明した。マニュアル等を若手社員が作成する理由について、協力者Bは、熟練者でない人が理解するために作る文書がマニュアルであるという視点から、まだあまり専門知識のない社員が使用者と同じ目線で作成するほうが的確なものが作成できるからだと説明した。

表10　入社3年以内の社員が作成する文書　（複数回答）

	文書	回答数		文書	回答数
1	報告書（日報・出張・事故等）	63	7	提案書	17
2	資料・議事録	60	8	マニュアル・説明書	14
3	申請書・申込書	31	9	近況報告・挨拶・通知	13
4	メール	27	10	社内報	6
4	依頼書	27	10	指導用教材	6
6	製品仕様書	19		計	283

4.3　ライティングの難しさ

　ここでは、業務でのライティングについてどのような点に難しさがあるのかを検討する。

1) メールでの誤解

　業務におけるメールでのやり取りで、誤解が生じたことがあるかとの質問には、全体の6割以上が「よくある」または「ときどきある」と回答した（表11）。社会人経験年数別に見ると、年数が最も短い1〜5年の回答者グループよりも、年数が最も長い16年以上のグループのほうが「よくある」および「ときどきある」で計82.3％と、誤解が生じた経験を多く有している。これは、年数の多さ、社会人としての長く多様な経験から過去にそのような体験を持っており、数値が高くなったものと推察される。また、社会人経験年数11〜15年のグループは、「あまりない」が42.1％と割合が高い。協力者Cは、「1回のエラーのメールを送ったことによって、誤解を解くのに

30分以上電話をしないといけなくなることがあり得るので、できるだけ意味を集約させてそれ以外の意味で取られないようにメールを投げる。あとは、誤解しそうな人かどうかや相手の立場と知識量を見てメール展開する。ある人はこれぐらい理解しているから、これぐらいの言い方でいいだろうと、取捨選択して出すようにしている」と、的確に伝えるために相手に合わせ、伝達情報の質と量に細心の注意を払い、調整を行う様子を語った。また、協力者Eは、「結局メールだけを送ったままにせず、その前または後に電話をする」と言い、メールのみに依存せずに、万一に備え別の伝達方法も用いていることを述べた。これは伝わらない場合のリスク回避と言えるだろう。

表11　メールでの誤解

		よくある	ときどきある	あまりない	ない	計
全体数 (%)		7　(8.8)	46 (57.5)	25 (31.3)	2 (2.5)	80 (100.0)
社会人経験年数	1〜5年	3 (13.6)	10 (45.5)	9 (40.9)	0 (0.0)	22 (100.0)
	6〜10年	1　(4.5)	14 (63.6)	5 (22.7)	2 (9.1)	22 (100.0)
	11〜15年	0　(0.0)	11 (57.9)	8 (42.1)	0 (0.0)	19 (100.0)
	16年以上	3 (17.6)	11 (64.7)	3 (17.6)	0 (0.0)	17 (100.0)

2)　ライティングに難しさを感じること

「書くことについて、常日頃難しいと感じていることはあるか」の質問について、80.0%があると回答した（表12）。社会人経験年数5年以下の若手の回答者に難しさを感じている者が少ないのが一つの特徴と言える。

どのような点に難しさを感じているかは、自由記述により「相手にこちらの意図をきちんと伝えられているかどうか」「他部署や他

表12　ライティングに難しさを感じること

		ない	ある
全体数 (%)		16 (20.0)	64 (80.0)
社会人経験年数	1〜5年	7 (31.8)	15 (68.2)
	6〜10年	3 (13.6)	19 (86.4)
	11〜15年	4 (21.1)	15 (78.9)
	16年以上	2 (11.8)	15 (88.2)

のメーカーへ自分の伝えたいことを的確に伝えること」等、63件の回答が得られた。回答の中で使用された単語には「相手」「読み手」「伝える」「伝わる」「分りやすい」「分かる」「正確に」「正しく」が多用されているという特徴があり、これらの単語を一つ以上含んでいる割合は全体で60.9%で

あった。このことから、「読み手に正確に分かりやすく伝える」ことがエンジニアに求められる一つのライティング・スキルであることがわかる。特に、社会人経験年数6～10年のグループではこれらの単語を使用した回答は72.2%に達している。また、このグループの回答には、社会人経験年数1～5年には見られなかった「相手と自分の立場を考慮した文章」「議事録の表現（自社寄りにならない中立的な物言い）」「議事に会話の内容をどう残すか。後々不利にならないように、またトラブルにならないようポイントをまとめる経験が必要と思う。」といった回答が多く見られた。難しさを感じている割合も8割を超えており、若手から徐々に勤続年数が長くなるにつれ、自己／自社と他者／他社の利害を意識したライティング・スキルが必要となり、その難しさを実感していることが推察される。

　また、協力者Aは、「報告書であれば、何が分かったのか。何を次にしなくてはいけないのか。お金がかかるならいくらかかるのか。いつまでにやらなければいけないのか。誰がやらなければいけないのか。本当に5W1Hがほぼ全てだと思う。」と語った。さらに、リスクにも言及し、「あとはリスク、うちの会社はよく使う。『そのリスクはどうやって評価したんだ』と」と、学生時代には考えなかったコストやリスクの概念が業務遂行上欠かせないものであることを指摘した。

4.4　ライティング力を伸ばすために

　本項では、回答者の経験から、ライティング力の向上が最も見られた時期およびその向上に必要だと思われる要素、さらに学生のうちに身に付けておくべきことの3点について検討する。

1)　ライティング力が伸びた時期とその文書

　ライティング力が伸びたのはいつ、何を書いたときかを尋ねたところ、時期については「大学時代」（36名）と、「社会人になってから」（36名）とに大きく二分された[6]。「大学時代」については、学部前半ではなく、研究室に配属されてからの時期を特定して挙げた者が多く（21名）、そこで作成した論文や報告書が力を伸ばしたものとして挙げられている（表13）。

6　その他としては、「大学時代と社会人になってからにまたがって」3件、「伸びていない」1件、「中学時代」1件等があった。

第 8 章　エンジニアを目指す工学系学生に必要なライティング教育とは　│ 151

表 13　大学時代にライティング力を
　　　　伸ばすのに役立った文書

（複数回答）

文書	回答数
論文	19
報告書	10
修士論文	5
卒業論文	4
レポート	3
学会原稿	2
文書作成の授業	1
計	44

表 14　就職後にライティング力を
　　　　伸ばすのに役立った文書

（複数回答）

文書	回答数
報告書	21
議事録	5
提案書	5
メール	3
依頼書	3
論文	3
プレゼン資料	2
検討書	2
社内通知文書	1
その他（仕様書・工事計画書・ 　　　問題通達書・お客様用説明書等）	12
計	57

　「大学院のときが最も伸びた」と回答した協力者 D に詳細を尋ねると、それまで自分の考えや行ったことを書いて人に伝えたことがなかったと言い、大学院のときに教員や先輩の院生に指導を受けながら書いたことが今も自信になっていると述べた。また、人にわかりやすく伝えるためには、自分が実験を行った順序で書くのではなく、目的、方法、結果という流れで書かなければならないということもこのとき理解したと語った。インタビューでは、一つの内容について他者の意見や助言を聞きながら時間をかけじっくりとまとめあげ、文章で発表する経験が役に立ったことが述べられており、論文や報告書、学位論文の作成が役立ったとする質問紙調査の結果を裏付けるものとなっている。

　一方、「社会人になってから」については、対象とする時間の長さが回答者によって異なるため、力が伸びた時期を一概に集計することはできない。一例として、社会人経験年数 6 ～ 10 年のグループを見ると、入社 1 年目が 3 名、入社 2 ～ 4 年目が 5 名、入社 5 年目が 3 名、入社 7 年目が 1 名と分散しており、その時期は各自が置かれている状況によると思われた。文書についても種々の文書が挙げられたが（表 14）、報告書を挙げた回答が最も多く、上司等への報告書作成により指導を受けながらライティング力を伸ばしていったことが想像される。協力者 B および協力者 C は、それぞれ「入社当

時」「入社して5年目」と回答したが、どちらも問題が生じたときの対応を挙げた。協力者Bは他部署の人に必要事項を満たしていないことを指摘する際の不愉快にさせないメールの作成について、協力者Cは、トラブル対応時に複数の部署に協力を要請するために作成した依頼書について述べた。どちらも通常より緊張が強いられる状況下、他部署の担当者に動いてもらうために、しかも、他者を不愉快にさせないよう、相手の気持ちに配慮し書かなければならない点でライティングの難易度は高いと言える。

2) 書く力を伸ばすのに必要だと思うこと

　書く力を伸ばすのに必要だと思うことを自由記述で3点求めたところ、68名から回答が得られ、重複したものを整理すると、六つにまとめられた（表15）。「読書」および「語彙力をつける」については、教養や基礎力に関わるもので、業界・職種にかかわらず毎日の地道な努力によって得られるものである。「場数・経験を積む」は経験していくうちに徐々に身に付くものと考えていることがうかがわれ、時間の経過や機会の獲得を待つ

表15　書く力を伸ばすのに必要だと思うこと

	事柄	回答数
1	読書	21
2	場数・経験を積む	19
3	多くの人・上司による添削	15
4	他の人・文章がうまい人の文を読む	14
5	相手を考える・読み手の立場になる	8
6	語彙力をつける	7
	計	84

やや受け身的な回答とも言える。能動的に書く力を伸ばすには、「多くの人・上司による添削」「他の人・文章がうまい人の文を読む」「相手を考える・読み手の立場になる」に注目したい。この三つの事柄に共通するのは、他者との関わりである。言い換えれば、他者が書いた文書から学び、他者がどう読むかを考えるという他者とのコミュニケーションを通して、ライティング能力も向上するということである。協力者Dは、社内でグループを作る9名のメンバーが上司も部下も関係なく添削し合ったり、疑問や質問を言い合ったりするグループ内の活発な様子を語り、「何もコメントしないと逆に怒られるぐらいだ」と述べた。また、協力者Dは他のグループの会議に出席した際、それとはまた別のグループの議事録がメモで回ってきて、そこにアドバイスを書き、活用されることもあると述べた。立場や部署を超えて、互いの意見や助言、アイデアを積極的に述べ合うことがあたりまえに求

められる様子がうかがえる。

3) 入社前に大学で身に付けておくべきこと

　入社前に大学で身に付けておくべきと思うこと（自由記述）については、「コミュニケーション能力」（14件）、「簡潔にまとめる」（10件）、「わかりやすく伝える」（8件）、「構成」（7件）の四つの事項に関する記述が多く見られた。この結果から、業務においてライティングの機会が多いことが判明した報告書、資料・議事録、依頼書、メール等には簡潔さやわかりやすさの要素が求められていると理解できる。また、「コミュニケーション能力」は、通常、ライティングだけにとどまらない能力を含んでいるが、これは、上記2）で述べた他者との関わりを重視している点等から考えると、業務の目的を達成するため、コミュニケーションを図る一つの手段としてライティングを位置づけていることがわかる。それと同時に、的確に意図が伝わる文書を作成するためには、日頃からの人間関係の構築が重要であると捉えていると推測される。

　以上、社会人を対象にした調査からは、①文書作成は手書きよりパソコン入力で行われ、機器操作スキルが必要である、②業務においては、資料や議事録、メール、報告書等を作成することが多く、読み手に正確にわかりやすく伝えることが難しくもあり、また重要な点でもある。書いた文書を読む相手は多岐にわたるため、場合によっては、文だけでなく画像も加えること、あるいは、複合的な手段により、十分な理解が得られるよう努めている、③業務では利益・利害を意識したライティング・スキルも求められる、④業務におけるライティングでは、上司、グループ内、他部署から添削や意見・コメントを受け、複数の者で作り上げていくことが多いという4点がわかった。

5.　社会人のライティング活動から見た在学中に必要なライティング教育

　4.の調査結果から、大学で工学系を専門として学んだ社会人が業務で行うライティング活動を次頁の図1にまとめた。まず、社会人のライティングで特徴的なことは、誰に文書を書くのか、不特定多数であっても相手が明確に意識されていることである。それには、自社もしくは部署の利益や利潤を考慮しながら、他者とコミュニケーションを図ることも必要となる（自社の利益・リスク）。また、文章のみでは十分に伝わらないと考えた場合には

画像を加える、あるいは文書による伝達だけでなく、別の伝達方法も併用する（伝達法の併用）。相手のミスや不備を指摘する場合には、相手への心的配慮にも注意しなければならない（心的配慮）。そうして作成された全ての文書は、正確に、簡潔に、わかりやすく伝わることが求められ、そのためには論理的思考および要約技術の活用が必須となる。体裁に関する書式・構成・文体・文法は作成に関わる基本的な規範である。加えて、ライティング力の土台となる語彙力や表現力については教養的要素も含め、継続的な学習が求められる。ライティングの内容に関しては、大きく「A. 報告・研究発表のためのライティング」と、業務達成のために「B. 他者に働きかけるためのライティング」に分けることができる。文書は、個人で作成された後、チーム内、部署内だけでなく、関連する他の部署にも添削やコメントをもらいながら、共同作業として作成されていく。

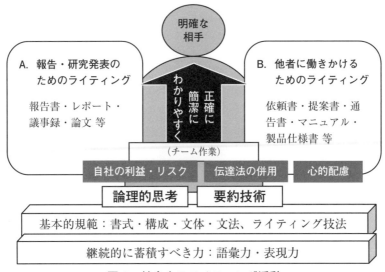

図1　社会人のライティング活動

では、このような環境に適応できるライティング能力を身に付けるには、学生時代に何をすればよいのだろうか。3.の工学系学生に対する調査結果からは、書式・文体・文法等形式に関する学習はさほど困難ではないことが示されており、学生のうちに十分に習得可能であると言えよう。しかしなが

ら、これまでの教育を振り返ると、最も欠けていたのは誰に向けて書くのかという読み手との対話を意識したライティングではないだろうか。例えば、授業のレポートを読むのは通常、担当教員と決まっているが、それですら、学生は読み手である教員の反応を知ることはあまりなく、書いて提出することがライティング活動の最終地点となりがちである。本来は、どこが相手には伝わっていないのか、伝えるためにはどう書けばよいか、フィードバックをもらいながら完成版までじっくり書くことが必要であろう。このことは、企業で行っている同じ部署メンバーから意見やコメントをもらって送付可能な文書を作成するという活動につながるものである。そして、自己のライティング・スキルを向上させるためには、この他者からの批判的・建設的な意見・コメントを受け止める、あるいはコメントを述べるといったスキルも習得すべきものである。

　また、学生が苦手と回答し、また社会人からも学生時代に身に付けておくべきと助言のあったものに「簡潔にまとめる」「分かりやすく書く」がある。社会人においても「A. 報告・研究発表のためのライティング」が必要であることから、大学での学業にも直結する重要な問題と言える。情報の質・量の調整という側面から要点をまとめる練習や、どう論理を展開させていけばよいのかといった練習を繰り返し行うことが重要となる。もう一方の「B. 他者に働きかけるためのライティング」については、これまであまり大学では重視されてこなかった。社会人になるための下地作りとして、大学教職員や地域住民等、学生が置かれた環境の中での多様な相手、あるいはアルバイト先やインターンシップ先等の社会と関連したつながりを通し、実践的な場面で経験を積み、ライティング力を体得していくことが有用である。

6.　おわりに ―大学と社会をつなぐライティング教育―

　本章では、現役の工学系学生と、その先輩にあたる社会人への質問紙調査から、エンジニアとして将来活躍することが期待される学生のライティング教育について検討した。

　自己や自社の利益保護やリスク回避等、社会人特有の考慮すべき要素はいくつかあるものの、工学系学生がまず認識すべきは、誰に向けて何のために文書を書くのかを常に意識することと、専門のレポート等でも求められる

「正確に、簡潔に、わかりやすく」を念頭においた論理的なライティングである。そのためには、基本となる日本語力を高める学習を継続的に行いつつ、工学系分野で論理的に述べるための技法の習得が必要である。

　また、業務におけるライティングは、課題解決のために用いられることが多いコミュニケーション・スキルの一つであり、他のスキルも併せて使用しながら、多様な他者との種々の関わり合いを通して進められる。大学でのライティング学習においても、社会の一員であることを意識した状況を作り、作成した文書が他者へ働きかけるものとなり、事態が進展していくような体験をさせることがライティングの重要性を実感させる上で重要であろう。

参考文献

岩倉成志・山田久美（2017）「平成 28 年度工学教育調査研究連合委員会講演会報告——鉄道業界が期待する工学教育と人材像——」『工学教育』65（2）: 80–83.

大島弥生（2010）「大学生の文章に見る問題点の分類と文章表現能力育成の指標づくりの試み——ライティングのプロセスにおける協働学習の活用へ向けて——」『京都大学高等教育研究』16: 25–36.

鴨下恵子（2010）「ビギナーレベルの大学生に対するライティング指導の試み」『東京工芸大学工学部紀要　人文・社会編』33（2）: 55–61.

木下是雄（[1981] 2004）『理科系の作文技術』中公新書 .

桐山聰（2011）「工学部学生のライティングスキル改善の取組み」『平成 23 年度　工学教育研究講演会講演論文集』59: 508–509.

寺尾敦（2007）「室蘭工業大学「認知科学論」におけるライティング教育」『室蘭工業大学紀要』57: 67–73.

冨永敦子・向後千春（2008）「説明文の書き方におけるルールを大学生はどのように判別しているか——ルール別指導方法の示唆——」『日本教育工学会研究報告集』3: 51–58.

西山聖久・Leleito, Emanuel・曾剛・古谷礼子（2015）「工学分野における科学技術英語ライティング教育の実施と課題」『工学教育』63（4）: 10–15.

三森ゆりか（2013）『大学生・社会人のための言語技術トレーニング』大修館書店 .

Vanbaelen, Ruth（2009）Common English grammar errors made by CST freshmen in writing assignments.『日本大学理工学部一般教育教室彙報』85: 1–12.

参考 URL

経済産業省「社会人基礎力」<http://www.meti.go.jp/policy/kisoryoku/>（2017 年 11 月 4 日閲覧）

経済産業省（2016）「理工系人材育成に関する産学官行動計画」<http://www.meti.go.jp/press/2016/08/20160802001/20160802001-1.pdf>（2017 年 11 月 4 日閲覧）

内閣府人間力戦略研究会（2003）「人間力戦略研究会報告書　若者に夢と目標を抱かせ、意欲を高める〜信頼と連携の社会システム〜」<http://www5.cao.go.jp/keizai1/2004/ningenryoku/0410houkoku.pdf>（2017 年 11 月 4 日閲覧）

第9章

ライティングを支援できる人材の育成
大学院生を対象とした教育実践

堀　一成

大阪大学で実践している大学院生向け日本語ライティング支援法教育科目について紹介する。この科目はライティングを支援できる人材の育成を目指しており、大学院生のキャリア開発に資する内容となっている。

キーワード 大学院教育，ライティング支援，高度汎用力，人材育成

1. はじめに

本章では、大阪大学で実践している大学院生向け日本語ライティング支援法教育科目の事例紹介を行う。紹介する大学院科目「学術的文章の作法とその指導」は、単に日本語ライティング能力の習得を目指す科目ではなく、他者に対するライティング支援を行う能力の習得も目指している。

このような特徴を持つ科目を開設するに至ったのは、日本社会が大学院修了者に求める能力として、高度で汎用的なものを含むように変化していることが背景にある。大学院修了者が社会で活躍するために、その専門領域の学識だけでなく、非専門家とのコミュニケーション能力や、仕事の進行をマネジメントする能力等、分野によらない汎用的な能力が求められるようになっている。大学院教育において、このような能力を受講者が獲得できるよう、大学は専門領域中心に偏りがちな教育を変革し、日本社会の期待に応える必要がある。

このように日本社会が大学院修了者に期待をかける背景として、特に大学と高校の連携が進展していることがある。高校から大学に至る学習経過がスムーズなものになるよう、高校においても日本語・英語ライティングをはじめとするアカデミック・スキルを教育する試みが進展している。大学はこの

ような高大接続が良好に進行するよう、内容面でのサポートや人材供給の役割を果たしていかなくてはならない。

　本章は、以下の構成となっている。2. では、本取り組みの背景となる大学院修了者に対する日本社会からの要請、および複数の大学の事例を紹介する。3. では、そのような要請に応えるための手がかりとして、英国を中心にEU 諸国で行われている取り組みを先行事例として紹介する。4. では、大阪大学における大学院人材育成関連の取り組みを概説する。5. では、大阪大学での実践例である、筆者が担当する科目の詳細を紹介する。6. では 5. の教育実践の成果と言える科目修了者の活躍を紹介する。7. でまとめを行う。

2.　日本における大学院高度汎用人材育成について

2.1　高度汎用力を持つ大学院修了者に対するニーズの高まり

　日本における大学院修了者は、進路がアカデミックポスト以外にも多様化し、社会の広い分野で活躍するようになってきている。それに伴い、大学院修了者に対しては、専門分野の知識・研究力だけでなく、高度な職業人として活躍するための様々な汎用的な能力（これを「高度汎用力」と呼ぶ）を身に付けていることが求められるようになってきた。ここでは、高度汎用力の概念を理解するための参考情報として、経済産業省の推進する「社会人基礎力」の概念と、中央教育審議会の大学院教育に対する提案を紹介する。

　経済産業省が 2006 年から提唱している「社会人基礎力」は、「職場や地域社会で多様な人々と仕事をしていくために必要な基礎的な力」と定義されており、高度汎用力を包含する概念であると言える。その内容として 12 の能力要素を紹介している。そのうち、ライティング・スキルと特に関連が深い 2 つの能力要素は、

　　　○ ［発信力］自分の意見をわかりやすく伝える力

　　　○ ［課題発見力］現状を分析し目的や課題を明らかにする力

である。いずれも、大学院における専門分野の研究活動に加え、学術的とされる文章を、読者のレベルを適切に設定し作成する経験を積極的に積むことで、獲得できる力である。

　また、中央教育審議会が、2005 年 9 月 5 日付けで公開した「新時代の大学院教育—国際的に魅力ある大学院教育の構築に向けて—答申」において、

大学院（特に博士課程）修了者の資質の問題提起と、大学院教育に対する提言を行っている。答申の「(2) 産業界、地域社会等多様な社会部門と連携した人材養成機能の強化」の項において、大学院修了者への問題提起として「博士課程修了者の資質について、産業界等からは『専門分野以外の幅広い知識や経験』、『独創的な発想力』など必ずしも期待どおりではなく、産業界等社会のニーズと大学院教育に乖離があるとの指摘がある。」、大学院教育への提言として「ニーズを的確に踏まえた教育内容・方法等の不断の改善を行っていくことを通じて、両者の協力関係をより一層推進し、産業界等社会のニーズと大学院教育のマッチングを図っていくことが必要である。」と記載している (p. 36)。ここでも、産業界が大学院修了者に期待している能力は、高度汎用力と近いものであると言える。

　このような、産業界を含む日本社会一般で求められている高度汎用力を習得するための教育が、大学院で積極的になされているとは 2018 年の時点において言えない状況である。大学院生に対するキャリア教育・指導は、研究者、開発者として活躍するための項目に偏りがちとなっており、総合的に能力の高い社会人を育成するという視点は不足していると言える。大学院修了者が高度汎用力を持てるよう、大学院生に対する教育課程の変革を、大学側がするべきであろう。

2.2　ライティングを支援できる人材に対するニーズの高まり
2.2.1　日本の大学におけるライティングを支援できる人材へのニーズ

　本書で紹介している多数の事例を見ても、2018 年の時点において、日本の大学における日本語アカデミック・ライティングをはじめとするアカデミック・スキル獲得教育は拡大している状況であると言える。そして、その教育を担当する者に対するニーズも高まっている。

　ここでは、日本国内でも大規模にライティング支援を行っている、早稲田大学と関西大学の事例を紹介する。

　早稲田大学のライティング・センターは、2004 年に開室され、2017 年度時点で 3 つのキャンパスに各 1 ヶ所設置されている。センターでのライティング相談の対応は日本語だけでなく、英語・中国語でも受けることができる。相談の対応をするのは訓練を受けた大学院生チューターであり、2017

年度春学期のチューター総数は 35 名である。また、大学院生が活躍するライティング・センターの活動として、学部 1 年生向けのアカデミック・ライティング能力獲得 e ラーニング授業「学術的文章の作成」の運営を挙げることができる。この授業では、ライティング・センターにおいて選抜された大学院生が授業指導員となって教師役を担当し、受講者の提出課題に対するコメントや評価等を行っている。2017 年度春学期の指導員数は 61 名である。このうち、前記チューターとの兼任者は 8 名である。

　関西大学ライティングラボは、4 つのキャンパスに計 6 ヶ所設置されている。対象とする文章の範囲は、留学志望理由書、大学院入試願書、クラブ報告書等を含み、必ずしも論文やレポートだけではないことが特徴である。初心者のための「レポートの書き方ガイド」を 3 種類発行する等、多様な支援を行っている。ライティング支援を行うのはライティング・チューターと呼ばれる大学院生である。2018 年 1 月現在のチューター数は 20 名である。

　ここで挙げた事例のように、全国の大学でライティング支援を行う場が拡大すれば、その業務担当者の需要も拡大することになる。しかし、現在そのような活動のための人材を育成する機会は、2.3 で紹介する早稲田大学の科目や 5. で紹介する、筆者の科目等、限られた提供となっているのが現状である。

2.2.2　初等・中等教育におけるライティングを支援できる人材のニーズ

　2018 年時点において、初等・中等教育課程におけるライティング支援の担当者が日本国内で求められている。日本の高等学校の教育は、2016 年 3 月卒業者から新しい学習指導要領に基づいたものとなっている。「生きる力」と題された新要領は、特に「言語活動の充実」を求めており、国語をはじめとする各教科で批評、論述、討論のスキル獲得を目指した教育を行うこととなっている（渡辺・島田 2017）。

　また、2021 年度入学者向けの大学入試から出題方法を改革することが方針として公表されている（文部科学省 2017）。特に記述式問題を多く出題するよう改革することが方針内でうたわれており、高等学校において日本語や英語のライティング支援を行う教員は、生徒のライティング能力を高めることに特に留意して活動する必要がある。

このような新しいスキル教育を担当するのは、現職の初等・中等教育教員が中心である。しかし、現職にある教員は、そのような支援をするための訓練を受けたのち教職に就いたわけではなく、新しい教育課程に対応するための研修や自主的取り組みにより支援スキルを獲得している。例えば、登本・伊藤・後藤・堀田 (2017) は、中学校における日本語ライティング教育改善に取り組んだ例を紹介している。また、教職員支援機構は、言語活動指導者養成研修と題する言語活動教育に携わる教員のスキル向上のための研修プログラムを提供している。

より長期的には、教員となる前にその支援スキルを身に付ける機会があることが理想である。また、教員以外に教育ボランティアによる支援者の供給も望まれる。そのためには、大学は、ライティング支援に関する経験を積む機会を提供し、ライティング支援ができる人材育成に貢献する必要がある。

2.3　先行となる早稲田大学の取り組み

2.2.1 で紹介した早稲田大学の取り組みの特徴は、システマティックな指導者育成の仕組みが存在することである（佐渡島・太田（編）2013）。チューターや授業指導員の仕事をするためには、ライティング・センター・ディレクターである佐渡島紗織教授を主担当教員とする大学院科目「学術的文章の作成とその指導」を修了し、既定の訓練に合格することが必要である。チューター就任後も、定期的なミーティングによりライティング支援技能を向上させる機会が提供されている。アカデミックな職に就くことも視野に入れている大学院生にとって、この仕組みは重要なキャリア開発サポートの役割を果たしていると言える。

3.　EU 諸国における大学院高度汎用人材育成について

本節では、2. で述べた日本国内の状況と対比するため、英国を含む EU 諸国における大学院高度汎用人材育成の取り組みを紹介する。本章で重視している高度汎用力と近い概念である、「トランスファラブル・スキルズ」をキーワードに推進されている英国の事例は、大阪大学における人材育成活動の参考になっている。海外事例として特に英国の例を詳しく紹介する。

3.1 トランスファラブル・スキルズと RDF

「トランスファラブル・スキルズ」とは、非専門家とコミュニケーションする力やプロジェクトをマネジメントする力を指し、主に英国を中心としてEU 諸国での大学院高度汎用人材育成の活動に際し頻出する用語である。汎用的で職種や事業を行う場所によらない能力であることから、トランスファラブルと名付けられた。日本語の場合は「転用可能な能力」と訳されることが多く、前節で高度汎用力と定義した能力とほぼ同じものであると言える。特に英国では、大学院博士課程修了者の人材活用の際に重視される能力であり、3.2 で紹介する博士人材・研究人材育成を支援する組織 Vitae 等、国を挙げて教育や支援の仕組みが整えられている。

そのような社会の求めているトランスファラブル・スキルズの要点を円形の図にまとめ、各自が把握しやすくしたものを、RDF（Researcher Development Framework）と称し、Vitae が提供している。

図 1 は、RDF の日本語版である。日本の科学技術振興機構が JREC-IN Portal という Web サイトを運営しており、日本の大学院博士課程修了者の利用に供するため、この図を掲載している。RDF は、トランスファラブル・スキルズの重要要素を「知識と知的能力」「個人の能力」「研究の管理運営」「エンゲージメント、影響とインパクト」の大きく 4 つの領域（ドメイン）に分け、A から D までのラベル付けをしている。そして、それぞれのドメインがどのような能力群を指しているのかを説明する文が添えられている。それぞれのドメインは、その内容を特徴づけるキーワードからなる 3 つの細かな領域に分かれている。RDF の利用者は、それぞれのキーワードと自分の現有能力、将来希望するキャリアの関連性について考え、これから自分がとるべき能力獲得行動の指針とする。

図 1 では示さないが、JREC-IN Portal で、この図のドメイン A～D と記された箇所をクリックすると、【研究人材のための 5 分間キャリアアップ読本】と題した、各ドメイン能力に関連のあるキャリア関係情報が表示される。例えば、ドメイン D の場合、「伝えることによって、研究を大きく育てる」や「正確性よりもわかりやすさを重視、コンパクトにまとめたリリースを」等と題された 11 の情報リンクが表示される。それぞれは、大学や研究機関の要職にある教員が大学院生・若手研究者に向け発信する、トランスファラ

ブル・スキルズに関連するメッセージを紹介する記事となっている。

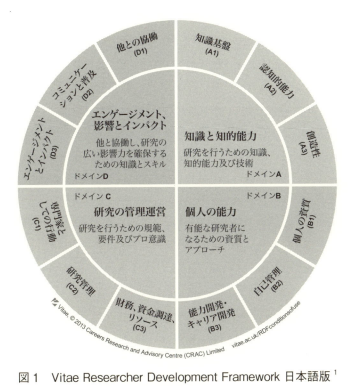

図1　Vitae Researcher Development Framework 日本語版[1]
(Careers Research and Advisory Centre Limited の許可を得て転載)

　このようなトランスファラブル・スキルズは、大学院生が自分自身の専門領域の研究にのみ専念している場合、身に付きにくい能力であり、その習得は意識してなされる必要がある。

3.2　英国における Vitae の取り組み

　英国においては、大学院博士課程修了者のキャリア開発と支援を、非営利団体 Vitae が主導し推進している（山内・中川 2012）。博士人材の管理・活

1　Vitae Researcher Development Framework (www.vitae.ac.uk/rdf) の日本語訳は、筑波大学、広島大学によって、ブリティッシュ・カウンシルによる協力のもと行われた。

用が、個々の大学のみでは扱いきれない国家的問題であるとの認識が共有され、英国内の主要大学が合同して取り組み、英国政府もその活動をサポートする体制となっている。

Vitae は、大学院博士課程修了者が、広く社会で活躍できる人材になれるよう、個人コンサルトの機会を提供したり、トランスファラブル・スキルズを習得できるような研修やワークショップを実施したりしている。その際、社会が求める能力を整理し、各個人がその多様な要求能力のうち、どの程度を自己保持しているか、RDF を活用し把握することを強く勧めている。

3.3 EU 諸国の博士課程が実施している Structural Training

日本国内では、科学技術・学術政策研究所が、科学技術人材の育成に関する調査研究を業務として行っており、その取り組みの一つとして、博士人材データベースの構築を推進している。そのデータベースに関連して、「博士人材が身に付けるべきスキル」について、博士人材データベース登録者に対し、意見を求めている。その際の参考データとして、EU 諸国での調査結果を提示している。

その一部には、EU 諸国の博士課程が実施している構造的トレーニング（Structural Training）の内容、EU 諸国でのアンケートに応じた研究者の回答が掲載されている。その調査結果によれば、実施の割合が高い内容の上位 5 項目は、以下の通りである。

1位　コミュニケーション・プレゼンテーション技術　40.4%

2位　プロジェクト管理　21.4%

3位　時間管理　20.7%

4位　グラント・プロポーザルの書き方　18.6%

5位　倫理　18.1%

このデータの示すところは、EU 諸国において、博士課程の大学院生に対し、コミュニケーション・プレゼンテーション技術のトレーニングが非常に重視され、実施されているということである。それは、大学院博士課程修了者に対し、コミュニケーション能力の保持を期待するという EU 諸国の社会

の要請を反映していると考えられる。また、ここで挙げた 5 項目は、いずれもトランスファラブル・スキルズに含まれる能力になっている。EU 域内の大学も、トランスファラブル・スキルズのトレーニングの機会を多く提供しているということである。

　日本の大学院における教育課程においても、可能な限りこのような内容を習得する機会を提供すべきである。

4.　大阪大学が実践している大学院高度汎用人材育成について

　本節では、大阪大学が実践している大学院高度汎用人材育成の活動について、概要を紹介する。これは、2. で述べた日本国内の状況に対応するため、3. で述べた英国での活動を参考にし、実践を進めてきているものである。5. で紹介する大学院生向け日本語ライティング支援法教育科目を含め、多数の事例があるが、ここでは特徴的な 2 例を紹介する。

4.1　大阪大学トランスファラブル・スキルズ・ワークショップ

　大阪大学では、大学院生向けのトランスファラブル・スキルズ・ワークショップを開講している。それぞれ 1 時間から 2 時間程度の、各回完結の、任意参加のセミナーとなっている。筆者も 2017 年度は、「『やさしく伝える』ためのパラフレーズ・ワークショップ」「『きちんと伝える』ためのパラグラフ・ワークショップ」の 2 セミナーの講師を担当した。これらのワークショップは、研究室を中心とした限られた活動範囲で、専門研究能力の習得活動に偏りがちな大学院生に対し、高度汎用力を身に付ける機会を提供するものとなっている。

4.2　大阪大学のティーチング・フェロー制度

　大阪大学では、博士後期課程の学生が、一般に考えられているティーチング・アシスタント（以下、「TA」と略す）の役割を超え、教壇での一部講義担当や、レポート課題・小テスト等の作成・採点、さらに同じ科目を担当する TA を統括する役割も果たすことのできる、ティーチング・フェロー（TF）制度を導入している。これは、博士後期課程の大学院生に、教育プロジェクトを企画・進行管理する能力、他者とコミュニケーションを取り、授業の進

行を図る能力等、高度汎用力に当たる能力を身に付けさせるものとなっている。したがって、高度汎用人材育成の取り組みであると言える。

5. 「学術的文章の作法とその指導」の実践

本節では、大阪大学の大学院高度汎用人材育成の取り組みとして行われている、大学院生向け日本語ライティング支援法教育科目「学術的文章の作法とその指導」を紹介する。この科目は大阪大学全学教育推進機構に所属する筆者と坂尻彰宏准教授が共同で開講しているものである。

5.1　科目の目的・育成人材目標・背景・位置づけ

「学術的文章の作法とその指導」について、その目的・育成人材目標・背景・位置づけを紹介する（村岡・堀・坂尻 2018）。

この科目の開設目的は、受講大学院生自身の日本語ライティング能力の深化を図ることと、他者へのライティング支援スキル（トランスファラブル・スキルズの一つと考えられる）を身に付ける機会を提供することである。

この科目の修了者に期待している能力（育成人材目標）は、以下の2点を挙げることができる。

1) 科目修了者自身が自立した書き手としてアカデミックな日本語の文章を作成することができること
2) 他者の文章を客観的に評価し、その改善を助けるための観点や方法を身に付けていること

このような科目を開設するに至った背景は、2. で紹介した大学院修了者に対する日本社会におけるニーズの高まりに、筆者が可能な取り組みをしたいと考えたことにある。その活動をどのような内容にするかを決定するにあたり、2. や3. で紹介した情報に基づき、また筆者の教育経験から、大学院生に対するライティング・スキル習得科目を提供することが、最も望ましいと判断した。

大阪大学におけるこの科目の大学院教育での位置づけについて紹介する。

まず、この科目は全学・全研究科の大学院生対象である。受講者の所属研究科に制限は設けておらず、受講を希望する全大学院生を受け入れている。

また、この科目は、複数ある大阪大学の高度副プログラムのうち、「大阪

大学未来の大学教員養成プログラム」を構成する科目の一つとなっている。高度副プログラムとは、大学院生が主専攻以外の内容を学んだり、関連分野を学んだりするためのプログラムである。一定のまとまりのある科目で構成されており、所定単位数の習得でプログラム修了認定書が交付される。「大阪大学未来の大学教員養成プログラム」は、将来大学教員の職に就く意思のある大学院生に対し、実際の教員職を遂行する際に必要となるスキルを習得する機会を与えるものである。「大学授業開発論」「現代キャリアデザイン特論」「学術的文章の作法とその指導」といった科目から構成されており、初等・中等教育の教員免許取得のための教職科目と類似した位置づけとなっている。

　特にアカデミックな職に就く者は、自分自身の研究発表・社会への情報発信能力が必要なだけでなく、初心者である学生に対しそのような能力を身に付けるよう指導する機会が多いと予想される。それゆえ、指導のための能力を獲得する機会を提供する科目は重要な役割を果たす。

　この科目を 2.3 で紹介した早稲田大学で開設されている大学院科目と比較する。日本語ライティング能力について、受講大学院生自身がより高い能力を獲得するとともに、他者を指導する能力も獲得することを目標としているところは共通している。使用教科書も同じである。しかし、早稲田大学の科目と筆者らの担当する科目が異なる点は、修了者が活躍する場の想定の違いである。早稲田大学の科目の修了者は、まずライティング・センターのチューターとなり、ライティング指導に特化した活動を行うことが想定されている。これに対して、筆者らの担当する科目の修了者は、将来アカデミックな職に就任し、自分の専門を教える中で、科目の教育内容に組み込む形で日本語ライティング指導を行うことを想定している。

5.2　科目の特徴

　この科目の特徴として、主に受講者の専門分野が広範であることと、授業形態が、受講者が相互に教え合う、受講者のプレゼンテーションを基に議論する等のアクティブ・ラーニング型になっていることの 2 点を挙げることができる。

　まず、科目が全学・全研究科の大学院生対象であることは大きな特徴であ

る。このことは、受講者が相互に教え合う際に、（通常研究室や専門の科目では交流が難しい）異分野の受講者たちと相互に意見交換することを可能にする。これにより、各自のライティング成果が、非専門家に的確に情報を伝えることができるものとなっているか、確認可能となる。

　また、毎回の授業進行が、アクティブ・ラーニング型であることも特徴である。授業進行の詳細は、5.4 で説明する。

5.3　科目全体の計画

　この科目では、2 冊の書籍を教科書に指定している。『これから研究を書くひとのためのガイドブック』（佐渡島・吉野 2008）と『作文の論理』（宇佐美（編著）1998）である。

　全 15 回の授業内容は「文章」「構成」「形式」「総合」の 4 つのカテゴリーに大きく分けられる（各回の内容リストを図 2 に示す）。

```
「文章」
 1）導入、外来語・専門用語を扱う
 2）「一文一義」で書く
 3）文と文の関係：接続表現
 4）語句を明確に使う
「構成」
 5）「マップ」を作って書く
 6）主張を立てる・全体を構想する
 7）論点を整理する
 8）抽象度を調節する
 9）パラグラフを作る
「形式」
 10）文献と図表
 11）引用の方法
 12）題名・読者案内
「総合」
 13）第 1 稿の検討
 14）第 2 稿の検討
 15）まとめ
```

図 2　「学術的文章の作法とその指導」15 回授業内容リスト

第9章　ライティングを支援できる人材の育成　│ 169

　まず、「文章」カテゴリーに分類される回では、外来語・専門用語を使用する際の注意点、簡潔な文章を作るポイント、接続表現の重要性等が扱われる。次に、「構成」カテゴリーの回では、レポートや論文を作成する際の最初のアイデアのまとめ方、構想から論点を導く方法、文章の構成を吟味してパラグラフを作成するポイントが主題になる。「形式」カテゴリーの回では、文献目録の作成や図表の取り扱い上の注意点、引用の作法、効果的な文体等が再確認される。「総合」カテゴリーの回では、授業の最終的な成果物である各自のレポート（2,000〜3,000字相当）を、既習の技能を用いて、相互に評価・検討し合う。

　各回の進行は、授業内のワークと授業外の課題作成とに分けられる。ワークと課題作成は緊密に連鎖しており、各回の授業内容も実質的に連続している。

5.4　各回の授業進行（時間配分）

　各回の授業構成は、アクティブ・ラーニング中心の前半と教員講義中心の後半に分かれている。特に、受講者同士が教え合うことによって学びを深めるアクティブ・ラーニングの手法である、ピア活動を多用することが特徴である。

　授業の前半では、受講者が（前回の授業の最後に指示された）宿題として作成した課題作文を、評価・検討し合うピア活動を行う。ピア活動の際にはルーブリック（→第4章参照）を使用し、統一した基準で評価を行う。本授業で用いるルーブリックは、各授業で学習したライティング・スキルの5つの観点に着目して、3段階の評価を行う簡潔なもので、評価項目は、主に形式や書き方の技能を評価するものとなっている。ピア活動の後、それぞれの議論の内容を受講者全体で共有するため、受講者のうち何名かを指名し、報告させる。その際、それぞれの課題作文を材料にし、その「内容」ではなく、特に「書き方」を切り口にして話し合うよう助言している。

　また、授業の後半では、教科書に基づいてライティングの技能のポイントを教員がスライドを用いて説明する。その過程で、受講者には事前に指示した教科書の該当箇所について、感想や習得事項を説明させる。

　授業の最後には、その回に取り上げた技能を用いた課題作文を課し、教科書の指定された部分を熟読しておくことも指示する。

課題作文は、大阪大学の授業支援システムを用いて事前に提出することが求められる。一方、教員は提出された課題作文を、（次回授業で受講者が相互に評価し合うものと同じ内容の）図3のようなルーブリックを用いて評価し、コメントをつけて次回の授業中に受講者にフィードバックしている。

「学術的文章の作法とその指導」　2017年度8回目課題　ルーブリック（教員用）

8回目課題『パラグラフ・ライティング』

締め切り：　2017年12月3日（日曜日）中に学習支援システム8回目課題の項目から、ファイルを添付送信してください。
課題内容：8回目授業で学んだ注意点に留意し、前回課題のアウトライン・リストの内容をいくつかのパラグラフとして書き出してください。適切な文のブロックになるよう、良く考えてください。またリストの内容も変更の必要があれば修正し、併せて再提出してください。提出者の所属と氏名は、必ず書いてください。

評価項目	松	竹	梅
分量や内容が指示どおりか？			
各パラグラフの内容はリストと整合性がとれているか？			
各パラグラフのトピックセンテンスは明確か？			
パラグラフの他の文はトピックセンテンスと関係があるか？			
各パラグラフは一つだけの事の説明になっているか？			

評価合計　10点

(C) 2017 Akihiro SAKAJIRI, Kazunari HORI, Osaka Univ.

図3　大学院授業で利用しているルーブリックの例

なお、授業の運営においては、異分野の受講者同士がコミュニケーションを取るよう促している。本授業の受講者は博士前期課程（修士）と博士後期課程（博士）が混在しており、専門分野も多岐にわたる。こうした執筆者自身と背景の異なる他者や他者の作成した文章と向き合う状況は、受講者が大学教員になり知識や経験のない学生を指導する立場になった際に容易に起こりうる。また、このような異分野間のコミュニケーションは大学外においても重要な問題である。そこで、各受講者には、専門知識を持たない他の受講者に対して、自身が専門とする分野の内容をいかに分かりやすく伝えるかを常に意識することを求め、文章を材料にした異分野の交流の注意点についても指導している。また、こうした交流を促すため、ピア活動の際にはできる

だけ異分野の受講者同士が組みになるよう、また毎回できるだけ違う者同士が組みになるよう、調整している。

5.5 受講者数と属性の傾向

この科目の受講数は毎年十数名程度である。表1にその数値を示す。受講大学院生の属性の特徴として、看護系の受講者が多いことと、留学生の受講者があることを挙げることができる。

表1 「学術的文章の作法とその指導」受講者数 （単位：人）

開講年度	修士課程	博士課程	計	看護系所属数	留学生数
2014	1	0	1	1	0
2015	7	8	15	5	1
2016	8	2	10	3	1
2017	6	8	14	2	4

表1に看護系所属数とした数値は、医学系研究科の看護科学分野や人間科学研究科の心理系に属する看護師の経験を持つ大学院生の受講者数である。毎年参加があり、2015年度は15名中5名と全受講者の3分の1を占めている。

留学生の参加も見られる。2015年度から2017年度までの受講者計6名全員が東アジアからの留学生である。本授業は日本語の運用能力を条件に受講を制限することはしていない。ただし、留学生であっても日本語母語話者の大学院生と同等に扱い、文章作成やピア活動の面で、特別に支援することはしていない。これまで受講した留学生は、日本語能力に問題が無く、授業進行に支障等は起きていない。

6. 科目修了者の活躍
6.1 高校生を対象としたライティング指導講習会

ここでは、5.で紹介した科目の修了者が、その習得したライティング指導能力を発揮した機会として、高校生向けライティング指導講習会において指導者の仕事に従事した事例を紹介する（堀・坂尻・太田・奥村・中藤・松井 2017）。2016年8月と2017年8月に、大阪大学と京都府立鳥羽高等学校

は、ライティングを主としたアカデミック・スキルについての講習会を共同で実施した。この講習会をサポートする TA として、実施前年度の「学術的文章の作法とその指導」修了者に参加してもらった。

　この講習会は京都府立鳥羽高等学校が実施しているスーパーグローバルハイスクール（SGH）教育プログラム「イノベーション探求」の一部として行われたものである。参加生徒はすべて高校 2 年生であり、2017 年度の参加者数はおよそ 120 名であった。参加生徒は夏休みの講習以前に、各自が取り組みたいテーマをグループで選択し、関連の情報を調べる作業をしている。また、その調査結果を他者に説明できる内容に整理し、メモ書きして講習会に持参している。

　講習会はおよそ 3 時間のコースであり、1 時間ごとに 3 つの内容に分かれている。各内容の区切りに 10 分間の休憩をはさむ。

　　1 時間目は「書くために考える：導入〜論拠の検証」

　　2 時間目は「まねてはいけない！：レポートの注意点」

　　3 時間目は「パラグラフ・ライティングをしてみよう」

　各時間において、TA は、講習会進行の補助者としての役割と、高校生に対するコメンテーターとしての役割の両方を担っている。補助者としての役割は、講習会当日の午前中に、教室の設営をする、教材を印刷し素早く配布できるようグループごとにまとめる、講習会時間中に教材の配布・回収等を行うことである。コメンテーターとしての役割は、各回参加生徒が行うアクティブ・ラーニングの活動（参加生徒が持参した資料の内容検討ディスカッションや作業途中に行う相互ディスカッション）に参加し、指導者の視点からアドバイスやコメントを行うことである。また、3 時間目の最後に参加生徒が作成したパラグラフ・ライティングの成果を評価し、コメントを記入する作業も行う。コメント済みのパラグラフ用紙は、後日、京都府立鳥羽高等学校へ送り、参加生徒へのフィードバックとした。

　実施後、TA 担当者の感想を聞き取り調査した。「科目で習った技能を実際に活用する場を持てて、より一層自分の能力として定着したと感じている。」「自分の説明が、高校生にもよく理解してもらえたことで、大変にやりがいを感じている。」等のポジティブなコメントが得られた。

6.2　科目修了者の附属図書館ラーニング・サポーター活動

　次に、大阪大学附属図書館において、図書館での学習支援を担当するラーニング・サポーター（以下、「LS」と略す）として、「学術的文章の作法とその指導」修了者が活動していることを紹介する。

　LS は、大阪大学附属図書館のコモンズ・スペースに交代で常駐し、カウンターを訪れる相談者に対して学習支援を行うことを業務とする大学院生のTA である。カウンター業務は、LS の専門に近い分野の研究や学習不明点の指導が多いが、レポートや論文の書き方相談も含まれる。また、LS 自らが企画した講習会を開催し、講師役を務めることもしている。

　大阪大学箕面キャンパスにある外国学図書館で、「学術的文章の作法とその指導」修了者が、2017 年度の LS として日本語ライティング支援を中心とした活動をしている。その LS の専門は日本語学であるが、カウンターでの相談可能内容に「レポート作成」「日本語の添削」を含めている。また、「効果的な文章チュータリング」や「パラグラフ・ライティングの紹介」と題する講習会を自ら企画し、講師役を務めている。この事例は、大学院科目での習得内容を、身近な他者への貢献活動で実際に活かす取り組みになっている。なお、この LS は、6.1 で紹介した高校生向け講習会にも TA として参加した経験がある。

6.3　科目修了者の能力向上成果としての論文執筆

　ここでは、「学術的文章の作法とその指導」修了者による著作である日下部（2017）を紹介する。日下部氏は本章執筆時点で大学病院に勤務する看護師であり、大阪大学大学院在学中の 2015 年度に、この科目を受講した。「『読む、書く、話す』を学ぶ機会を得て考えたこと」と題した論文は、大阪大学で習得したアカデミック・スキルの内容を、その科目進行やアクティブ・ラーニング活動を行った状況とともに、詳細に紹介したものである。論文中の記述によれば、大学院進学以前は、アカデミック・ライティングについて学ぶ機会が乏しく、日下部氏は能力に自信が持てない状態であった。しかし、大学院における能力向上により、査読のある専門論文誌に解説論文を投稿する意欲と、実際に査読を通過する内容のライティング力を日下部氏は獲得できたことになる。また、後輩看護師の文章指導も業務として行ってい

るとの情報を、日下部氏との談話で得た。この事例は、大学院生の高度汎用力の増強を図り、受講者自身のキャリア展開に活かされる事項を提供したいとする科目開設の目的が達成された例と言える。

7. おわりに ―大学と社会をつなぐライティング教育―

本章では、大阪大学で実践している大学院生向け日本語ライティング支援法教育科目の事例を紹介した。大学院科目「学術的文章の作法とその指導」は、他者に対する日本語ライティング支援を行う能力を受講者が獲得することを主な目標としている。

その目標を達成することで、受講者はアカデミック・ライティング能力だけでなく、専門の異なる者に対し自分の考えを的確に伝えるコミュニケーション能力、他者を有効に支援する能力等、日本社会が大学院修了者に求める高度汎用力（トランスファラブル・スキルズ）を獲得することができる。本事例は、高度汎用力を持つ大学院修了者を育成するために、日本の大学側が実践しうる教育モデルの一例であると考える。

今後、特に大学院修了者を多数輩出する研究型大学にあっては、日本社会の要請に応えられるような高度汎用人材を積極的に育成していくことが望まれる。

参考文献

宇佐美寛（編著）(1998)『作文の論理――＜わかる文章＞の仕組み――』東信堂.

日下部華苗 (2017)「『読む、書く、話す』を学ぶ機会を得て考えたこと」『看護教育』58(8): 606–612.

佐渡島紗織・太田裕子（編）(2013)『文章チュータリングの理念と実践――早稲田大学ライティング・センターでの取り組み――』ひつじ書房.

佐渡島紗織・吉野亜矢子 (2008)『これから研究を書くひとのためのガイドブック――ライティングの挑戦15週間――』ひつじ書房.

登本洋子・伊藤史織・後藤芳文・堀田龍也 (2017)「中学生に対するアカデミック・ライティング指導過程の改善」『日本教育工学会論文誌』41 (Suppl.): 1–4.

堀一成・坂尻彰宏・太田ユカ・奥村典夫・中藤強・松井佳代美 (2017)「高大連携と大学院生キャリア開発を重視した高校生に対する日本語アカデミック・ライティング指導」『第23回大学教育研究フォーラム発表論文集』278–279.

村岡貴子・堀一成・坂尻彰宏 (2018)「大阪大学における日本語ライティング教育の実践

——2017 年度の留学生および一般大学院生を対象とした各授業の報告から——」『多文化社会と留学生交流』22: 23–32.

山内保典・中川智絵（2012）「イギリスの大学における Transferable Skills Training の取り組み——日本の科学技術関係人材育成への示唆——」『科学技術コミュニケーション』12: 92–107.

渡辺哲司・島田康行（2017）『ライティングの高大接続——高校・大学で「書くこと」を教える人たちへ——』ひつじ書房.

参考 URL

科学技術・学術政策研究所「博士人材データベース（JGRAD）」<http://www.nistep.go.jp/research/human-resources-in-science-and-technology/jgrad>（2018 年 1 月 13 日閲覧）

科学技術振興機構（2014）「JREC-IN Portal」Vitae マップ <https://jrecin.jst.go.jp/seek/SeekVitae Information>（2018 年 1 月 13 日閲覧）

経済産業省「社会人基礎力」<http://www.meti.go.jp/policy/kisoryoku/>（2018 年 3 月 22 日閲覧）

中央教育審議会（2005）「新時代の大学院教育——国際的に魅力ある大学院教育の構築に向けて——答申」<http://www.mext.go.jp/b_menu/shingi/chukyo/chukyo0/toushin/05090501/all.pdf>（2018 年 3 月 22 日閲覧）

文部科学省（2017）「高大接続改革の実施方針等の策定について」<http://www.mext.go.jp/b_menu/houdou/29/07/1388131.htm>（2018 年 3 月 22 日閲覧）

第10章

職場とつながるライティング教育
相互理解・問題解決・協働を可能にするケース学習

近藤　彩

> ライティングは専門領域のみならず、職場とつなげて教育を行うことが可能である。書類の完成度を巡って生じたトラブルを取り上げ、討論しながら問題解決力や協働力を身につける学習方法を提案する。
>
> キーワード　職場，ケース学習，グローバル社会，協働，問題解決

1.　はじめに

　日本国内では少子高齢化による労働人口の減少や、経済のグローバル化による労働力の流出が進み、人手不足が深刻となっている。日本人の労働力だけでは足りず、外国人労働者の割合が上がっており、日本国内の全就業者数に占める外国人への依存度は、急速に高まっている。外国人労働者の確保と、その受け入れについては、受け入れ側（日本側）にとって喫緊の課題であり、具体的な取り組みが必要な時期に来ている。職場では、「阿吽の呼吸」「以心伝心」はもはや通じず、これまでに例のない予測不可能なトラブルが生じている現実がある。そのため、大学教育の中でも、さまざまな事態に対応できる問題解決力や異文化理解力を養成することが重要となってくる（近藤 2014）。

　本章では、まず、外国人労働の現況等に関する調査結果を示し、外国人（日本語非母語話者）と日本人（日本語母語話者）がともに働くことが身近で一般的な状況になりつつあることを述べる。その上で、ライティングに関わる職場でのトラブルを扱った「ケース学習」の一例を紹介し、「ケース学習」によるライティング教育への応用の可能性を検討する。

1.1 外国人労働者数の増加と期待

　少子高齢化による労働力の減少により、高度外国人材（人財）に対する期待は年々高まっている。日本で働く外国人の数は、厚生労働省の調査によると、2017年10月時点で127万8,670人と過去最高となった。ディスコによる「外国人留学生／高度外国人材の採用に関する企業調査」では、全国の主要企業628社のうち2017年度に大卒以上の高度外国人材の採用を見込んでいる企業は59.8％と半数を超えた。また、2018年1月13日の日本経済新聞においては、「日本の職場　外国人頼み」の見出しが一面に載り、少子高齢化社会による日本人労働力の不足が深刻化していることが言及されていた。こうした外国人雇用促進の傾向は大企業だけのものではなく、企業規模に関わらず一般化してきた。

　しかしながら、少子高齢化による労働力の減少という観点から外国人の雇用を進めることは、それほど容易なことではない。それは、日本人がこれまで当然だと思っていたことが、外国人にとっては「そうではない」ことが予想以上に多いからである。仕事のルールや進め方、キャリアについての考え方、残業や接待についての受け止め方等は、単に言語の問題に収まるものではない。実は言語以外の問題のほうが多く、しかもこれらは深刻なものである（近藤2007）。日本企業がそのことに気づかないまま外国人の雇用を進めていけば、結局は彼らの離職につながることになりかねない。離職する外国人の中には、日本の会社は働きにくいとSNS上で発信し、日本は外国人にとっては働きたくない国だと思わせてしまっている例がいくつも見受けられる。

　筆者はこれまで、日本国内外で質問紙調査やインタビューを行い、外国人と日本人がともに働く際に直面する問題やトラブル、そしてコミュニケーション上の摩擦（コンフリクト）について調査研究をしてきた（近藤2007；近藤・金2010 他）。異文化環境の職場でのトラブルや摩擦の多くは、コミュニケーションの不足、相互理解の欠如、相手や相手国のルールに関する知識の欠如、自分を振り返らない態度等が要因であった。この中には教育機関や職場での学びの機会さえあれば、未然に防げるものが多くあり、そこに教育や研修の意味があると考えられる。

1.2 企業で必要となる能力

　経済同友会 (2016) は、企業が採用にあたり求める資質・能力として、次の4点を提示している。1) 変化の激しい社会で、課題を見出し、チームで協力して解決する力（課題設定力・解決力）、2) 困難から逃げずにそれに向き合い、乗り越える力（耐力・胆力）、3) 多様性を尊重し、異文化を受け入れながら組織力を高める力（異文化適応力）、4) 価値観の異なる相手とも双方向で真摯に学び合う対話力（コミュニケーション能力）である。日本経済団体連合会 (2017) では、「選考時に重視する要素」は、1位：コミュニケーション能力、2位：主体性、3位：チャレンジ精神としている。1位のコミュニケーション能力はこの10年変わらず首位にある。

　大学が企業の求める人材育成のための教育機関であると言えないことは明白だが、大学（教室）を専門的な知識の教授の場だけでなく、大学生自身が得た知識を使う場とすることはできないものだろうか。例えば、実際に起こった企業の事例について他者と討論し、その討論を通じて価値観や考え方が異なることを理解し、互いを尊重しながら問題を解決するための協働の可能性を広げていく場である。このような協働の場では、自身の知識、考え方、経験等を他者のそれらと比較するため、これまで当然だと思っていたこと、いわば既存の価値観が揺さぶられ、他者の考え方を知り、他者を理解し、他者とつながることで協働して、新たな力を得ることができる。

　グローバル社会では、国籍が異なる多様な価値観を持つ人と働くこととなる。そういう職場環境においては、前述の経済同友会が示した3) の多様性を尊重し、異文化を受け入れながら組織力を高める力（異文化適応力）、4) の価値観の異なる相手とも双方向で真摯に学び合う対話力（コミュニケーション能力）が、日本人同士の場においてより、さらに必要性の高いものとなってくる。

　次の1.3では、ライティング教育においてはこうした力の養成が可能かどうかを検討していく。

1.3 大学やビジネス日本語教育におけるライティング

　これまで大学で行われていたライティング教育は、アカデミック・ライティングが中心で、論理的な思考力を養うとともに、意見文、レポート、書

評、卒業論文等のジャンルに注目し、それらを適切に読み手にわかりやすく、説得力を持って表現することを目指した内容であった。さまざまなジャンルの文章を対象に、内容面、表現面、論理性、一貫性等に関し、他の授業とは独立して指導がされてきた。

　一方、ビジネス日本語教育におけるライティング指導は、メールをはじめ、申請書、提案書、報告書等の作成が多く、ビジネスに直結した具体的な内容を取り上げる、どちらかと言うとハウツー（how-to：書き方）的な要素が強い。書いたものの評価や、フィードバック後の対応についてはあまり扱われてこなかった。

　書いたもの（アウトプット）に問題がないと執筆者が思っていても、実際にはそれらを巡って多様な摩擦やトラブルが生じている。一般に、これまでのアカデミック・ライティングでは、推敲を含み完成に至るまでが指導の対象とされることが多かったものの、書いた文章は個人のものとして蓄積され、それが現実に会社のような組織で、どのように利用されるのか、つまり、社会的文脈の中で扱われることが少なかったように思われる。しかしながら、組織における業務とは連続体であり、常に時間軸に沿って進んでいく。そのため「完成した」ものを巡って何が起こっているかを検討することにも意味がある。

　そこで、次の 2. では、ライティング教育への一提案として、実際に起こったトラブル場面を教材とし、他者との議論を通じて多様な考え方を理解した上で、自らの解決策を見出すことを目指す「ケース学習」を紹介する。

2.　学習方法の提案：ケース学習

2.1　ケース学習

　「ケース学習」とは、事実に基づくケース（仕事上のコンフリクト）を題材に、設問に沿って参加者が協働でそれを整理・討論し、時には疑似体験しながら考え、解決方法を導き出し、最後に一連の過程について内省を行うまでの学習である。書かれた事実を基に、自身の知識や経験から状況を把握し、多様な視点で分析し、各自の「結論」や「解決策」を導き出すことを目的としている（近藤・金 2010）。経営学や開発分野で用いられている「ケースメソッド」（高木・竹内 2006）を援用しているが、経営学で扱われるケース教材（事例が教材化されたもの）の日本語版は、一つのケースにつき 10 ～ 30

ページにもわたる量を持つものであり、外国人には難解である。また、日本人と外国人の接触場面に特化したものは極めて少ない。さらに、ケースメソッドは、討論を通じて問題解決をすることが目的であり、討論の過程でどのような気づきがあったか等、個人の内省プロセスについては重視されていない。つまり、学びの概念として内省プロセスに見られる自己の成長や、他者との関係構築に重点をおくものではない。

　筆者がケース学習を開発した当初は、日本語学習者に対して授業を行う予定であった。しかし、近年は、外国人を雇用したことがない企業が、新たに外国人を雇うことで、現場ではさまざまなトラブルが起こっていることから、外国人のみが日本語を学ぶのでなく、日本人もまたコミュニケーションについて学ぶ必要が出てきた。そのため、現在、筆者は3種類の授業や企業研修を行っている。つまり、①外国人を対象、②外国人と働いている、あるいは働く可能性のある日本人を対象、③社内で一緒に働いている、あるいは働く可能性のある日本人・外国人の双方を対象とするものである。

　これまでも日本人と外国人の間では仕事上の誤解やトラブルは見られた（近藤 2007 他）が、今後は、上述したように、深刻な労働力不足から、これまで外国人と働いたことのない多くの日本人が外国人と働くことが見込まれる。そのため、これまで通りの仕事の進め方や考え方のままでは職場でのトラブルを誘発することになる。ここに、大学の授業や企業研修において、グローバル社会の職場環境における相互理解の要素を持つ学びのあり方が重要な意味を持ってくる。

　上記のような授業や研修で用いる教材として、以下ではケース学習で開発されたライティングに関する具体的な教材について紹介する。

2.2　ケース教材：書類の完成度

　ケース教材は、企業での半構造化インタビューの結果を文字化して、ケースアドバイザーの助言を得ながら完成させる。本章で紹介するケース教材は、ビジネス上で作成した書類に関する「完成度」についてのものである（近藤・金・ヤルディー・福永・池田 2013: 58–59）。IT企業に勤務する20代のインド人マネージャへのインタビューにおいて、職場で作成した書類についてトラブルが多発し大変困っている事実が語られた。その事実を基に作

成したケース教材の一部を資料 1 に示す。

　IT エンジニアのシャーム氏は、インドからアプリケーション開発チーム
の代表者として日本に派遣され、日本側チームとインド側チームとをつなぐ
ブリッジ（橋渡し）として仕事をしている。その職場（日本）で書類の完成度
について日本人上司から指摘を受けるという場面である。

資料 1　ケース教材「完成度」

（前略）この間、あるプロジェクトで、一つ問題が発生しました。開発中のアプリ
ケーションに関する要件定義書、設計仕様書と検証結果の記録をお客様に提出し
ました。内容的に漏れがなく、私の判断ではよくできた成果物でした。でも次の
日、日本人の上司の山下さんに呼ばれ、「完成度が低い。品質管理をもっと徹底す
る必要がある」とフィードバックされました。私はびっくりしました。（中略）ど
うして完成度が低いと言われたのでしょうか。どうしてもその理由がわかりませ
んでした。そこで山下さんに説明をお願いしたら、「書式が細かく整えられていな
いから、完成した成果物とはいえない」と言われました。そして、「ここは、箇条
書きが少しずれているんじゃないか」「ここは、フォントのサイズが微妙に違うん
じゃないの？」「Excel のレイアウトが整えられていないから、印刷しにくい」等
と指摘され、書式変更が求められました。

　私は、「書式が整っていないから、成果物として完成度が低い」という山下さん
の説明にあまり満足できませんでした。設計書や検証結果等は、営業の資料では
ないし、どうしてそんなに書式のことを気にしなければいけないのか、わかりま
せんでした。（中略）この時は工数が多くなっても、言われた通りに変更しました。

　数日後、このことを他の会社で働く外国人の友達と話していたら、やはりその
友達も、同じような経験をしていました。「頑張ってパワーポイントを作ったの
に、内容のことを何もほめてもらえず、書式のことだけを先に指摘されました」
と言っていました。

　日本人の商習慣について、日本で働きながらいろいろと学びましたが、その中
の一つに、日本人の書式への独特なこだわりがあります。どんな資料であっても、
見た目に美しいものを作らないと、出来上がりの質が低いものとして評価されて
しまいます。以前、欧米のお客様と同じ仕事をした経験がありますが、書式のこ
とについて、そんなに細かく指摘されたことはありませんでした。

　私は、内容ばかりを重視する傾向があるかもしれませんが、日本で働いている
と常に書式まで意識することが求められます。プロジェクトで忙しいとき、書式
の変更・訂正に費やす工数は本当にもったいないと思います。

（近藤ほか（2013: 58-59）より）

第 10 章 職場とつながるライティング教育 | 183

　大学の授業においてケース教材を取り上げることで、学生らは卒業後の職場を具体的にイメージすることが可能となる。近年、大学における基礎教育科目として多く見られるようになったアカデミック・ライティングの授業では、前述した通り、文章の論理性や文章構成、わかりやすい表現等について学ぶ。こうした授業が大学の学修において重要なのは言うまでもないが、卒業後の職場や取引先で「ライティング」を巡り、トラブルにつながるという観点も必要だと考える。後者の観点は特にキャリア形成の面からの意義が深い。

2.3　ケース学習の手順

　ケース学習では、一つのケースを 90 分で扱うことが多い。ケース教材を読み、タスク（設問）をまず一人で行い、後続するディスカッションのためにメモを作り、そのメモを基にグループ討論、全体討論を行う。ケース教材によって付属の映像教材を見てもらう。最後に振り返りを行う。以下の表 1 は授業の流れを例示したものである。

表 1　90 分のケース学習の手順

活動の内容	時間	備考
個人作業	15 分程度	事前課題としてもよい
グループ討論	25 分程度	4〜5 名程度で組む
全体討論	30 分程度	ロールプレイを含むことがある
映像教材視聴	5 分程度	
まとめ／振り返り	15 分程度	振り返りは事後課題としてもよい 次の回に振り返りを共有する

　ケース教材は母語話者や中上級の日本語学習者を対象とするだけでなく、初級の日本語学習者にも使用可能である。初級や中級前半の授業では、一つのケースに 90 分 2 回を充てる。1 回目はケース教材の読解やメモ作りが中心となる。2 回目はグループ討論からはじまり、振り返りまでを行う。

　上述のケース学習を進める上でのタスク（設問）を次頁の表 2 に示す。

表2 ケース学習のタスク（設問）

No.	設問内容
(1)	それぞれの気持ちを考えてください。
(2)	この状況で何が問題だと考えますか。
(3)	あなたにも似たような経験がありますか。
(4)	あなたがシャームさん／山下さんだったら、このような場合どのように行動しますか。
(5)	あなたがシャームさん／山下さんに相談された場合、どのようなアドバイスをしますか。

(近藤ほか (2013: 62–63) をもとに一部加筆)

　タスク（設問）は必ずしもこの順序で行わなくてもよいが、ケース学習に慣れていない場合は上記の段階を踏むほうが学生は話しやすい。インターンシップの経験がない学生、海外で学ぶ学生（学習者）には、状況を想像することが難しい場合がある。その時は、ケース教材の内容を映像化した映像教材を見せる[1]。

　視聴のタイミングは対象者による。例えば、IT 関連業界に関心がある、検索力があるといった学生に対しては、まずケース教材の読み取りから始めている。海外の大学の授業では、日系企業について知識がなく職場の様子を想像することができない学生も多いため、映像を見せてからケース教材を読んでもらうことにしている。

　なお、ケース学習の解説やケースメソッドについては近藤（編著）(2015) を参照されたい。次の 2.4 には、大学で行われた日本人学生 (14 名) と留学生 (3 名) が参加する 3・4 年生対象の授業実践を示す。

2.4　学生の反応：討論

　90 分の授業の中で、最初に表2の (1) の通り、それぞれの気持ちを考え

---

[1]　映像教材のメリットは、①職場の雰囲気が伝わりやすい、② IT 用語等の馴染みのない用語が映像になると頭に入りやすい、③登場人物や問題が明確化、焦点化されるため、解決策が考えやすい、④自分に起こり得ることだと、登場人物や関連する人に感情移入しやすい、⑤授業時間が短い場合に便利である、ということがある。デメリットには、①内容を深く理解しなくても映像を見てわかった気になる、②登場人物の気持ちや表情は、本来さまざま考えられるが、映像に出ている「人」に限定されてしまう、③問題解決に関わる諸要素が、画面に出現したものに限られる危険性がある、ということがある。

させる。まず、シャームさんを支持する意見としては、「内容のほうが重要なのに、なぜ山下さんは形式を気にするのか理解できない」「形式ばかり気にする山下さんにイライラしている」「日本人のこだわりは面倒だと思っている」「細かいことに気をつかっている時間があれば、もっと質の高いものを作ることに時間を使いたい」という意見が多い。

　一方、日本人の上司（山下さん）の気持ちはどうかの問いには、「完成度が低いということは、品質管理ができていないということだからイライラする」「読みにくい」「内容を確認する気にはなれない」「内容が信頼できない」「上司に提出する書類とは思えない。失礼だ」「適当な人だ」「仕事が雑だ」「会社のブランド力が損なわれる」「やる気がないのか」「期待外れだ」という意見が次々と出される。

　ここでの問題は、①書類の完成度についての認識が異なり、②それが共有されていない、③話し合われていない、④上司からの指示がない、⑤部下からの確認がない、⑥テンプレートがない、等さまざま考えられる。シャームさんは、「内容さえしっかりしていれば見た目は気にならない」と思っている一方で、山下さんは「お客様に提出するものだから見栄えも大事だ」「きちんとしたアウトプットは、当然のことであり、会社の信頼性に関わる」等と考えている。そこに両者の理解の対立する部分がある。

　グループ討論や全体討論をしていく中で、学生自身どんなシャームさんや山下さんを思い浮かべたかを聞いてみると、さまざまな反応が得られた。頑固で書式にうるさく厳しい山下さんを思い浮かべていた学生は、他の学生が山下さんを擁護し、「内容は一応確認しようと思ったが、書式が悪いので、頭に入ってこなかったのかもしれない」という意見を聞き、「そのように捉えたのか」と自身の解釈との差に気づいた。また、「見直す習慣がないことが問題だ。自分も見直す習慣がなくて怒られた経験がある」と話す者もいた。それを受けて、ある留学生は、「国では見直す必要性について言われたことがあまりないが、日本人は小さい時から見直す習慣があるのか」という新たな問いを投げかけた。すると、日本人学生は小学校の時に必ず見直しをするように教えられた経験を語り、今でも見直すことが癖になっていることを留学生の発言から意識し始める。さらに「そう言えば私も小さい時から見直すように言われてきたから、書式が整っていないと見る気にならない。なんか山下さ

んの気持ちもわかる」と急に山下さんの擁護を始める学生もいた。

　このように、他の学生の発言を受けて自身の意見を考え直したり、過去を振り返り経験を思い出してみたりする。これまで「正しい」「こうあるべきだ」と考えていたことが「本当にそうだろうか」「自分自身はこうだったのか」と、自問し価値観が揺さぶられる様子が観察できる。

　繰り返しになるが、ケース学習で重要なことは、問題を発見し、両者の立場を分析し、最善の解決策を見出せるかということである。背景が異なる者同士では、問題の把握も異なることが多く、当事者双方の立場に立つということは容易なことではない。また、判断をする際に、必要となる知識もある。さらに、解決の方向性が見えたとしても、どのようなタイミングで切り出し、どのように話せば良いかを判断することは難しい。これらすべてを統合して瞬時に言語行動に移せるかどうかが次のポイントとなる。

2.5　問題解決と言語行動の融合：ロールプレイ

　解決策を見出すことや当事者の気持ちが理解できることのみならず、適切で誤解のない行動がとれるかどうかも重要であるため、ロールプレイで確認をしている。以下にロールプレイの例を示す。(1) は、このような問題を防ぐべく、山下さんに依頼された際に細部を確認するというロールプレイである。山下役もシャーム役も日本人学生が行った。(2) は書類へのフィードバックの時のものであり、シャーム役を行ったのは留学生であった。

　(1)＜学生のロールプレイ１＞　(依頼時)

> 指示：山下さんがシャームさんに仕事を頼む時点でのロールプレイをしてください。まだ問題が起こる前です。問題が起こらないためにはどのようなやり取りをすればよいかを考えながら、グループでロールプレイをしてください。

山下役学生　　　：シャームさん、ちょっといいですか。要件定義書、設計仕様書、検証結果の記録だけど、お客様に提出する書類、内容はもちろんだけど、書式もきちんと確認してください。

シャーム役学生：はい、わかりました。すみませんが、テンプレートはありますか。それからいつまでですか。今は他の仕事

第 10 章　職場とつながるライティング教育　│ 187

　　　　　　　　　　があります。
　山下役学生　　　：テンプレートはこのあとメールで送ります。明日の
　　　　　　　　　　17 時までに書式を直して提出してください。
　シャーム役学生：わかりました。テンプレートを使い、明日の 17 時ま
　　　　　　　　　　でに提出します。

　このロールプレイが評価できる点は、まず、山下役が、内容と書式が両方
大切であり、提出前に十分な確認が必要であるという注意点を明示している
ことである。シャーム役は、テンプレートの所在を確認し、自身の業務状況
（多忙である旨）を伝えている。それを受けて山下役は、既存のテンプレー
トを使用して締め切りまでに提出することを明確に伝えている。このような
対話ができていれば、確かに当該トラブルは発生しなかったであろう。
　次に、山下さんがフィードバックをする時のロールプレイ（2）を示す。こ
れは既にトラブルが起こった後にどのように対処するかという点に主眼をお
いている。書式が整っていない書類を見てシャームさんを呼び出すところか
ら始めている。

　（2）＜学生のロールプレイ 2 ＞　（フィードバック時）

┌─────────────────────────────────┐
│　指示：山下さんがシャームさんのアウトプットを見て、フィードバックをす│
│　る際のロールプレイをしてください。山下さんがシャームさんを呼ぶところ│
│　から始めてください。　　　　　　　　　　　　　　　　　　　　　　　│
└─────────────────────────────────┘

　山下役学生　　　：シャームさん、ちょっと来てください。
　シャーム役学生：はい。
　山下役学生　　　：あの、これ、書式が整っていません。すぐに直してく
　　　　　　　　　　ださい。
　シャーム役学生：山下さん、私は今アプリケーション開発の仕事があり
　　　　　　　　　　ます。これでいいと思います。内容は問題ありません。
　山下役学生　　　：そうですか？でもこれはお客様に見せるものです。書
　　　　　　　　　　式がきちんとしていないと信頼性が低いです。レイア
　　　　　　　　　　ウト、フォントのサイズ等もよく見直してください。
　　　　　　　　　　書式ができていないと、読まないお客さんもいますよ。

シャーム役学生：わかりました。でも明日までは急ぎの仕事があります。明後日の11時までででいいですか。

山下役学生　：わかりました。その時に内容を見ます。まず、書式をきちんとしてください。インドと違うと思いますが、日本では、内容と書式両方大切ですよ。明後日11時までに両方やってきてくださいね。

シャーム役学生：はい、そういたします。

　このロールプレイでは、シャーム役が書式を指摘された際、「内容は問題ありません」と明確に伝えている。同時に他の業務があることも告げている。それを受けて山下役は書式が整っていないと、①信頼性が疑われる、②読まない顧客もいる、という理由を説明している。インドと考え方の違いがあることにも触れ、最後に、締め切りを確認し内容と書式双方を重視しつつ、仕上げてくるよう指示している。

　このロールプレイを聞いていた学生の中に、「内容は問題ありません」というシャーム役の言い方が直接的であるため、表現を変えたほうがいいと言う者もいた。別の学生からは「はっきり伝えることは大切。モヤモヤしてやる気がなくなるぐらいなら、内容に問題がないと思っていることを上司に伝えたほうがいいと思う」という意見も出された。さらに、「そもそも山下さんが言葉尻を捉えなければいい。仕事を進める上で、自分の考えを伝えることは悪くない」との発言も現れ、ロールプレイから議論へと発展した。

　このようなロールプレイをすることで、教師も学生も問題解決が実際にできるか、そして適切でわかりやすい言語を使用しているかを確認することができる。日本語非母語話者には、特に適切な語彙の使用や流暢さを見るだけでなく、話しかけ方や身振り、ポーズ等についてもフィードバックをする。母語話者に対しては、使用する日本語が非母語話者にとってわかりやすいか、ポイントが明確か、話すスピードは適切か等についてもフィードバックをしている。

　また、ケース教材にある「欧米のお客様と同じ仕事をした経験がありますが、書式のことについて、そんなに細かく指摘されたことはありません」という文にも注目させている。グローバルスタンダードで言えば、「日本人の

第 10 章　職場とつながるライティング教育　｜ 189

書式への独特なこだわり」のほうが問題ではないかと問題提起を行う。それ
を受け、学生は、「内部資料の作成において多くの時間を費やし、それが残
業につながる可能性が高くなる」と、グローバルスタンダードという視点で
物事の本質を捉えることを始めた。

　加えて、筆者の海外での経験も学生たちに伝えている。海外で講演をした
際、何日もかけて準備したカラーのパワーポイントの資料が、インクのシミ
が多く入った白黒の資料として配布された。作成者の完成度と出来上がった
配布資料には大きな違いが見られたという例である。

　このように、討論やロールプレイ、教師の問いかけ等によりケース学習を
進めていくと、「ライティング」が職場という環境の中では動的なものとし
て捉えられることを伝えることができる。作成されたものが職場でどのよう
に評価されるのか、フィードバックを受ける可能性はあるのか。上司の指示
や発言に疑問を持った際や、上司が何を望んでいるのかが不明な際には聞き
返すべきなのか、聞き返すとすればどのように言うのか。もし仕事に追われ
ていた場合はその状況をどのように上司に説明するのか等、多角的に状況判
断をする術も学ぶことができる。つまり、ケース学習はライティングを総合
的な学習へと発展させていくことを可能にするものだと言える。

3.　完成度の捉え方

　2. で示したロールプレイや討論を経験した学生がケース学習を行う前と
後とで、書類の完成度についてどのような捉え方をしていたのか、その変化
を知るために、質問紙による調査を行った。3.1 と 3.2 にその結果を示す。
その際、会社員の同様のデータを参照して述べていく。

3.1　書類の完成度に対する学生の捉え方（ケース学習前）

　会社の書類作成についてイメージすることが難しい学生がいるため、イン
ターンシップで作成する書類について問うことにした。行動記録に関わる書
類を作成し、提出を求められた時に、何に留意して完成させるかを尋ね、項
目ごとに点数（1 位：7 点、2 位：6 点他）をつけてもらった。17 名の項目ご
との結果（合計点）は次頁の表 3 の通りである。分析の結果、学生が重視し
ている項目の 1 位は、趣旨の明確性、2 位は表現の適切さであることが示さ

れた。整った書式は6位であり、重視されていないことがわかった。

表3　書類の完成度に対する大学3・4年生の捉え方

順位	項目	ポイント
1	趣旨の明確性	106
2	表現の適切さ（語彙・表現・文体）	82
3	具体的叙述	73
3	構成の適切さ	73
5	表記の正確さ	55
6	整った書式（フォント・字体・段落番号・スペース・レイアウト等）	54
7	着眼点のおもしろさ	48

　次に、大学生と会社員（IT関連企業の日本人社員19名の合計点）との優先順位の比較を表4に示す。

表4　書類の完成度に対する大学生と会社員の優先順位

項目	大学生	会社員
趣旨の明確性	1	1
表現の適切さ（語彙・表現・文体）	2	2
具体的叙述	3	4
構成の適切さ	3	6
表記の正確さ	5	3
整った書式（フォント・字体・段落番号・スペース・レイアウト等）	6	5
着眼点のおもしろさ	7	7

　1位と2位は、大学生も会社員も同じ結果で、趣旨の明確性と表現の適切さであった。会社員の3位は表記の正確さであったが、大学生は5位であり優先順位が会社員より低いことがわかった。構成については大学生が3位、会社員は6位と順位に差があった。整った書式に関しては大学生が6位であったが、会社員はそれより順位が高く5位であった。
　完成に至る経緯は企業によって多少の差がある。タイプ別に示すと、タイプ1は、A社（製造業）のように、担当者が内容を考えそれを渡すと、資料作成の専門スタッフが客先に出す資料用としてレイアウトを整え、色を

つけて美しく完成してくれる。このタイプ1の会社では、個人が書式を完璧にする労力や時間が削減される。タイプ2は、B社（コンサルタント業）のように、以前はそのような専門スタッフがいたが、現在はリストラのため主に若手社員たちで行っている。タイプ3は、C社（IT関連企業）のように自分たちで行う。なお、表4の会社は、前述の通り、タイプ3である。どのタイプにも共通している点は、外部に出す資料は書式の完成度が要求され、それが信頼の獲得につながることである。提出書類一つをとってみても、会社の信頼や体制を判断する基準となる等、個別の事情が反映されてくる。

3.2では、ケース学習前後の、当該学生の考え方の変化を質的に示す。

3.2　書類の完成度に対する学生の捉え方の変化

学生がドキュメントを大学教員に見せる前に、書式についてどの程度気にしているかを調べてみた。「非常に気にする」5名、「気にする」8名、「あまり気にしない」3名、「全く気にしない」0名、「どちらでもない」1名であった。ケース学習前のコメントの内容を分析した結果を次頁の表5に示す。

書式を「非常に気にする」または「気にする」と回答した主な理由としては、読み手への配慮（読みやすさ）や、目上の人への礼儀を重んじていることがわかった。内容を第一に考える者もいれば、書式が整っていれば内容にもプラスに働くと考える者もいた。教師による自分に対する人物評価や、自分が与える印象について想像している者もいた。

一方、「あまり気にしない」と回答した主な理由としては、「デフォルトを使用するから」「自分の考えや思いは書式に関わらず伝わるはずだ」という自身の意気込みを優先していることが示された。

3.3では、これらの学生が、前述の「ケース学習」を行った後に、認識を異にするかどうかを振り返りシートから探る。

表5　書式についての大学生の捉え方

捉え方	カテゴリー	主なコメント
非常に気にする（5名）	読みやすさ／読み手への配慮	書式は文章をきれいに見やすくするためには必要不可欠。 相手に見やすいかどうかを優先する。
	内容の伝わりやすさ	相手に内容が伝わりやすい。
	指示通り	指定されていれば、それを確実に守っているか確認する。指定がなければ Word の初期書式からの変更はしない。
	人物評価	書式が整わないと大雑把な人だと思われる可能性があるから。
気にする（8名）	礼儀／読み手への配慮	言葉遣いなど、相手に失礼があったら困るので、何度も読み返してから提出する。
	与える印象	内容も大切だが、パッと見た時に与える印象が大切だと思う。 内容が良くても一目見たときにマイナスの印象になるため気にする。逆に内容が薄くても一目見た時の印象が良いと思う。 第一に優先するのは自分の考えや、意見が誤解なく伝わるかどうか。見やすい書式であるかどうかも人に見せるものであるのだから気にする。
	まとまりのなさ／読みづらさ	（整っていないと）文章がまとまらず、読み手は読みづらい。
あまり気にしない（3名）	デフォルト	指示がない場合はデフォルトを使用する。
	意気込み	自分の考えや思いを書けば伝わるはずだ。

3.3　書類の完成度に対する学生の捉え方（ケース学習後）

　ケース学習後の学生の振り返りでは、次のような気づきが見られた。デフォルトを優先すると述べていた学生は、「書式がそんなに大事だと思わなかった。デフォルトに頼りすぎていた」と述べた。わかりやすさを重視していた留学生（タイ人）は、「知識や、日本人の考え方がわかっていればトラブルにはならない。私も気をつける」と述べた。礼儀や読み手への配慮を重視していた留学生（韓国人）は、「これまでも気をつけていたけれど、こんなことでトラブルになっているなんて知らなかった」と振り返っていた。内容を重視していた学生は、「いいものを書こうとそればかり考えていたけれど、

書いたものについていろいろ言われるとは思わなかった。(中略)実際に突き返された時になんと言えばいいのか。今からこういうことが起こると思えばなんとかなるかもしれない」と述べた。いずれの学生も、書類を作成する(アウトプット)までが自分のすべきことであり、それが組織でどのように評価され、当事者の間でどのようなコミュニケーションとなるのかまでは想像したことがなかったことがわかる。

　トラブルを防ぐための解決策として、テンプレートを作ることを提案した学生も現れた。「テンプレートを共有できるシステムが社内にあればこんなことにはならなかったのに」と問題解決の糸口をつかむことができた。また、「書式だけ指摘された場合、内容は問題ないと思ってしまう。書式を整えて出したら、次は内容について指摘を受けるのだろうか。時間がもったいないと思う」「内容は問題ないですか、と聞ける雰囲気ならば聞いてみたい」と述べる学生もいた。このように、それぞれが企業で起こった事実を理解し、問題解決に向けて主体的に取り組む様子が観察された。

4. 大学と職場をつなぐライティング教育

　本章では、ケース学習を例に、大学におけるライティング教育のあり方について検討を行った。一つのスキル習得のための学習の場として考えるのではなく、グローバル社会における人と人との関係構築を土台とする統合的なライティング教育を提案した。当事者の間で考え方や認識に差異があった時に、その差異を埋め、摩擦(コンフリクト)を解消することが重要であり、それには当事者が自律的かつ主体的にその差異を認識し、解決への手段を講じる意識が持てるかどうかがカギとなる。

　冒頭で述べたように、大学の「ライティング」の授業は、アカデミック・ライティングとして他の科目と独立して行われることが多く、ここには学生たちが卒業後に経験することになる「仕事のプロセス」でのライティングの観点はほとんどない。一方、従来のビジネス日本語教育においてのライティングは、「メールの書き方」「報告書の書き方」等、どのように書くかの「ハウツー」に焦点がおかれ、書いたものが企業でどのように評価される可能性があるかについては扱われてこなかった。

　しかしながら、本章で述べてきたように、今後の大学でのライティング教

育、あるいは大学でのビジネス日本語教育では、実際に企業や社会で起こっていることを取り上げ、問題解決力、コミュニケーション能力、協働力を高めていくことが重要である。これはキャリア形成の上でも意義がある。

提起された問題について学生が多角的に検討していくケース学習は、今後ライティングの領域において、より必要性の高いものとなるであろう。なぜならば、こうした学習が、1.2 で述べた企業が求める四つの力、1) 変化の激しい社会で、課題を見出し、チームで協力して解決する力（課題設定力・解決力）、2) 困難から逃げずにそれに向き合い、乗り越える力（耐力・胆力）、3) 多様性を尊重し、異文化を受け入れながら組織力を高める力（異文化適応力）、4) 価値観の異なる相手とも双方向で真摯に学び合う対話力（コミュニケーション能力）に対応できる学習方法であると考えるからである。

今後ますます多文化環境になっていく日本の職場では、それまでの「常識」が通用しない状況が増えることを、双方が十分に理解することが重要となる。そのため、説明やフィードバックをする側は、わかりやすく言語化し、外国人社員が相手の場合は、その理由や意義をより丁寧に、そして納得するまでコミュニケーションを行うことが必要となる。ともに協働していく上では、明示化された理由と、互いの歩み寄りが必須である。

5.　おわりに ―大学と社会をつなぐライティング教育―

「ライティング」は職場では動的なものであり、連続的にタスクがつながっていく。例えば、メールが複数交わされて契約書となり、完成した契約書を基に、仕様書が作られていく、というようにタスク（メール作成・契約書作成・仕様書作成他）は重層的なものである。そこに認識の差異があると、タスクはその都度、滞ることになる。本章のケース教材で取り上げた成果物（要件定義書・設計仕様書・検証結果の記録）も同様で、タスクの連続体と考えられる。このプロセスには、対面式の会議があり、議事録も作成される。つまり、互いの認識をすり合わせ、確認、交渉、調整を適宜行い、決定した上で実行に移し、報告するといった一連の作業を伴う。職場から社会に拡げて考えていっても同様のことが言える。私たちの行動や営みは時間軸に沿ってタスクが連続しているからである。そういった意味で、ライティング教育は、角度を変えてみれば、課題達成のプロセスの中で、当事者間の意味

第 10 章　職場とつながるライティング教育　｜ 195

交渉を経て相互理解をするための学びであり、協働を土台とする人間関係構築の教育として行うことが期待できる。

付記

本研究の一部は、JSPS 科学研究費（課題番号 17H02354）の助成を受けて行った。

参考文献

近藤彩（2007）『日本人と外国人のビジネス・コミュニケーションに関する実証研究』ひつじ書房.

近藤彩（2014）「日本語非母語話者と母語話者が学びあうビジネスコミュニケーション教育――ダイバーシティの中で活躍できる人材の育成に向けて――」『専門日本語教育研究』16: 15–22.

近藤彩（編著）（2015）『ビジネスコミュニケーションのためのケース学習――職場のダイバーシティで学び合う――【解説編】』ココ出版.

近藤彩・金孝卿（2010）「「ケース活動」における学びの実態――ビジネス上のコンフリクトの教材化に向けて――」『日本言語文化研究会論集』6: 15–32.

近藤彩・金孝卿・ヤルディー、ムグダ・福永由佳・池田玲子（2013）『ビジネスコミュニケーションのためのケース学習――職場のダイバーシティで学び合う――【教材編】』ココ出版.

高木晴夫・竹内伸一（2006）『実践！日本型ケースメソッド教育――企業力を鍛える組織学習装置――』ダイヤモンド社.

参考 URL

経済同友会（2016）「「企業の採用と教育に関するアンケート調査」結果」<https://www.doyukai.or.jp/policyproposals/articles/2016/pdf/161221b.pdf>（2018 年 1 月 30 日閲覧）

厚生労働省（2018）「「外国人雇用状況」の届出状況まとめ」（平成 29 年 10 月末現在）<http://www.mhlw.go.jp/stf/houdou/0000192073.html>（2018 年 2 月 5 日閲覧日）

ディスコ「外国人留学生／高度外国人材の採用に関する企業調査」（2016 年 11 月調査）<http://www.disc.co.jp/uploads/2016/12/2016kigyou-gaikoku-report.pdf>（2018 年 2 月 1 日閲覧）

日本経済団体連合会（2017）「2017 年度　新卒採用に関するアンケート調査結果」<http://www.keidanren.or.jp/policy/2017/096.pdf>（2018 年 1 月 15 日閲覧）

第11章

現職看護師のライティング活動支援の試み

経験への信頼と新しい学習スキルを

因　京子

現職看護師のライティング活動への支援では、第一の目標を自らの発信が持つ価値の認識と帰納的に原則を発見する学習スキルの獲得に置き、修正前と後の文章を比較して観察を言語化する作業から始めることが有用であることを述べる。

キーワード　看護師，ニーズ，不安，学習スキル，目的の認識，言語化

1.　はじめに

　看護界は、近年、他に類を見ない急速な変化を経験した。戦後長らく看護師養成の責任を主に担ってきたのは専門学校で、「看護学部」の数は1991年には国立・私立・公立を合わせて11校（定員558名）であったが、その後、劇的に急増し、2015年には241校となった（上畠2017）。増加の傾向は止まらず、2017年5月の時点では255校、定員22,486名を数える（文部科学省HP）。

　この変化は、実技中心の看護教育に「研究」という新たな要素をもたらした。教育だけでなく臨床の場でも、継続教育の一部として看護研究が奨励されるようになった。看護職者や看護学生に「研究者」としての能力の獲得が期待されているわけではないが、現状を改善する意図を持って観察し、課題を見出して解決方法を考案し、実践して結果を報告するという、研究と同じ態度を持って実践に臨むことが求められるようになったのである。

　ライティングという作業が、改善や向上の過程で必要とされる思考を進めるために、また、成果を発信するために、有用で必要であることは言うまでもない。『ナースのためのレポートの書き方』（水戸2014）、『看護研究ここ

ろえ帳』（李 2008）などの看護研究遂行を丁寧に支援する指南書、論理的に書く技術についての研究雑誌の特集[1] など、研究のためのライティング技能の向上を支援する努力が払われている。

　現職看護師の実務的文章の作成を含むライティングについては、支援の必要性が強く感じられながらも、その方法が体系的に開発されているとは言い難い。

　2015 年時点で 163 万を超える看護関連就業者[2]（日本看護協会 HP）のうちほぼ 118 万人を占める看護師[3] 側からの要望や問題点を一括りに語るのは不可能である。これを前提に、筆者の観察を述べれば、部下や後輩の文章作成を指導する立場にある管理職看護師は、自らの執筆技能にも不安を感じつつ、他の業務の傍ら手探りで指導に当たっており、大きな負担を感じている。

　本章では、実務経験を積んだ看護師を対象に 2010 年から 2017 年までの間に実施した 10 回のライティング研修の経験に基づいて、職業場での実務経験を持つ人々へのライティング支援方法開発への示唆を探求するものである。以下、2. で現職看護師のニーズを検討し、支援活動を企画するための方針を認識する。続いて、3. で筆者の行なった研修活動の一端を提示し、4. で、実務経験の豊富な人々の発信を支援する方法開発への示唆を述べる[4]。

2.　現職者のニーズとは

2.1　スキーマの未形成に関連する困難

　地区の基幹病院（高度な設備と専門性を備え、平常時にも災害時にも当該地区の拠点としての役割を期待されている総合病院）として機能している大規模病院の管理職に就いている看護師 19 名を対象に 2010 年に実施した研

---

[1]　『看護教育』57（8）（医学書院）には、「特集　論理的に書こう！」として戸田山和久ほか、10 名以上の執筆者によるさまざまな記事が掲載されている。

[2]　「日本看護協会」ホームページ上の「看護統計資料室」(1) 総数（年次別・就業場所別）のデータによる。

[3]　脚注 2 と同じく「看護統計資料室」(4) 看護師、准看護師（年次別・就業場所別）のデータによる。2015 年度は看護師 1,176,859 人、准看護師 358,302 人となっている。

[4]　研究および教育の目的で研修活動の内容を公表し、研修参加者の執筆データを利用することについては、本人の許可を得ている。

第11章　現職看護師のライティング活動支援の試み　|　199

修において、日々指導している部下や後輩の文章に見られる問題を述べるよう求めたところ、下の資料1に示すような回答を得た（因 2012）。目的認識、全体の構造化、文構造、文体など、すべての面にわたって問題が観察されている。

資料1　管理職看護師の観察した看護師による文章の問題点

項目と内容が不一致；結論がない；区切りがない；焦点がぼけて具体的な内容が見えない；何を書いているのかわからない；誤字脱字が多い；経時的でない；問題点や課題が書かれていない；「〜にて、〜にて」「〜し」などが繰り返されるが、まとまりがない；綺麗に書こうとしているが結局意味がわからない；起承転結がない；語尾が不統一；文章が長い；要点がない；だらだらしている；主語述語がない；まとまりがない；長すぎて読む気がしない；述語が主語を受けていない；長文に句点がない；意味がわからない；伝わらない；5W1H が書かれていない；具体的でなく理解不能

　研修参加者19名に研修活動の一環として、「看護観とは何か、看護観を問う意義とは何か」を説明する文章を書くよう求め、それを分析したところ、指導に当たっている人々も同様の困難を抱えていた。「看護観とは」という主題は、看護師の就職試験でしばしば問われ、看護教育の中でも自身の看護観を持つ重要性が強調されているため、看護師、とりわけ、指導的立場にある人々にとっては、見解を述べやすいと考えられる。

　管理職看護師による説明文には、表記の誤りや中心文の欠如といった不適切は少なかったが、文レベルの不整合は19の文章のうち12、段落内の不整合は11、全体の構造化の欠如は13の文章に見られた。具体的には、文レベルでは「語彙・連語関係の誤り」「指示語の指示対象が不明」「文構造の必須要素の欠如」、段落および全体のレベルでは、「記述の意味が不明瞭」「一貫性・関連性の欠如」といった不適切が見出された。これらは、本書の第3章で説明された論文スキーマに関わるものである。書こうとする文章の取るべき構造や文体についての想定の欠如、すなわち「目標文章のスキーマ」が未形成の場合に典型的に見られる。書く際に、1) 目標文章の目的・役割を明確に認識していない、2) 情報を分類していない、3) 情報を受け手の側から整理していないという問題があると考えられる（因・村岡・仁科・米田

200 ｜ 因 京子

2008；因・山路 2009)。

2.2　定型性の強い表現への依存

　看護師による文章に特徴的に見られるのは、スローガンのような常套句や権威を感じさせる文言を多用する傾向である。前節で分析を示した 19 の文章のうち 10 例にその傾向が強く見られた。下の資料 2 はその一つで、研修参加者の中でも特に長い経験を持つ管理職看護師によるものである。

資料2　管理職看護師による説明文：「看護観とは」

> **看護観とは看護の理念であり、看護を実践するための基本となる枠組みである**と考える。
> 　看護の質を高めるためにも、この看護理念が根底となり看護場面での**プロセス**に差異が出てくる。例えば、現在、様々な看護理論が提示されている。「オレムの看護論」や「ロイの看護論」、最も知られているナイチンゲールの看護の本質などは、それぞれの患者や、自分が考えている「看護とは何か」について明確化し、その実践プロセスを**システム化**している。
> 　学生の頃にヘンダーソン「看護の基本となるもの」14 項目について学び、人間の基本的欲求で満たされていない事柄を補完するための助けが看護であり、看護のプロセスは個別的な援助を必要としている、個々のニーズに応じた援助をしなければならないと教えられた。そして母校では「看護は**アート**である」と教えられた。
> 　看護師は様々な生活歴や価値観を持っており患者も様々な生活歴や価値観を持っている。看護師として患者を前にし、看護師としての倫理観を持ってベッドサイドに臨み**患者に寄りそう**ためにも**看護哲学**が必須であり、看護の本質を問うものと考える。

（ゴシック体は筆者による）

　上の説明文は、冒頭に定義が述べられ、適度に段落が設けられ、段落内の記述もまとまっていて、全体が構造化されている。専門的で高尚な印象のある「理念」「枠組み」「プロセス」「システム」「アート」「哲学」といった語がちりばめられ、代表的な理論家の名前が列挙され、さらに、「患者に寄りそう」という看護の代表的な常套句が用いられており、重厚な印象を与える。しかし、定義は、「看護観」を「理念」「枠組み」という抽象的な語に置きかえただけで、「看護の質に影響する」という主張の根拠として挙げられた名前も、看護関係者でない者には「ナイチンゲール」以外は馴染みがな

く、読み手の理解は深まらない。資料1に、「綺麗に書こうとしているが結局意味がわからない」という指摘があるが、この批判が当てはまる。

この説明文が権威の衣をまといながら説得力を持ち得ないのは、文章の目的と読者が考慮されていないことに起因すると考えられる。そもそも「看護観」を説明するとすれば、それを理解していない者に理解させるためで、相手は看護界の部外者か新規参入者であろう。しかし、この文章の書き手は、受け手として看護界の人々しか想定せず、「仲間内」で評価を受けると期待できる常套句や権威を安易に利用したため、空疎な記述となっている。

現職者が常套句の使用を高く評価する傾向があることは、二つの「小調査」によっても確認された。ライティング研修に参加した看護師14名と、ある大学の大学院に在籍する看護師8名に、「自己PR」として書かれたほぼ同じ内容の二つの文章（資料3）を、順序や優劣を連想させる「A／B」「1／2」などを用いず「梅／桜」と名付けて示し、優劣の判定を求めたところ、「桜」がどちらからも圧倒的支持を得た。

資料3　現職者に選好される文章

自己PR「梅」

　私が自分の取り柄ではないかと思うのは、さまざまな人と話すのを楽しめることです。同級生の中には「お年寄りとどう話していいかわからない」と言う人もありますが、私は苦になりません。実は、私は幼児期から民謡の稽古を続けており、幅広い年代の方々と接する機会がありました。このことは、コミュニケーションの力が重視される看護師という職業を目指す上で役立ったと思います。大学でも実習やサークル活動においても心がけてきたことは、人と接するときに相手の表情や様子の変化をさりげなく観察し、相手の気持ちを感じ取ろうとすることです。サークル活動では幹部の仕事を任され、メンバーそれぞれの長所を生かせる状況を作って皆をまとめるという役割を経験することができました。

自己PR「桜」

　私は、大学生活や実習、サークル活動などのすべてを通して、相手の立場に立ち物事を考えていく事を最も大切にしてきました。相手の表情や様子の変化を瞬時に感じ取り、まず相手に寄り添って話を聞くという姿勢を行なってきました。そして、相手が何を感じたのかを相手の立場で考えるようにしてきました。そのため、サークル活動では幹部に推薦され、一人一人の個性を大切にしながらチームをまとめるという役割を経験させて頂きました。

　また、長年続けてきた民謡を通して幅広い年代の方と接触が多く、どの年代の方でも気軽に話せるコミュニケーション力を培ってきました。

自己PR「梅」は、自分の長所が「人と話すのを楽しめる」、すなわち、コミュニケーション力であることを訴えるために、老人と話す技量をその具体的発露として、また、民謡の経験をその力をつけた原因として、提示している。情報が構造化されており、さらに、日頃の心がけとサークル活動の経験の記述にはほどよく控えめな表現が用いられていて、真実味が感じられる。語彙の選択や連語関係も違和感を与える点がない。

一方、自己PR「桜」は、「相手の立場に立ち物事を考えていく」「相手の表情や様子の変化を瞬時に感じ取る」「相手に寄り添って話を聞く」「相手が何を感じたのかを相手の立場で考える」という行動を心がけたと、看護教育の中で強調される事柄が列挙されている。サークル幹部としての経験は、その努力の成果として関連付けられ、民謡のことは別件として付加されている。字数制限の中に多くの優等生ぶりを示す情報が並べられ、「サークル幹部になれた」のは「心がけ」の成果とされていて、やや自画自賛が過ぎる印象を受ける。「姿勢を行なう」という連語関係の不適切も見られる。

筆者は「梅」が高評価を受けると予想していたが、現職看護師たちの多くは、情報の構造化や謙虚な態度の表明よりも、看護師の心得として強調される概念を示す常套句を多用した「桜」を高く評価した。

このように、発信においても受信においても看護の世界の常套句が選好される傾向の背後には、看護界の外部への発信を想定していないという要因があると考えられるが、もう一つの要因として、現職者が自分の「語彙知識の不足」を深刻に受け止めがちであること（因2012）と関連しているかもしれない。稚拙な表現をしてしまうことへの不安が強いため、独創性や明確さを追求する前に、定評のある安全な表現を利用している可能性がある。現職看護師のライティングへの支援においては、「目的」や「読者」の認識を含むスキーマの形成を進めるとともに、不安を払拭し自分の観察や見解を追求するよう促すことがとりわけ重要であると考えられる。

2.3　書くべき文章の多様さ

現場で働いている看護師自身が最初の獲得目標としていると思われるのは、看護の実践事例を報告する文章を書く技能である。筆者は、在宅看護センター起業家育成事業による研修や大規模総合病院の院内研修の一環として

提供されるライティング研修を繰り返し担当してきたが、研修参加者たちに、「自分（あるいは自分が指導した者）が書いた、執筆技能を向上させたいと思う文章」の提供を求めると、実践事例報告が最も多く提出される。中には、研究雑誌や機関の広報誌などの出版物の中で公表されたものもある。

　実践事例を報告する目的や相手はさまざまであるとのことであるが、読んでも目的が明白でない報告も少なくない。複数の参加者から聞き取った結果によれば、目的の一つは教育的なもので、「ケアの統一」といった表現で示されるが、教育背景や経験年数などが異なる看護師間で患者への対応に一貫性が保たれるようにすることである。ほかに、「医療に携わる多職種間の理解を得る」「看護の成果をアピールする」「患者を含む一般の人々に看護の仕事を伝える」「実践の妥当性を検討する」といった目的が認識されている。「実践の妥当性の検討」は研究的努力と同質のものである。認識されている目的はどれも妥当かつ重要なもので、医療の内外から看護職に寄せられる期待を現職者たちはよく知っていることがうかがわれる。にもかかわらず、文章には書き手の目的認識が反映されていないことがしばしばある。

　この背景には、現職の看護師が執筆を求められる文章の種類が極めて多岐にわたるという事情がある。たとえば研究分野に新規参入した大学院生であれば、研究論文を典型とする「学術的文章」の構造と文体と作法を集中的に訓練されるのに対し、看護の分野では、その専門性の中に多様なスタイルの発信が組み込まれている。業務についての文章や看護研究に関連した文章だけでなく、体験や私見を綴ったエッセイなどを職業的訓練や業務実践の一部として書くことがある。しかし、文章のジャンルや目的についての認識を明確化したり、目的別にモデルを選択する指導を受けたりする機会はないため、よく目にする文章を漠然と参考にしつつ書くということになっているのであろう。文章のジャンルへの感受性と文章の目的によって内容と構造と文体とが決まるという原則の認識を高める支援が特に重要だと考えられる。

2.4　現職看護師のライティング支援における中心課題

　これまでの議論から、現職看護師のライティング支援の基本的課題は3つあると考えられる。

　第一に、文章の「目的」こそ、文章の情報や構造や文体を選択する基準で

あるという認識の形成を促すことが必要である。これは、文章のスキーマ形成を支援する場合の基本的手順であり（村岡・因・仁科 2013）、研究論文から広報に用いる体験談まで多種多様な文章を書く機会のある看護師にとっては、この認識を持つことがとりわけ重要である。書き始める前に「読者は誰か。その読者に、どう思ってもらいたいのか。どう受け止めて、その結果、何をしてほしいのか」と徹底的に自問し、目的を明確に自覚してから書くという手順を踏むことの重要性を認識するよう促すことが支援の第一歩である。

第二の課題は、「手本への近接」とは異なる学習スキルの獲得を促すことである。現職看護師の多くは先達の優れたパフォーマンスを手本としてそれに近接しようと努めることによって技能の獲得や向上に成功してきた。これは優れた学習スキルの一つであるが、文章のスキーマ形成には、手本を模倣しようとするのではなく、自他の文章の優れた点や改善を要する点を観察して評価力を高めることや、自分や他者の学習過程を観察してそれについてのメタ認知を進めることが有効である（村岡・因・仁科 2009）。そのためには、明示的規則や語彙知識の獲得など、既存の学習スキルで処理できる作業が学習の中心にならないようにする注意も必要である。

第三の課題は、現職看護師の不安の克服に役立つ刺激を提供することである。研修前の調査では、参加者の大多数が自分の書く力や潜在力を「平均より少し下」と見なしている。このような自己評価の低さは、「学習が必要だ」という認識は生むが、「学習したい」という感情を湧きあがらせることにはなりにくいだろう。現職者が豊かに蓄積している経験や観察が他者への発信に値するものであることを自覚させ、自信を持ってその発信に取り組むように促すことが現職者への支援においては特に重要だと考えられる。

3. 現職看護師へのライティング支援の実践例

3.1 研修概要

筆者はこれまで、8〜20名の現職看護師のグループを対象に、90分ずつ3〜8回の活動から成る研修を10回行なった。対象者数や費やせる時間によって内容は変動するが、前節で認識した課題の達成を目指し、資料4に示す概要に沿って活動を展開した。参加者の中には他を指導する立場にはない者もあるが、「教える」立場を想定することが直感的理解を一般化・原則

化して内在化する過程を進めると期待した。

資料4　現職看護師を対象とする研修の概要

目的：実務的専門的文章について、文章の問題点と改善策を認識する力と、その判断を他者に伝達する力を獲得する。
目標：1.書くべき文章の適切なあり方を想定し、「適切さ」の基準を言語化することができるようになる。
　　　2.情報のカテゴリーとレベルとを分類し、相互の論理関係を認識することができるようになる。
　　　3.学習方法を企画できるようになる。
活動内容：講義、文章構成分析、相互批評、文章執筆、推敲と書き直し

（適切に文章が書けて、必要に応じて後輩に教えられるようになるために、いい文章とはどのような文か、書く時はどうするのか、どのように練習するのかを考える）

3.2　活動例

　研修では、「パラグラフ・ライティング」の紹介や直感的に感じられる表現の効果とそれを生み出す構成要素との関係の説明など、最低限の文章論的知識を提供し、模範的な文章の構成要素分析も行なうが、中心は、文章例を読んで批評し根拠とともに言語化する活動であり、原則の意識化を主目的とするものと意欲高揚を主目的とするものに大別される。

3.2.1　原則を意識化するための活動

　「目的が構造や表現を決める」などの原則を意識化するための分析活動に用いる文章は筆者が準備している。あえて、参加者たちの専門である看護に直接関連しない内容の複数のジャンルの文章を用いる。

　看護に関連した文章を用いないのは、看護についての文章であると、内容の妥当性についての判断や、示されている概念や表現との「親近感」の度合に影響されて、文章自体の評価が適切に行なわれない恐れがあるからである。たとえば、書かれている看護の手順や考えが適切であれば表現や構成の不適切が看過されたり、看護界で尊重されている価値への言及を含む文章が他の特徴に関わらず高く評価されたりする可能性が生じる。

　複数の種類の文章を分析対象とするのは、種類の異なる文章であっても共

通に、1) 文章の目的・役割を明確に認識する、2) 情報を分類する、3) 情報を受け手の側に立って整理して、可能な限り内容を端的に示す「ラベル」となる文言を示す、という手順が必要かつ有効であることが理解されると期待されるからである。資料5に、筆者が用いている素材の一部を示す。

資料5　原則を意識化するための分析素材

例1　メールでの連絡

　X財団提供の集団研修受け入れについてお知らせします。

1) X財団のメール・添付ファイル「課題分析シート」を転送します。先日終了の集団研修反省会で、X財団側よりアクションプラン作成の課題・評価が話題となり他機関で使用しているアクションプラン作成のツールを紹介してくださったものです。

2) この経緯のご参照にX財団提供集団研修反省会議事録を添付しました。

3) こちらの担当者の交替は伝えてありますが、X財団担当者が5月交替の予定のところ、このような連絡になったと思われます。

＊＊＊＊＊＊＊＊＊＊＊＊＊＊＊＊＊＊＊＊＊＊＊＊＊＊＊＊＊＊＊＊＊＊＊

例2　研究論文の導入部の一部（先行研究を概説する部分）

　Widdowson（1983）がESP（English for Specific Purposes 目的別英語教育）を「特定の目的のために行なわれる言語教育」と提示して以来、さまざまな定義が提示されてきた。Robinson（1991）はWiddowsonと同じく、ESPは「何よりもまずゴール志向であり、ニーズ分析に基づいて実施される」と述べている。さらにESPコースの特徴として、教育機関、言語教師、企業関係者、専門分野の大学教員など、コースに関わる人々のコラボレーションが必要となる、学習者には成人が多く、クラスは均一性が高く、学習者の学習時間に制限がある、と述べている。

　Hutchinson & Waters（1986）は、学習とコミュニケーションを根本に据えた上で、「学習者の学ぶ理由（ニーズ）に基づいて学習内容や項目が決められる言語教育アプローチ」と記している。

　例1は、冒頭に「受け入れについてお知らせします」とあり、続いて3項目が並列されていて、読み手は近日中に行なわれる研修について詳細が連絡されたと思うことだろう。しかし、その期待は裏切られ、終了した研修についての情報である。これを読んでどうすればいいのかと、読み手は混乱する。

　例2は、先行研究の流れを概説する部分で、「ESP」の定義が三つ提示されている。Widdowson（1983）が最初の定義を提示したのならば、あとの二つがその定義とどう違うのかが重要な点と思われる。Robinson（1991）につ

いては、「Widdowson と同じく」とある以上、Widdowson（1983）の定義に同調するものとわかる。これに対し、Hutchinson & Waters（1986）は別段落となっており、このことから、前の二つとは立場が異なると予測される。しかし内容を読むと、立場が異なるとは考えにくく、読み手は混乱を覚える。

　例1と例2とは、ジャンルも内容も異なるが、この文章によって何をするのかという目的の認識が希薄で、情報の分類や重みづけをしていないという、共通する問題がある。目的を認識しつつ修正したものを資料6に示す。

資料6　原則を意識化するための分析素材の修正案

例1の修正案
　今後 X 財団提供の集団研修を受け入れる際の参考資料として、3月までの担当者から次年度の担当者の方々に二つのファイルをお送りします。次回以降の研修受け入れに生かして頂ければ幸いです。
　　1）X 財団の Y 氏から提供された、「問題分析シート」
　　2）本年度実施（〇月×日〜×日）の反省会議事録
　過日の反省会の際に、Y 氏よりアクションプラン作成方法の改善が必要であるとの御指摘があり、その後、お薦めの「問題分析シート」をお送りくださいました。Y 氏は新年度に交替なさる予定であり、当方も担当者が交替しますが、有用なツールであると思われますので、反省会の議事録を御参照のうえ、次回以降に活用してください。今回の反省のうえによりよい研修が行なわれることを祈っています。
＊＊＊＊＊＊＊＊＊＊＊＊＊＊＊＊＊＊＊＊＊＊＊＊＊＊＊＊＊＊＊＊＊＊＊
例2の修正案
　Widdowson（1983）の「特定の目的のために行なわれる言語教育」という ESP（English for Specific Purposes 目的別英語教育）の定義が提示されて以来、**この概念を敷衍（ふえん）する様々な試み**が行なわれてきた。
　Hutchinson & Waters（1986）は、ESP を「学習者の学ぶ理由（ニーズ）に基づいて学習内容や項目が決められる言語教育アプローチ」と、**ニーズ駆動型の教育であることを一層明確化する定義**を行なった。Robinson（1991）も、「（ESP は）何よりもまずゴール志向であり、ニーズ分析に基づいて実施される」と述べ、教育機関、言語教師、企業関係者、専門分野の大学教員など、コースに関わる人々のコラボレーションが必要であること、学習者には成人が多く、クラスは均一性が高く、学習者の学習時間が制限されているなど、**ESP コースの特徴を具体的に記述**している。

（ゴシック体は筆者による）

　例1の修正案では、目的（メール発信の意図）が冒頭に示され、かつ、必要度の高い情報だけ簡潔に先に述べられ、読み手にとって格段にわかりやす

くなっている。最初の3行とファイル名を読んだところで用件の骨子は理解されるため、時間のない場合は、その後に続く背景事情の記述は読まなくてもよく、読み手への「配慮」という点でも格段に向上している。

例2の修正案では、「それまでの研究の動向をまとめる」という目的に基づいて情報が整理されている。「流れをざっくり示す段落」と「詳細を述べる段落」が設けられ、内容のまとまりを反映した構造となった。さらに、それぞれの研究の具体的な内容だけでなく、それがこの分野の中で持つ意義を端的に示す「ラベル」が付けられた（文中のゴシック体部分）。適切な構造化と「ラベル」の付加によって、読者の理解が促進されると期待される。

原則を意識化するための具体的活動としては、個人またはグループで問題点の洗い出しや修正案の作成やその相互批評を行なっている。文章のジャンルや内容に関わらず、実務的文章であれば目的に合わせて情報を整理して提示する必要があることを示すために、少なくとも三つの文章例を扱う。

3.2.2　意欲向上のための活動

看護師の持つ不安の克服を援け学習意欲を高揚させるための活動では、基本的に、研修参加者の中の希望者に自らが作成した文章の提出を求め、それを分析素材とする。これまでの研修では8割以上の参加者が提出した。この活動では、筆者が能力の範囲で可能な限りの修正を加えた修正案を示して、修正前と後の変化を観察するよう求める。文章の部分的変更だけでなく、全体構造の改変や新たな文の付加を行なうこともあり、通常の添削より踏み込んだ修正を行なう。時間的制約のため、提出された文章のすべてを活動時間の中で扱えないこともあるが、原則としてすべてに修正案を作成して提供する。

次の資料7は、「通知」の文章とその修正案の文章を示すものである。

第 11 章　現職看護師のライティング活動支援の試み ｜ 209

資料 7　参加者が作成した文章とその修正案：通信文

＜原版＞

＊＊病院病棟師長
診療所 師長各位

20＊＊年＊月＊日
透析看護認定看護師
山田一子（仮名）

認定看護師への相談依頼用紙導入について

　私は、20＊＊年 5 月に認定資格を取得し今年で 5 年目となり、更新審査も合格いたしました。この間、病院内や＊＊診療所、訪問看護ステーションなどでの学習会、学会発表や本の執筆、腹膜透析導入や CKD 看護外来などの「腎不全領域」で、自身が出来ることを少しずつ計画し実行してまいりました。今年度も院内に留まらず、透析室の取り組み、認定看護師としての取り組みを外に発信できるよう認定活動を考えております。今年度は、認定としての役割である「実践」「指導」「相談」の中の、「相談」を強化する事を目標に活動していこうと考えております。

　そこで、今回「認定看護師への相談依頼用紙」を導入することになりました。増え続けている CKD 患者や家族の生活を支える為に、是非各職場で活用して頂けるよう、よろしくお願い致します。

【主な相談内容】

・CKD（慢性腎臓病）で治療中の患者で、介入の難しい患者
・家族への介入
・指導方法など相談したい患者
・指導の材料
・療法選択

【利用方法】

同封の依頼用紙に相談内容を記入し、直接届けて頂くか、もしくはメッセンジャー使用、FAX、ポストに入れる等で透析室の山田宛てに届くようお願い致します。

以上

＊＊＊＊＊＊＊＊＊＊＊＊＊＊＊＊＊＊＊＊＊＊＊＊＊＊＊＊＊＊＊＊＊＊

＜修正案＞　（宛名等の部分は省略）

認定看護師への相談依頼用紙　御活用のお願い

　このほど、腎不全領域に関連する対応への支援を活発に行なうことを目指して、「相談依頼用紙」を導入いたしました。当院や関係諸施設において透析看護認定看護師の関与が有用と思われる事例がありましたら、どうかこの用紙に問題の概要を御記入のうえ、透析室の山田一子（透析看護認定看護師）にお届けください。直ちに対応いたします。

　社会の高齢化が加速する中、慢性腎臓病（CKD）の患者数は増え続け、本人や御家族への支援が普通以上に困難な事例も増加していることと思います。そうした事例への御対応に、透析看護認定看護師である私、山田一子の経験を、お役に立ててく

ださい。

　私は、20** 年 5 月に認定資格を取得し、このほど更新いたしました。この間、腎不全領域での看護実践を行なうとともに、当院や＊＊診療所、訪問看護ステーションなどでの学習会開催、学会発表や専門書の執筆など、知識を広げる努力を重ねてまいりました。困難を軽減し患者様や御家族をよりよく支えるためのアイデアを少しは御提案できるものと自負しております。何か困難のあるときは、どうか「相談依頼用紙」にあらましを記入してお送りください。用紙の御活用を心からお願い申し上げます。

　★こんな気持ちのとき、相談依頼用紙を使ってください！
　・CKD（慢性腎臓病）治療中の患者で、介入の難しい人がいる…
　・家族にどう介入すればいいか、わからない…
　・どんな指導方法を用いるべきか、悩んでいる…
　・どんな材料を用いれば、指導がうまくいくのだろう…
　・最適の療法をどのように決めればいいのか…
　★御連絡はこのように！
　同封した依頼用紙を看護師の皆さんの目に触れるところに置いてください。相談を希望なさる場合は、依頼用紙に相談内容を記入し、透析室の山田にお送りください。「直接手渡しで」「メッセンジャー」「FAX」「郵送」「e-mail 添付」など、どの方法でも結構です。依頼用紙の電子ファイルのフォーマットを御希望の方は、御連絡くださればすぐにお送りします。

連絡先：＜所属場所の所番地＞　＜直通電話＞　＜メールアドレス＞　山田一子

　資料 7 の修正前の文章における根本的な問題も、目的について考え抜いていないことだと言える。新たに導入する「相談依頼用紙」の利用を呼びかけているが、自身の力への信頼を勝ち得ようとするあまり、自己宣伝か自分の実績作りが目的であるような不利な印象を与えている。「誰にこの文章を読んでもらい、それによって、何をしてもらいたいのか」と徹底的に自問し、この文章の目的が「認定看護師としての自分の力量を信頼して、相談してくれるように働きかけること」だと明確に認識すれば、「通知」ではなく「依頼」として発信すべきであることが判明し、含めるべき情報と使用すべき表現が明らかになるはずである。

　資料 8 は、研究報告として発信された文章とそれを修正した文章である。

第11章　現職看護師のライティング活動支援の試み　｜ 211

資料8　参加者が作成した文章とその修正案：看護研究の結果報告

<原版>　　　　　　　　**将来構想を見据えた看護部組織変革**

【目的】

　近年、新生児医療の進歩により、重症な新生児の救命が可能となった。高度な医療機器（人工呼吸器等）で生命を維持しながら在宅療養生活を送る超重症児・準超重症児が増えてきた。Xセンターは、病床数136床と短期入所12床の病院機能をもった児童福祉施設である。医療職、福祉職の多職種が協働している。病院機能を備えるセンターは超重症児・準超重症児の在宅生活を支える役割を担う。

　平成**年6月に看護管理者となり、平成**年度より人工呼吸器を装着した超重症児の在宅支援に対応できるよう体制を整えた。また、以前は対応できていなかった超重症児の入所も積極的に受けている。

　5年間の取り組みを数値で振り返ることを目的とした。

【方法】

　5年間の取り組みを記す。1.センターの理念を明示：療育部の理念を再考し、掲示して全職員が認識できるようにした2.受け持ち制導入：機能別を廃止し、看護師の責務について説明しながらすすめた3.業務改善：勤務開始時間の見直し、休憩時間の変更、勤務人員の変更4.多職種チームの結成：医師、看護師、指導員、介護福祉士、保育士、心理士、薬剤師、リハビリ技師などで構成。テーマ別に問題解決5.継続教育計画策定：教育担当課長を任命し教育委員会で検討し毎年見直。経年教育として新規採用者研修、中堅スタッフ研修を企画実施。重症児を受ける前の技術研修、和歌山ACLS研究会に参加しインストラクターを育成。センター外の研修にも積極的に参加し、看護協会の管理者研修も毎年1人ずつ受講。6.目標管理の導入：理念に沿った個人目標と、多くの職員へのさまざまな役割分担7.実践発表の場を設定：センター内の実践発表会はもちろん、センター外への学会発表も支援8.会議方法の見直し：タイムマネジメントと共有。9.課長への権限委譲：看護単位の自律性の向上。これらにより、超重症児を受けられる体制がとれた。また、リハビリをはじめとする多職種連携が強化され、利用者の機能低下、重症化のスピードが緩やかになったという意見がきかれるようになった。

　そこで、次に記す5点を単純集計し、比較することで5年間の取り組みを振り返る。1.入所者のうち超重症児・準超重症児の占める割合2.短期入所の実利用者数とそのうち超重症児の数3.入所者の健康度の評価として他院受診の数4.看取り件数5.離職率6.センター外での事例発表数

＊＊＊＊＊＊＊＊＊＊＊＊＊＊＊＊＊＊＊＊＊＊＊＊＊＊＊＊＊＊＊＊＊＊

<修正案>　　　　　　　　　**看護部組織変革の効果検証**

【目的】

　本稿の目的は、児童福祉施設Xセンターにおいて、超／準超重症児にも十分に対応できる体制の整備を目標に、平成**年以来5年間にわたって行なった組織改革の成果を検証することである。

近年、新生児医療の進歩が重症の新生児の救命を可能にし、高度な医療機器（人工呼吸器等）で生命を維持しつつ在宅療養生活を送る超／準超重症児が増加している。Ｘセンターは、病床 136 床と短期入所 12 床の病院機能を持つ児童福祉施設で、医療職、福祉職の多職種が協働している。病院機能を備えるセンターとして、超／準超重症児の在宅生活支援が求められている。しかし、筆者が看護管理者となった平成＊＊年にはこの責務を十分に果たせていなかった。そこで、平成＊＊年以来、組織改革を実施した。

【方法】

　改革の内容を報告し、変化を次の 6 項目の数値によって検証する。1 – 4 は超／準超重症児への対応能力、5 – 6 はスタッフの意欲の指標である：1. 入所者のうち超／準超重症児の占める割合 2. 短期入所の実利用者数とそのうち超重症児の数 3. 入所者の他院受診の数（健康度の指標として）4. 看取り件数 5. 離職率 6. センター外での事例発表数（学会・研究会）。

　組織改革のために行なった努力の方向は、A）目標の具体化と意識化、B）個人の目標と成果の認識による当事者意識の向上、C）労働環境の改善に大別される。

　A）のための努力は二つである。A1：従来の「療育部の理念」を見直して新たに「センターの理念」を定め、全職員が恒常的に目にする場に掲示した；A2：継続教育計画を策定し実行した。具体的には、教育担当課長を任命し、計画を教育委員会で検討し毎年見直すことにした。センター内で新規採用者研修、中堅スタッフ研修、重症児対応技術研修を企画して実施し、センター外の ACLS 研究会等の研修会、看護協会の管理者研修への参加を奨励した。B）に関しては、5 つの取り組みを行なった。B1：従来の「機能別分担」を止め、受け持ち制度を導入した。看護師の責務についての丁寧な説明を提供しつつ導入した；B2：多職種チームを結成した。医師、看護師、指導員、介護福祉士、保育士、心理士、薬剤師、リハビリ技師等によるチームを結成し、テーマ別に問題解決に当たった；B3：自己目標の設定と自己評価を行なった。理念に基づいて個人の目標を定め、役割を分担し、目標に基づいて成果を自己評価した；B4：成果公表の機会を広げた。センター内で実践成果発表会を実施し、かつ、学会発表等の活動を支援した；B5：課長に権限を移譲し、看護単位の自律性の向上を推進した。C）のためには、C1：業務遂行方法を見直した。勤務開始時間、休憩時間を変更し、勤務人員を必要に応じて増減した；C2：会議方法を変更した。時間短縮と情報共有の能率化に努めた。

　修正前の文章には行なった努力や効果検証に用いた指標が列挙されており、看護の現場を知る人々にはそれらの重要性が明らかなのだろう。しかし、現場を知らない者には、意義が明示されない限り重要性が理解できない。修正案の文章では、「改革」を必要とした状況が述べられ、項目が分類されて意味付けされたため、報告されている事柄の持つ意味が修正前より

ずっと把握しやすくなっている。

これらを用いた活動としては、理解しやすさの違いを生み出す要因を観察し、それを文章論の一般原則と関連付ける作業を行なっている。

3.3　まとめと今後の課題

現職看護師へのライティング支援において筆者は、個々の問題点への具体的対応や語句についての知識を体系的に提示するのではなく、参加者の文章に筆者の力の及ぶ限りの修正を施したものを提示し、変化を観察して言語化するよう求めた。「よくなった自分の文章」を見ることを通して、自分がなし得る発信の可能性に参加者が気づけば、自己学習用の教材（二通・大島・佐藤・因・山本 2009；村岡ほか 2013；因・森山・アプドゥハン・松村 2018など）を使用して学習を進めていくと期待したのである。

研修受講後の評価では、参加者の大多数は高い満足を示した。「何を誰にアピールしたいのか、中心を決めることが大切とわかった」「よく見ている言葉につい着目してしまうが、自分たちだけがわかる文章になってしまう」「違う分野の人に伝えるには構成や表現の工夫が必要と思った」「種々の文章のリバイズを通して、何を伝えるかを明確にすることと読み手の立場に立つことが重要だと学んだ」「他の分野の知識や情報も得ていこうと思う」など、文章の目的を明確に把握しておくことの重要性が認識されたことや今後の学習を続ける意欲が湧いたことなどが示された。

しかしながら、支援方法の開発はまだ緒に就いたところであり、成果の体系的な検証は今後の課題である。

4.　おわりに —大学と社会をつなぐライティング教育—

看護という分野は、「大学生」としての学習と「社会人」としての学習とがどのように有機的に繋がり得るかを知るうえで大きな可能性を秘めていると考えられる。この分野は継続教育に極めて熱心であり、多くの看護師が職務実践の質を向上させたいという熱意を持っている。近年、大学・大学院教育の中で、学生のライティングを支援する方法の開発に多くの努力が払われ、さまざまな教育実践が行なわれてきたが、この成果を基盤に、実務に携わっている看護師のライティング活動への体系的支援の方法が開発されれ

ば、多くの看護師がそれを利用して、この分野に蓄積されている豊かな知を
発信していくだろう。また、そうした実践が積み重なり現場でのライティン
グ技能の訓練についての知見が得られれば、大学での教育方法の更なる精緻
化と教育の質の向上に対して重要な示唆を与えるであろう。

　今後、大学でライティングの基礎教育を受けた看護師が増加すれば、職場
と教育の場との継続的訓練、相互作用によるライティング技能の向上、およ
び、その結果としての知の発信と共有がますます進むと期待される。これに
より、思考の形成とその共有を可能にするライティングの技能が獲得され発
揮される場が、制度的教育や研究の場に限定されないことが実証されるであ
ろう。

参考文献

上畠洋佑 (2017)「日本の私立看護系大学に関する研究——文部科学省政策に着目した私立
　　看護系大学増加要因分析の知見と限界——」『早稲田大学大学院文学研究科紀要』62:
　　99–111.

因京子 (2012)「現職者への専門的実務文作成支援——留学生教育の知見に基づく看護師支
　　援の試み——」仁科喜久子 (監), 鎌田美千子・曹紅荃・歌代崇史・村岡貴子 (編)『日
　　本語学習支援の構築——言語教育・コーパス・システム開発——』39–44. 凡人社.

因京子・村岡貴子・仁科喜久子・米田由喜代 (2008)「日本語テキスト分析タスクの論文構
　　造スキーマ形成誘導効果」『専門日本語教育研究』10: 29–34.

因京子・森山ますみ・アブドゥハン恭子・松村瑞子 (2018)『看護師のためのライティング
　　練習』日本赤十字九州国際看護大学.

因京子・山路奈保子 (2009)「日本人学部 1 年生の論文構造スキーマ形成過程の観察」『専門
　　日本語教育研究』11: 39–44.

二通信子・大島弥生・佐藤勢紀子・因京子・山本富美子 (2009)『留学生と日本人学生のた
　　めのレポート・論文表現ハンドブック』東京大学出版会.

水戸美津子 (2014)『ナースのためのレポートの書き方——看護のプロが教える「伝わる文
　　章」の作法——』中央法規.

村岡貴子・因京子・仁科喜久子 (2009)「専門文章作成支援方法の開発に向けて——スキー
　　マ形成を中心に——」『専門日本語教育研究』11: 23–30.

村岡貴子・因京子・仁科喜久子 (2013)『論文作成のための文章力向上プログラム——アカ
　　デミック・ライティングの核心をつかむ——』大阪大学出版会.

李節子 (2008)『看護研究こころえ帳——研究の基本からプレゼンテーションまで——』医
　　歯薬出版.

参考 URL

日本看護協会「看護統計資料室」(1) 総数（年次別・就業場所別）<https://www.nurse.or.jp/home/statistics/pdf/toukei01.pdf>（2018 年 4 月 8 日閲覧）

日本看護協会「看護統計資料室」(4) 看護師、准看護師（年次別・就業場所別）<https://www.nurse.or.jp/home/statistics/pdf/toukei04.pdf>（2018 年 4 月 8 日閲覧）

文部科学省「文部科学大臣指定（認定）医療関係技術者養成学校一覧（平成 29 年 5 月 1 日現在）」看護師・准看護師養成施設・入学定員年次別推移一覧 <http://www.mext.go.jp/component/a_menu/education/detail/__icsFiles/afieldfile/2018/03/22/1314031_03.pdf>（2018 年 4 月 8 日閲覧）

索 引

100万分率（Parts-per Million, PPM）
83

E
EU　161

J
JCK作文コーパス　79
JREC-IN Portal　162

R
RDF（Researcher Development
　　Framework）　162

S
SNS　35

V
Vitae　163

あ
アカデミック・ジャパニーズ　4, 5
アカデミック・スキル　98, 159
アカデミック・ライティング　75,
　　105, 179, 180, 183, 193
アクティブ・ラーニング　102, 168
アセスメント　7, 64
アセスメント・サイクル　64
アンケート　41

い
言い換え　15
意味機能　86
引用　16, 20, 22–25, 28, 36, 42, 43,
　　49–51, 124, 125, 127

え
エンゲージメント　162

か
外化　26
外国人労働者　178
解釈　21, 30
科学技術振興機構　162
科学技術論文コーパス　80
学士課程教育　97
学習過程　36, 37, 42, 52, 53
学習支援　90
学習指導要領　160
学習者作文コーパス　79
学習者の意識変化　36
学習者の視点　37
学習スキル　204
学習ツール　7, 8
学習のあり方　8
学習評価　58
学修目標　101
学術的な手続き　35
学術的文章の作法とその指導　166
学士力　100
箇条書き　15–18, 24

課題発見力　158

課題レポート　79

価値観　186

科目ルーブリック　70

カリキュラム・デザイン　101

看護系　171

間接引用　22, 23, 49

き

企画書　10

技術系文書　142

議事録　10, 152

機能表現　77

キャリア　178

キャリア教育　159

教育評価　64

協働　8, 39, 107, 179

協働学習　4, 6, 119

協働活動　6

教養教育　5

記録　10

く

グループ・ディスカッション　126

グローバル化　139

グローバル社会　179

け

ケース学習　177

ケース教材　180

研究活動　35, 38, 39

研究倫理　7

言語化　41, 51

言語活動の充実　160

言語技術　139

言語資源　7

現代日本語書き言葉均衡コーパス
　81

こ

語彙知識　202

工学系学生　138

高校生　171

構成　139, 153, 154

構造的トレーニング　164

高大接続　101, 158

口頭発表　35

高度汎用人材　158

高度汎用力　158

コーパス　7, 76, 123, 124

コミュニケーション能力　179

コミュニケーション力　138

コメンテーター　172

コンテクスト　76

コンフリクト　178

さ

在学段階　10, 36, 38, 53

作文　3, 35

作文推敲過程　6

し

事前・事後学習　106

実験レポート　9

執筆要領　9, 37

質保証　103

実務　10

社会人　138, 150, 155

社会人基礎力　137, 158

ジャンル　76, 208

授業外支援　103

授業計画　109

主体的な学び　112

上位概念　23

常套句　201

小論文　6

職場　177

書式　5, 154, 187

初年次教育　6, 22, 97, 117, 123, 134, 139

初年次教育プログラム　99

書類　187

自立した書き手　166

自律性　8

人材育成　11, 179

申請書　148

人文社会学論文コーパス　80

す

推敲　5, 9, 37, 40, 49, 52, 53, 109, 117, 125, 142

スーパーグローバルハイスクール　172

スキーマ　199

スライド　15–18, 24

せ

成果発表　35

接続表現　85

ゼミナール　118

全体的評価法　56

専門教育　102, 123, 133, 135, 138

専門知識　23, 25–27, 29–31

専門日本語　77

専門用語　23

そ

相互理解　178

卒業論文　121, 140

た

大学院教育　157

大学院生　157

大学教育　25, 30, 31

体系的カリキュラム　101

第二言語習得研究　91

他者からの支援　8

多様性　179

ち

中央教育審議会　158

チュータリング　8, 104

直接引用　16, 22, 49

索 引 | 219

て

ティーチング・アシスタント　165

ティーチング・フェロー　165

定型性　200

ディスコース・コミュニティ　37

ディプロマ・ポリシー　98

ディプロマ・ポリシー・ルーブリック
　69

テクストからの学習　26

テクストの学習　26

添削　153

電子メール文　10

と

到達目標ルーブリック　72

動的　194

討論　185

図書館　173

トラブル　177

トランスファラブル・スキルズ　161

トランスファラブル・スキルズ・ワー
　クショップ　165

な

内省　37, 42, 43, 46, 47, 49, 52, 53,
　180

内省タスク　40–43

「なたね」（学習者誤用検索システム）
　84

「なつめ」（日本語作文支援システム）
　7, 82

「ナツメグ」（学習者作文支援システム）
　92

に

日本留学試験　6

の

能動的　108

は

発信力　158

パフォーマンス評価　60

パラグラフ　168

パラフレーズ　7, 15–25, 27, 30, 31,
　44

ひ

ピア活動　169

ピア・レスポンス　6, 117, 119, 121,
　125, 134

評価　7

表現　40

剽窃　37

ビリーフ　6

ふ

フィードバック　6, 28, 29, 40, 126,
　155

振り返り　109, 183

プレゼンテーション　9

文献講読　25–30

文章構成分析　205

文章構成力　128

文章作成課題　38

文章データ　76
文章展開　22, 90
文章の構成　40, 48
文章の評価基準　7
文章の目的　199
分析的評価法　57
文体　21, 31, 40, 154, 199
文体的特徴　43, 45

ほ

報告書　9, 148, 150, 151
ポートフォリオ評価　59

ま

摩擦　178

み

未来の大学教員養成プログラム　167

め

名詞化　15–18

も

モニター　52
問題解決　181
問題発見・解決能力　100
文部科学省　97

よ

要約文　22

予習・復習　106

ら

ラーニング・サポーター　173
ライティング　3, 16–18, 20, 22, 25,
　　27, 30, 31
ライティング支援　157
ライティング指導講習会　171
ライティング・スキル　103
ライティング・センター　8, 104, 159
ライティング評価　56
ライティングラボ　160

り

理工系人材　137
リソース　53

る

ルーブリック　4, 7, 60, 106, 169

れ

レジスター　76
レジュメ　9, 15, 17, 28
レポート　3, 9, 15, 16, 18, 21–23, 27,
　　29, 30, 35, 39, 49, 121, 139
レポート課題　28

ろ

ロールプレイ　186
論証型レポート　105
論証の方法　125

索 引 | 221

論文　3, 15, 16, 18, 21–23, 25, 35, 39,
　　46, 49, 151

論文スキーマ　36–38, 43, 52–54, 75,
　　114

論文投稿　35

論理的思考　100, 154

論理的思考力　120, 121

論理展開　5, 40, 42, 43, 46–49, 51,
　　139

執筆者一覧

[編著者]

村岡貴子（むらおか・たかこ）
　　大阪大学教授、博士（言語文化学）　第1章・第3章

鎌田美千子（かまだ・みちこ）
　　東京大学准教授、博士（学術）　第2章

仁科喜久子（にしな・きくこ）
　　東京工業大学名誉教授、博士（学術）　第5章

[著者]

脇田里子（わきた・りこ）
　　同志社大学准教授、博士（言語文化学）　第4章

ボル・ホドシチェク（Bor HODOŠČEK）
　　大阪大学准教授、博士（工学）　第5章

八木　豊（やぎ・ゆたか）
　　株式会社ピコラボ、工学修士　第5章

阿辺川武（あべかわ・たけし）
　　国立情報学研究所特任准教授、博士（工学）　第5章

中島祥子（なかじま・さちこ）
　　鹿児島大学准教授、修士（文学）　第6章

石黒　圭（いしぐろ・けい）
　　国立国語研究所教授、博士（文学）　第7章

仁科浩美（にしな・ひろみ）
　山形大学准教授、博士（文学）　第 8 章

堀　一成（ほり・かずなり）
　大阪大学准教授、博士（学術）　第 9 章

近藤　彩（こんどう・あや）
　麗澤大学教授、博士（人文科学）　第 10 章

因　京子（ちなみ・きょうこ）
　九州大学非常勤講師、文学修士、Master of Arts　第 11 章

大学と社会をつなぐライティング教育
Writing Education that Connects Universities and Society

| 発 行 | 2018 年 12 月 3 日　　　第 1 刷発行 |
| | 2020 年 9 月 1 日　　　　第 2 刷発行 |

| 編著者 | 村岡貴子・鎌田美千子・仁科喜久子 |

| 発行人 | 岡野秀夫 |

| 発行所 | 株式会社くろしお出版 |

〒 102-0084　東京都千代田区二番町 4-3
TEL: 03-6261-2867　FAX: 03-6261-2879
URL: http://www.9640.jp　e-mail: kurosio@9640.jp

| 印刷所 | シナノ書籍印刷 |

| 装 丁 | 庄子結香（カレラ） |

© Takako MURAOKA, Michiko KAMADA, Kikuko NISHINA
2018 Printed in Japan　ISBN 978-4-87424-783-9　C3081
● 乱丁・落丁はおとりかえいたします。本書の無断転載・複製を禁じます。